D1369587

manuel
de l'élève

volume 2

MATHÉMATIQUE

1re année du 2e cycle
du secondaire

Antoine Ledoux
Benoit Brosseau
Claude Boivin
Dominique Boivin
Nathalie Ricard

LES ÉDITIONS
CEC
Une compagnie de Quebecor Media

8101, boul. Métropolitain Est, Anjou (Québec) Canada H1J 1J9
Téléphone : 514-351-6010 • Télécopieur : 514-351-3534

Direction de l'édition
Isabel Rusin

Direction de la production
Danielle Latendresse

Charge de projet
Diane Karneyeff

Correction d'épreuves
Viviane Deraspe

Conception et réalisation
Dessine-moi un mouton

Illustrations techniques
Bertrand Lachance

Illustrations d'ambiance
Yves Boudreau

Cartes géographiques
Les Studios Artifisme

Recherche iconographique
Perrine Poiron

Les auteurs et l'éditeur remercient les personnes suivantes qui ont participé à l'élaboration du projet.

Collaboration
Jocelyn Dagenais, enseignant, école secondaire André-Laurendeau, c.s. Marie-Victorin (rubriques TechnOmath et Album)
Sylvain Vermette, enseignant, école secondaire Félix-Leclerc, c.s. des Affluents (*Vision 8*)

Consultation scientifique
Matthieu Dufour, professeur au département de mathématiques, Université du Québec à Montréal
Frédéric Gourdeau, professeur au département de mathématiques, Université Laval

Consultation pédagogique
Richard Cadieux, enseignant, école Jean-Baptiste Meilleur, c.s. des Affluents
Yves Corbin, enseignant, école secondaire Le Tremplin, c.s. du Chemin-Du-Roy
Isabelle Gendron, enseignante, Collège Mont-Royal

DANGER
LE PHOTOCOPILLAGE TUE LE LIVRE

La *Loi sur le droit d'auteur* interdit la reproduction d'œuvres sans l'autorisation des titulaires des droits. Or, la photocopie non autorisée — le photocopillage — a pris une ampleur telle que l'édition d'œuvres nouvelles est mise en péril. Nous rappelons donc que toute reproduction, partielle ou totale, du présent ouvrage est interdite sans l'autorisation écrite de l'Éditeur.

Dans cet ouvrage, la féminisation des titres de fonctions et des textes s'appuie sur des règles d'écriture proposées par l'Office de la langue française dans le guide *Au féminin*, Les Publications du Québec, 1991.

Les Éditions CEC inc. remercient le gouvernement du Québec de l'aide financière accordée à l'édition de cet ouvrage par l'entremise du Programme de crédit d'impôt pour l'édition de livres, administré par la SODEC.

Visions, manuel de l'élève, volume 2
© 2007, Les Éditions CEC inc.
8101, boul. Métropolitain Est
Anjou (Québec) H1J 1J9

Tous droits réservés. Il est interdit de reproduire, d'adapter ou de traduire l'ensemble ou toute partie de cet ouvrage sans l'autorisation écrite du propriétaire du copyright.

Dépôt légal : 2007
Bibliothèque et Archives nationales du Québec
Bibliothèque et Archives Canada

ISBN 978-2-7617-2502-6

Imprimé au Canada
2   3   4   5   11   10   09   08

TABLE DES MATIÈRES

visi⑦n

visi⑧n

PRÉSENTATION DU MANUEL

Ce manuel comporte quatre *Visions*. Chaque *Vision* propose diverses *situations d'apprentissage,* des *sections* et les *rubriques* « Chronique du passé », « Le monde du travail » et « Vue d'ensemble ». Le manuel se termine par un « Album ».

LES SITUATIONS D'APPRENTISSAGE

Les deux premières pages de chaque *Vision* présentent les situations d'apprentissage du chapitre. Liées par un fil conducteur thématique, ces situations d'apprentissage ciblent chacune une compétence disciplinaire et certaines compétences transversales. Les apprentissages réalisés dans les sections aident à la réalisation des tâches liées aux situations d'apprentissage.

LES SECTIONS

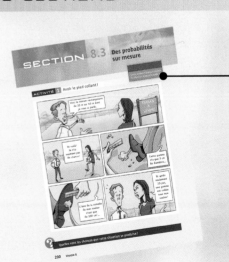

Une *Vision* est divisée en sections, chacune proposant diverses activités suivies d'un « TechnOmath », des « Savoirs » et d'une « Mise au point ». Chaque section, au service d'une situation d'apprentissage, contribue au développement des compétences disciplinaires et transversales ainsi qu'à l'appropriation des notions mathématiques qui sous-tendent le développement de ces mêmes compétences.

Activité

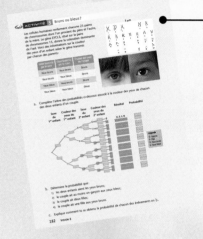

Les activités contribuent au développement des compétences disciplinaires et transversales, nécessitent le recours à différentes stratégies, mobilisent diverses connaissances et favorisent la compréhension des notions mathématiques. Elles peuvent prendre plusieurs formes : questionnaire, manipulation de matériel, construction, jeu, intrigue, simulation, texte historique, etc.

TechnOmath

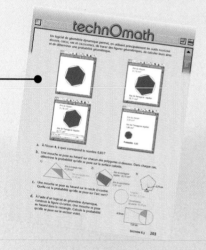

La rubrique « TechnOmath » permet d'exploiter des outils technologiques tels qu'une calculatrice graphique, un logiciel de géométrie dynamique ou un tableur en montrant comment l'utiliser et en proposant quelques questions en lien direct avec les notions mathématiques associées au contenu de la *Vision*.

Savoirs

Les « Savoirs » présentent un résumé des éléments théoriques vus dans la section. Des exemples accompagnent les énoncés théoriques afin de favoriser la compréhension des différentes notions.

Mise au point

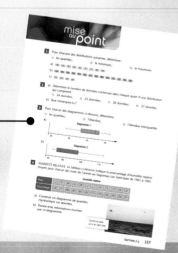

La « Mise au point » propose une série d'exercices et de problèmes contextualisés favorisant le développement des compétences et la consolidation des apprentissages faits dans la section.

DES RUBRIQUES PARTICULIÈRES

Chronique du passé

La « Chronique du passé » relate l'histoire de la mathématique et la vie de certains mathématiciens et de certaines mathématiciennes ayant contribué au développement de notions mathématiques directement associées au contenu de la *Vision*. Une série de questions permettant d'approfondir le sujet accompagne cette rubrique.

Le monde du travail

La rubrique « Le monde du travail » présente une profession ou une carrière où sont exploitées les notions mathématiques étudiées dans la *Vision*. Une série de questions permettant d'approfondir le sujet accompagne cette rubrique.

Vue d'ensemble

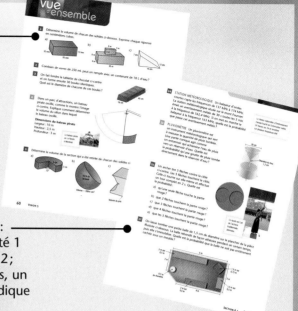

La « Vue d'ensemble » clôt chaque vision et présente une série d'exercices et de problèmes contextualisés permettant d'intégrer et de réinvestir les compétences développées et toutes les notions mathématiques étudiées dans la *Vision*. Cette rubrique se termine par une banque de problèmes dont chacun privilégie la résolution, le raisonnement ou la communication.

Dans la « Mise au point » et la « Vue d'ensemble » :

- un numéro dans un carré bleu indique une priorité 1 et un numéro dans un carré orangé, une priorité 2;
- lorsqu'un problème comporte des données réelles, un mot-clé écrit en lettres majuscules et en rouge indique le sujet auquel il se rapporte.

ALBUM

Situé à la fin du manuel, l' « Album » contient plusieurs outils susceptibles d'outiller l'élève dans ses apprentissages. Il comporte deux parties distinctes.

La partie « Technologies » fournit des explications sur les principales fonctions des calculatrices scientifique et graphique, sur l'utilisation d'un tableur et d'un logiciel de géométrie dynamique.

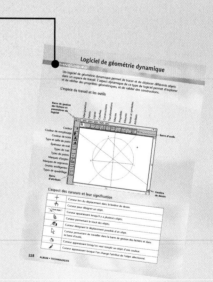

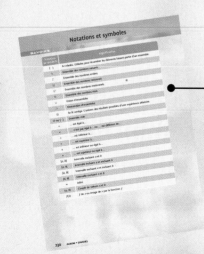

La partie « Savoirs » présente les notions et symboles utilisés dans le manuel. Des énoncés de géométrie et différentes constructions géométriques sont également proposés. Cette partie se termine par un glossaire et un index.

LES PICTOGRAMMES

Indique qu'une fiche reproductible est offerte
dans le guide d'enseignement.

Indique que l'activité peut se faire en travail
coopératif. Des précisions à ce sujet sont
données dans le guide d'enseignement.

 Indique que la compétence disciplinaire 1
est particulièrement ciblée dans cette
situation d'apprentissage.

 Indique que la compétence disciplinaire 2
est particulièrement ciblée dans cette
situation d'apprentissage.

Indique que la compétence disciplinaire 3
est particulièrement ciblée dans cette
situation d'apprentissage.

VISI⑤N

Des outils pour mesurer l'espace

Comment disposer des bidons dans un camion pour qu'il puisse en transporter le plus possible ? Combien de blocs a-t-on empilés pour construire la plus grande pyramide ancienne ? Quelle quantité de terre doit-on extraire d'une colline pour construire un tunnel ferroviaire ? Combien de litres d'eau le bassin d'une usine d'épuration contient-il ? Dans chaque cas, il faut calculer un volume ou une capacité. Mais comment calcule-t-on le volume d'un objet ou la capacité d'un récipient ? Quelles unités servent à exprimer un volume ou une capacité ? Dans *Vision 5*, tu découvriras des formules et des stratégies pour calculer le volume de divers solides. Tu exploreras les liens entre l'aire d'un solide et son volume ainsi qu'entre les unités de volume et celles de capacité. Tu analyseras l'effet de l'agrandissement ou de la réduction d'un solide sur son volume et tu utiliseras des expressions algébriques pour calculer des volumes et trouver des mesures manquantes.

Arithmétique et algèbre

- Cube et racine cubique
- Addition, soustraction, multiplication et division d'expressions algébriques

Géométrie

- Volume de solides
- Unités de mesure : volume et capacité
- Volume de solides issus d'une similitude

Statistique

Probabilité

Situations d'apprentissage | L'aide humanitaire

Mise en situation

Lorsqu'un sinistre ou une situation d'urgence se produit, certaines organisations d'aide humanitaire telles que la Croix-Rouge se mobilisent afin de venir en aide aux sinistrés et de leur acheminer le matériel nécessaire. Ces organisations s'occupent, entre autres, de subvenir aux besoins essentiels des personnes éprouvées : eau potable, vivres, vêtements, hébergement temporaire, premiers soins, soutien psychologique et réunion des familles.

Toutes les précisions nécessaires à la réalisation des situations d'apprentissage qui suivent se trouvent dans le guide d'enseignement.

La catastrophe naturelle qui a frappé certains pays riverains de l'océan Indien le 26 décembre 2004 a été l'une des plus dévastatrices de l'histoire moderne en termes de perte de vies humaines. On estime à plus de 215 000 le nombre de personnes décédées ou disparues. De magnitude 9 sur l'échelle de Richter, le tremblement de terre qui a secoué le fond de l'océan Indien a déclenché un gigantesque tsunami qui a dévasté les côtes de nombreux pays dont le Sri Lanka, le sud de l'Inde, l'Indonésie, la Thaïlande et les Maldives. Au lendemain de cette catastrophe, plusieurs dizaines de milliers d'hommes et de femmes venant d'une quarantaine de pays sont arrivés sur les lieux chargés de milliers de tonnes de matériel de premiers secours, de déblaiement et de reconstruction.

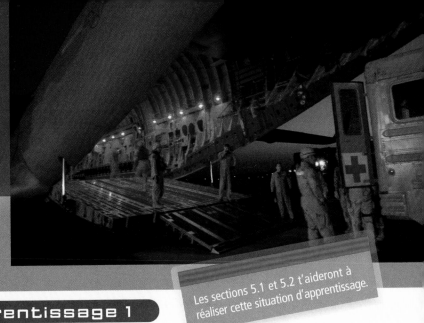

Les sections 5.1 et 5.2 t'aideront à réaliser cette situation d'apprentissage.

○ Situation d'apprentissage 1

CD2 **Maximiser l'espace**

Deux avions-cargos sont affectés au transport de matériel pour les personnes sinistrées d'un pays. La soute de chacun des avions mesure 17 m de longueur sur 4 m de largeur sur 3,5 m de hauteur. Au total, 1000 boîtes de matériel médical, 4000 boîtes d'abris et de tentes, 4000 boîtes de nourriture et 4800 contenants d'eau potable doivent être acheminés. Tout ce matériel est emballé dans des boîtes en forme de prismes droits ou des contenants en forme de cylindres droits.

Ton rôle consiste à déterminer la cargaison de chaque avion ainsi que le nombre d'allers-retours que devra effectuer chacun pour transporter l'ensemble du matériel. Le coût d'utilisation d'un tel appareil étant particulièrement élevé, tu devras t'assurer de maximiser l'espace disponible et ainsi permettre à chacun des appareils d'effectuer un nombre minimal d'allers-retours.

Les sections 5.3, 5.4 et 5.5 t'aideront à réaliser cette situation d'apprentissage.

○ Situation d'apprentissage 2

CD2 **L'éruption volcanique**

Lors d'une éruption volcanique, du magma (roche en fusion) monte vers la surface de la Terre et s'échappe d'un volcan par la cheminée volcanique. Des torrents de lave en fusion dont la température atteint 1000 °C sont alors projetés sur les flancs du volcan et menacent un petit village situé à proximité. Voici une représentation à l'échelle 1 : 10 000 de ce volcan en forme de cône circulaire droit tronqué.

Tu dois calculer la quantité totale de lave qui s'échappera du volcan pendant l'éruption et déterminer si la sécurité des habitants et des habitantes du village situé à proximité du volcan est menacée par cette éruption.

1 cm   0,75 cm

0,5 cm

Cheminée
volcanique

5,3 cm

Chambre
magmatique

Cette section t'aidera à réaliser la situation d'apprentissage 1.

ACTIVITÉ 1 Le coffret efficace

Afin de maximiser leurs profits, les entreprises cherchent sans cesse à diminuer les coûts de production et tentent de réduire le plus possible les pertes d'espace lors du transport des marchandises.

Une entreprise fabrique des coffrets cubiques de 1 dm d'arête comprenant une sélection de jeux vidéo. Chaque jeu est présenté dans un boîtier ayant la forme d'un prisme régulier à base carrée dont les dimensions sont indiquées ci-contre.

Pour acheminer par camion les coffrets aux détaillants, l'entreprise doit les emballer dans des boîtes en carton dont l'aire est de 60 dm² chacune.

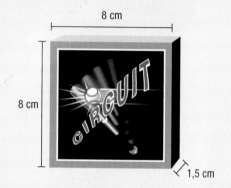

8 cm

8 cm

1,5 cm

 Quel est le nombre maximal de jeux vidéo qu'une boîte peut contenir ?

Il arrive qu'une catastrophe naturelle telle qu'un ouragan, une inondation ou un tremblement de terre prive une région d'eau potable. Des substances pour assainir l'eau, sous forme de pastilles ou sous forme de liquide sont alors acheminées le plus rapidement possible aux sinistrés.

a. La valise de transport hermétique dont les dimensions intérieures sont illustrées ci-contre contient des pastilles servant à purifier l'eau. Chaque pastille est emballée dans une petite boîte cubique de 1 cm d'arête et purifie 1,2 L d'eau.

1) Quel est le nombre maximal de pastilles que peut contenir la valise ?

2) Une valise remplie à ras bord de pastilles permet de purifier quelle quantité d'eau ?

3) Si chaque pastille était emballée dans une petite boîte cubique de 2 cm d'arête, quel est le nombre maximal de pastilles que pourrait contenir la valise ?

b. La valise de transport hermétique dont les dimensions intérieures sont illustrées ci-contre contient 90 L de liquide à base de chlore. Il suffit de 30 mL de ce liquide pour rendre potable 4,5 L d'eau.

1) Une valise remplie à ras bord de liquide à base de chlore permet de purifier quelle quantité d'eau ?

2) Combien de cubes ayant un volume de 1 dm^3 cette valise peut-elle contenir ?

3) Compare la capacité en décimètres cubes et en litres de cette valise. Que remarques-tu ?

4) Si la capacité d'une valise était de 47,25 dm^3, quelle quantité de liquide à base de chlore pourrait-on y verser ?

c. Pour le même espace occupé dans la valise, est-il plus avantageux d'utiliser des pastilles ou le liquide à base de chlore pour purifier l'eau ? Explique ta réponse.

En 2007, il y avait 1,1 milliard d'êtres humains qui n'avaient pas accès à de l'eau potable.

savoirs

AIRE ET VOLUME

L'**aire** ou la superficie est la mesure d'une surface délimitée par une figure. On exprime l'aire d'une figure en **unités carrées**.

Le **volume** est la mesure de l'espace occupé par un solide. On exprime le volume d'un solide en **unités cubes**.

Ex.: L'aire totale du solide ci-contre est de 108 unités carrées, notée 108 u², et son volume est de 72 unités cubes, noté 72 u³.

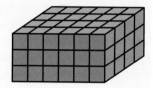

Choix de l'unité de mesure pour les volumes

On peut utiliser diverses unités de volume pour mesurer un espace. Le contexte permet généralement de déterminer l'unité la plus adaptée. Le tableau ci-dessous présente les **unités de volume du système international d'unités** (SI).

Nom de l'unité de volume	Symbole	Exemple de contexte approprié
Kilomètre cube	km³	Volume d'une montagne
Hectomètre cube	hm³	Volume d'un centre commercial
Décamètre cube	dam³	Volume d'une maison
Mètre cube	m³	Volume d'un réfrigérateur
Décimètre cube	dm³	Volume d'un téléviseur
Centimètre cube	cm³	Volume d'une gomme à effacer
Millimètre cube	mm³	Volume d'une pièce de monnaie

Dans la représentation ci-dessous, chaque unité de volume a une valeur qui est 1000 fois plus élevée que la valeur de l'unité placée immédiatement à sa droite et 1000 fois plus petite que la valeur de l'unité placée immédiatement à sa gauche.

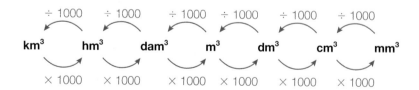

Ex.: 1) 15 cm³ = 15 000 mm³, car il y a 1000 mm³ dans 1 cm³.

2) 13,2 m³ = 0,0132 dam³, car il y a 0,001 dam³ dans 1 m³.

3) 0,53 m³ = 530 dm³, car il y a 1000 dm³ dans 1 m³.

CAPACITÉ

La **capacité** d'un solide ou d'un récipient est le volume de la matière liquide, ou pouvant se manipuler comme un liquide, qu'il peut contenir. Le tableau ci-dessous présente des unités de capacité couramment utilisées.

Nom de l'unité de capacité	Symbole	Exemple de contexte approprié
Kilolitre	kL	Capacité d'une baignoire
Hectolitre	hL	Capacité d'un aquarium
Décalitre	daL	Capacité d'une bonbonne d'air
Litre	L	Capacité d'un carton de lait
Décilitre	dL	Capacité d'une petite bouteille de jus
Centilitre	cL	Capacité d'une cuillère à soupe
Millilitre	mL	Capacité d'une cuillère à café

Dans la représentation ci-dessous, chaque unité de capacité a une valeur qui est 10 fois plus élevée que la valeur de l'unité placée immédiatement à sa droite et 10 fois plus petite que la valeur de l'unité placée immédiatement à sa gauche.

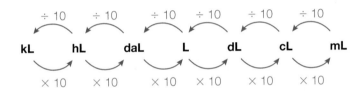

Ex.: 1) 165 daL = 1,65 kL, car il y a 0,01 kL dans 1 daL.
   2) 12 hL = 12 000 dL, car il y a 1000 dL dans 1 hL.
   3) 1500 mL = 1,5 L, car il y a 0,001 L dans 1 mL.

Tant les unités de volume que les unités de capacité permettent de mesurer un espace. Il est possible de transformer les unités de volume en unités de capacité et vice versa d'après l'équivalence suivante :

$$1 \text{ dm}^3 = 1 \text{ L}$$

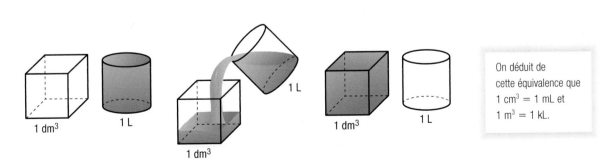

On déduit de cette équivalence que $1 \text{ cm}^3 = 1 \text{ mL}$ et $1 \text{ m}^3 = 1 \text{ kL}$.

Ex.: 1) $15,2 \text{ dm}^3 = 15,2 \text{ L}$ 2) $67 \text{ mL} = 67 \text{ cm}^3$
   3) $165 \text{ kL} = 165 \text{ m}^3$ 4) $3700 \text{ mm}^3 = 3,7 \text{ cm}^3 = 3,7 \text{ mL}$

mise au point

1 Voici quelques étapes de l'aménagement d'un jardin. Détermine si chaque étape est associée à un élément de longueur, de surface ou d'espace.

a) Retirer des mottes de terre argileuse.

b) Étendre une couche épaisse de terre noire.

c) Installer une clôture pour délimiter le jardin.

d) Fertiliser le sol avec un engrais naturel.

e) Creuser des trous.

f) Respecter une certaine distance entre les plants.

g) Remplir l'arrosoir d'eau.

h) Recouvrir la serre d'une mince pellicule plastique.

i) Calculer le volume d'air dans la serre.

Le jardinage est une activité de loisir et d'autoconsommation pratiquée par les gens. On utilise généralement le mot « jardin » pour désigner l'endroit où sont cultivées les plantes d'agrément et le mot « potager » lorsqu'il s'agit de la culture de végétaux comestibles.

2 Détermine le nombre manquant.

a) Il y a ▮▮▮ dm^3 dans 1 m^3.

b) Il y a ▮▮▮ m^3 dans 5 km^3.

c) 12 cm^3 est ▮▮▮ fois plus grand que 12 mm^3.

d) 0,1 m^3 est ▮▮▮ fois plus petit que 0,1 hm^3.

e) 821 dm^3 est 1000 fois plus petit que ▮▮▮ m^3.

f) 5 dam^3 est 1 000 000 000 fois plus grand que ▮▮▮ cm^3.

3 Parmi les unités de volume du système international d'unités, laquelle est la plus appropriée pour déterminer :

a) le volume du Soleil ?

b) le volume d'un manuel scolaire ?

c) le volume d'une piscine ?

d) le volume d'une coccinelle ?

4 Voici des empilements de cubes gris et de demi-cubes jaunes représentés en perspective cavalière. Détermine le volume en unités cubes de chaque empilement.

a)

b)
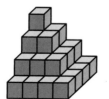

c)

d)
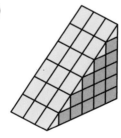

5 Quelles sont les dimensions possibles d'un prisme régulier à base carrée formé d'un empilement de 160 cubes de 1 cm d'arête?

6 Convertis ces mesures en tenant compte de l'unité de volume indiquée.

a) $31 \text{ cm}^3 =$ ▮ mm^3 b) $450 \text{ dm}^3 =$ ▮ cm^3 c) $23,5 \text{ m}^3 =$ ▮ cm^3

d) $0,14 \text{ dam}^3 =$ ▮ m^3 e) $1,78 \text{ m}^3 =$ ▮ hm^3 f) $0,69 \text{ km}^3 =$ ▮ dam^3

7 Laquelle de ces boîtes peut contenir le plus grand nombre de cubes de 1 mm^3?

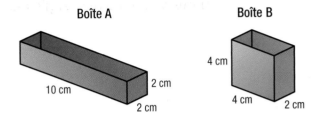

Boîte A

Boîte B

10 cm   2 cm   2 cm

4 cm   4 cm   2 cm

8 Effectue les calculs suivants en tenant compte des unités de mesure.

a) $67 \text{ cm}^3 + 22 \text{ cm}^3 =$ ▮ cm^3 b) $2,3 \text{ dm}^3 + 567 \text{ cm}^3 =$ ▮ dm^3

c) $0,479 \text{ dam}^3 + 245,1 \text{ dm}^3 =$ ▮ m^3 d) $4 \text{ km}^3 - 234 \text{ hm}^3 =$ ▮ hm^3

e) $45 \text{ cm}^3 - 351 \text{ mm}^3 =$ ▮ cm^3 f) $0,87 \text{ m}^3 - 75\ 683 \text{ cm}^3 =$ ▮ dm^3

9 Combien de petits cubes de 1 cm d'arête peut contenir:

a) un grand cube de 8 cm d'arête?

b) un prisme droit à base rectangulaire de 3 cm sur 7 cm sur 10 cm?

c) un grand cube de 50 mm d'arête?

d) un prisme régulier à base carrée de 2 dm sur 4 dm sur 4 dm?

10 Voici des développements de solides. Les dimensions des petits carrés bleus sont de 1 cm sur 1 cm et celles des petits rectangles rouges sont de 1 cm sur $\sqrt{2}$ cm. Détermine le volume de chacun de ces solides.

a)

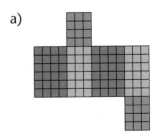

b)

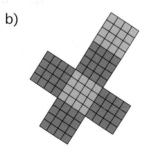

c)

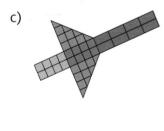

11 Convertis ces mesures en tenant compte de l'unité de capacité indiquée.

a) $8 \text{ L} =$ ▮ cL b) $74 \text{ mL} =$ ▮ dL c) $567,3 \text{ cL} =$ ▮ L

d) $0,05 \text{ kL} =$ ▮ hL e) $457 \text{ mL} =$ ▮ daL f) $0,98 \text{ cL} =$ ▮ L

12 Complète les énoncés suivants.

a) $7 \text{ dm}^3 = $ ▓ L

b) $945 \text{ cm}^3 = $ ▓ mL

c) $245\,173 \text{ m}^3 = $ ▓ hL

d) $76\,586 \text{ mm}^3 = $ ▓ dL

e) $0{,}998 \text{ dam}^3 = $ ▓ kL

f) $0{,}0008 \text{ hm}^3 = $ ▓ daL

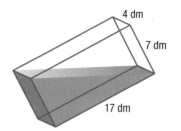

4 dm
7 dm
17 dm

13 Combien de litres d'eau a-t-on versés dans ce prisme droit?

14 Ces graphiques montrent le remplissage à un débit constant de trois récipients. À la suite du remplissage, les trois récipients sont complètement remplis d'eau.

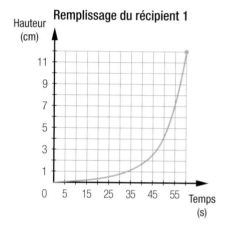

Remplissage du récipient 1
Hauteur (cm)
Temps (s)

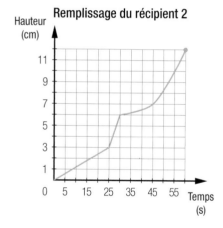

Remplissage du récipient 2
Hauteur (cm)
Temps (s)

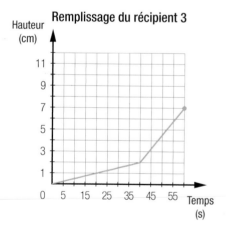

Remplissage du récipient 3
Hauteur (cm)
Temps (s)

a) Quel est le domaine de chacune de ces fonctions?

b) Sachant que le récipient **1** contient 1,2 L d'eau à la suite du remplissage, détermine:

1) la capacité du récipient **2**;

2) la capacité du récipient **3**.

c) Dessine la vue de face de chaque récipient.

15 Dans chaque cas, identifie la mesure qui diffère des autres.

a) 52 cL | 0,052 hL | 520 cm³ | 0,000 52 m³

b) 4,51 m³ | 4510 L | 451 hL | 4 510 000 cm³

c) 0,03 dam³ | 3 m³ | 3000 L | 300 daL

d) 1678 cm³ | 16,78 dL | 0,1678 daL | 167 800 mm³

16 Le chargement d'un camion compte 230 boîtes cubiques remplies de sable. L'aire totale de chaque boîte est de 9 dm². Combien de litres de sable ce camion transporte-t-il?

17 La boîte vide illustrée ci-contre peut contenir jusqu'à 40 cubes de 2 cm d'arête. Peut-elle contenir:

a) 40 boules de 2 cm de diamètre?

b) 300 cubes de 1 cm d'arête?

c) 27 cubes de pâte à modeler de 3 cm d'arête?

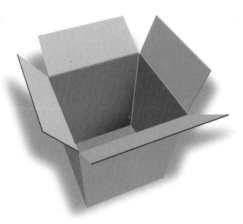

18 Afin de conserver la fraîcheur d'un fromage, on le place dans un contenant en forme de cylindre circulaire droit rempli d'eau. La capacité totale du contenant est de 785,4 mL. Si le volume du fromage est de 500 cm³, combien de millilitres d'eau le contenant contient-il?

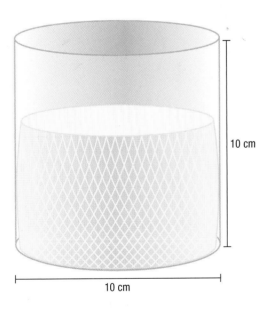

10 cm

10 cm

En Amérique du Nord, presque tous les fromages sont fabriqués avec du lait pasteurisé. Seuls quelques maîtres-fromagers, des Québécois et Québécoises pour la plupart, travaillent avec le lait cru. Au Canada, les fromages de lait cru doivent obligatoirement être affinés pendant au moins deux mois, période estimée nécessaire pour que soient détruits les organismes pathogènes.

19 **ICEBERG** Un iceberg est une masse de glace d'eau douce qui descend jusqu'à la mer. La photographie ci-contre montre un iceberg dont 90 % du volume est situé sous la surface de l'eau et dont le sommet culmine à environ 60 m au-dessus de la surface de l'eau.

À l'aide d'un scanner, on a pris quelques photos aériennes de différentes sections de cet iceberg. L'analyse de ces sections permet de déterminer le volume du iceberg.

Hauteur de la section par rapport à la surface de l'eau	Photo de la section représentée sur un quadrillage dont chaque carré mesure 1 m de côté
0 m	
10 m	
20 m	
30 m	
40 m	
50 m	
60 m	

Quel est le volume de cet iceberg?

SECTION 5.2 Des objets qui ont du volume

Cette section t'aidera à réaliser la situation d'apprentissage 1.

ACTIVITÉ 1 Les silos agricoles

Une agricultrice désire acquérir un nouveau silo pour entreposer son blé.
Voici des renseignements à propos de trois modèles de silos:

Tableau comparatif des silos à grains

Modèle	A	B	C
Forme	Prisme droit	Prisme droit	Solide droit
Hauteur	10 m	11 m	12 m
Représentation 3D			
Base (un côté d'un petit carré du quadrillage mesure 1 m)			
Durée de vie	30 ans	32 ans	28 ans
Coût	40 000 $	42 000 $	36 000 $

Lequel des trois silos représente le meilleur achat?

En agriculture, les silos permettent d'entreposer du fourrage et des grains. Généralement construits en acier ou en béton, ils ont souvent la forme d'un cylindre circulaire droit, mais cette forme peut varier.

Une entreprise emballe les lave-vaisselle qu'elle fabrique dans des boîtes cubiques de 1 m d'arête. Les boîtes sont ensuite transportées par train à un centre de distribution. L'illustration ci-dessous montre comment les boîtes sont empilées sur chaque wagon.

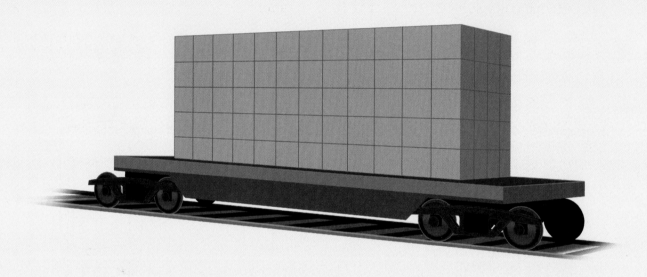

a. 1) Combien de boîtes chaque étage de l'empilement ci-dessus compte-t-il ?

2) Combien d'étages l'empilement compte-t-il ?

3) Combien de boîtes l'empilement compte-t-il ?

b. 1) Quelle est l'aire de la base du 1er étage de l'empilement ?

2) Quelle est la hauteur de l'empilement ?

3) Quel est le volume de l'empilement ?

c. Quel lien existe-t-il entre :

1) le nombre de boîtes par étage et l'aire de la base de l'empilement ?

2) le nombre d'étages et la hauteur de l'empilement ?

d. Quel serait le volume de l'empilement si les arêtes de chaque boîte cubique mesuraient :

1) 3 m ?   2) 0,5 m ?   3) 1,2 m ?

e. Propose une formule qui permet de calculer le volume d'un prisme droit à base rectangulaire.

f. Détermine le volume de chacun de ces wagons.

1)

2)
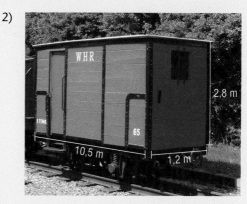

g. 1) Détermine le volume des prismes droits ci-dessous.

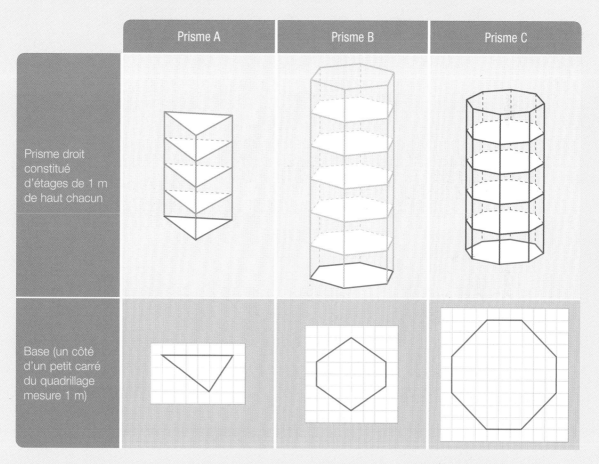

	Prisme A	Prisme B	Prisme C
Prisme droit constitué d'étages de 1 m de haut chacun			
Base (un côté d'un petit carré du quadrillage mesure 1 m)			

2) La formule proposée en **e** pour déterminer le volume d'un prisme droit à base rectangulaire est-elle aussi valide pour calculer le volume des prismes droits illustrés ci-dessus? Explique ta réponse.

Un logiciel de géométrie dynamique 3D permet d'explorer et de comparer les volumes de solides de même hauteur et ayant des bases de même aire. En utilisant principalement les outils TRIANGLE, POLYGONE, VECTEUR, PARALLÈLE, POINT, AIRE et VOLUME, on peut construire des prismes et afficher l'aire de la base et le volume de chaque prisme.

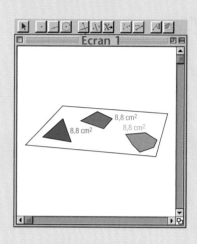

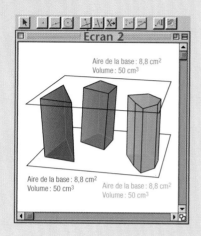

Pour chacun des prismes, en modifiant la position d'un sommet ou en déplaçant le plan parallèle à sa base, on observe certains effets liés à l'aire de sa base et à son volume.

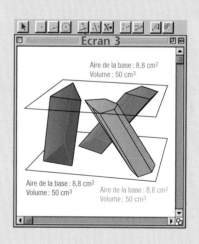

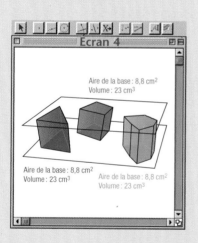

a. Par rapport à l'écran **2**, quel changement a-t-on apporté :

1) à l'écran **3** ?   2) à l'écran **4** ?

b. Qu'ont en commun les trois prismes de :

1) l'écran **2** ?   2) l'écran **3** ?   3) l'écran **4** ?

c. Détermine la hauteur des prismes de :

1) l'écran **2** ;   2) l'écran **3** ;   3) l'écran **4**.

d. 1) Quelle conjecture peut-on émettre quant aux volumes de solides de même hauteur et ayant des bases de même aire ?

2) À l'aide d'un logiciel de géométrie dynamique 3D, vérifie si cette conjecture est aussi valable pour :

i) les cylindres ;   ii) les pyramides.

savoirs

VOLUME D'UN PRISME DROIT ET D'UN CYLINDRE CIRCULAIRE DROIT

Tout solide pouvant être considéré comme un empilage de portions de plan isométriques a un volume V que l'on peut calculer à l'aide de la formule suivante.

$$V = (\text{aire de la base}) \times (\text{hauteur})$$

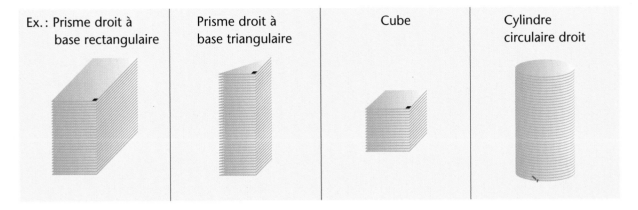

| Ex.: Prisme droit à base rectangulaire | Prisme droit à base triangulaire | Cube | Cylindre circulaire droit |

Puisqu'un **prisme droit** et un **cylindre circulaire droit** peuvent être considérés comme des empilages de portions de plan isométriques, cette formule permet donc de calculer tant le volume de l'un que celui de l'autre.

Ex.: Prisme droit à base rectangulaire

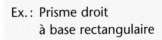

$$\begin{aligned} V_{\text{prisme droit}} &= (\text{aire de la base}) \times (\text{hauteur}) \\ &= 6 \times 4 \times 2 \\ &= 48 \text{ cm}^3 \end{aligned}$$

Prisme droit à base triangulaire

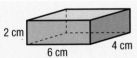

$$\begin{aligned} V_{\text{prisme droit}} &= (\text{aire de la base}) \times (\text{hauteur}) \\ &= \frac{26 \times 10}{2} \times 17 \\ &= 2210 \text{ mm}^3 \end{aligned}$$

Cube

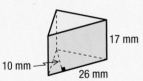

$$\begin{aligned} V_{\text{prisme droit}} &= (\text{aire de la base}) \times (\text{hauteur}) \\ &= 4 \times 4 \times 4 \\ &= 64 \text{ cm}^3 \end{aligned}$$

Cylindre circulaire droit

$$\begin{aligned} V_{\text{cylindre circulaire droit}} &= (\text{aire de la base}) \times (\text{hauteur}) \\ &= \pi \times 3^2 \times 7 \\ &= 63\pi \\ &\approx 197{,}92 \text{ cm}^3 \end{aligned}$$

1 Calcule le volume de chacun de ces solides.

a) Prisme droit à base rectangulaire

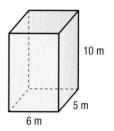

10 m
5 m
6 m

b) Prisme droit à base triangulaire

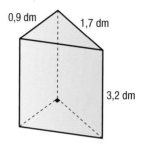

0,9 dm   1,7 dm
3,2 dm

c) Prisme régulier à base pentagonale

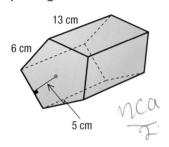

13 cm
6 cm
5 cm

nca

2 a) Détermine les dimensions de deux prismes droits à base rectangulaire différents dont le volume est de 1680 cm³.

b) Détermine les dimensions de deux prismes réguliers à base carrée différents dont le volume est de 576 dm³.

c) Détermine le diamètre et la hauteur de deux cylindres circulaires droits différents dont le volume est de 2520π mm³.

3 À l'aide du prisme droit à base rectangulaire illustré ci-dessous, complète le tableau.

Largeur	Profondeur	Hauteur	Aire de la base	Volume
1,8 dm	3,2 dm	2,9 dm		
12 cm		9 cm	72 cm²	
250 mm		380 mm		20,9 mm³
0,37 m	0,15 m			44,4 m³

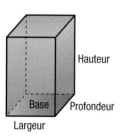

Hauteur
Base   Profondeur
Largeur

4 Calcule le volume de chaque cylindre circulaire droit.

a)

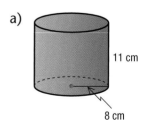

11 cm
8 cm

b)

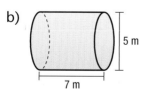

5 m
7 m

c)

1,5 m
2,5 m

5 La hauteur et le diamètre d'un cylindre circulaire droit ont la même mesure. Détermine l'expression algébrique qui correspond au volume de ce cylindre sachant que son rayon mesure *a* cm.

6 Des pailles de même longueur forment le squelette du cube illustré ci-contre. Sachant que la longueur totale des pailles est de 1,8 m, détermine le volume de ce cube.

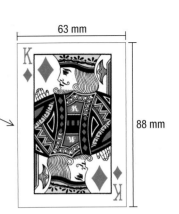

7 **CARTES À JOUER** La canasta est un jeu originaire d'Amérique latine qui se joue avec 2 jeux de 54 cartes chacun. Les dimensions d'une carte standard sont données ci-contre. Quel est le volume de la pile formée de l'ensemble des cartes de la canasta ?

63 mm

Épaisseur : 0,3 mm

88 mm

8 Détermine le nombre maximal de litres que chaque récipient peut contenir.

a) Prisme droit à base rectangulaire

b) Prisme régulier à base hexagonale

c) Cylindre circulaire droit

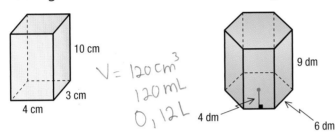

10 cm

3 cm

4 cm

$V = 120 cm^3$
120 mL
0,12 L

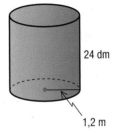

9 dm

4 dm

6 dm

24 dm

1,2 m

9 Voici quelques descriptions de prismes :

a) • Les prismes E et F ont des bases de même aire.
• La hauteur du prisme E est de 0,01 cm supérieure à celle du prisme F.
Que peut-on dire à propos des volumes des prismes E et F ?

b) • Le prisme à base carrée C et le cube D ont le même volume.
• La hauteur du cube D est 4 fois plus grande que celle du prisme à base carrée C.
Que peut-on dire à propos de l'aire des bases de chacun des prismes ?

10 Pour faciliter le transport de boîtes de mouchoirs dont l'une est illustrée ci-contre, on les dispose de manière à former un ballot enrobé d'une pellicule plastique. Chaque ballot a la forme d'un prisme droit à base rectangulaire et occupe un espace mesurant 105,84 dm³. Combien de boîtes de mouchoirs un ballot contient-il ?

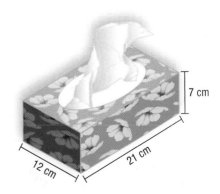

7 cm

12 cm

21 cm

11 Deux contenants en forme de cylindre circulaire droit sont utilisés pour stocker de la nourriture. Le cylindre A est deux fois plus haut que le cylindre B. Par contre, le rayon d'une base du cylindre B est deux fois plus long que celui du cylindre A. Lequel des deux cylindres peut contenir le plus de nourriture ? Explique ta réponse.

12 Une entreprise cultive des légumes biologiques dans 19 serres identiques ayant chacune la forme d'un demi-cylindre circulaire droit.
Quel est le volume d'air que l'entreprise doit contrôler dans l'ensemble des serres afin d'assurer la qualité de ses légumes ?

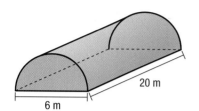

20 m

6 m

Dans la plupart des productions horticoles, il est recommandé de maintenir dans les serres un taux d'humidité avoisinant 75 %. En plus de favoriser la croissance des plants, ce taux d'humidité élevé réduit les problèmes liés aux insectes et aux maladies.

13 Un fil électrique de 5 m de longueur a un diamètre de 8 mm. Quel est le volume de ce fil ?

14 Qu'advient-il du volume d'un prisme régulier à base hexagonale si l'on triple :

a) la hauteur ?

b) le périmètre d'une base ?

c) l'apothème d'une base ?

d) l'aire d'une base ?

e) la hauteur et le périmètre d'une base ?

15 Sachant que les prismes réguliers à base octogonale **A** et **B** sont associés par une translation et que les cylindres circulaires droits **C** et **D** sont associés par une rotation, détermine le volume :

a) du prisme régulier à base octogonale **B** ;

b) du cylindre circulaire droit **D**.

Prisme A   Prisme B

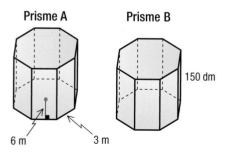

150 dm

6 m   3 m

Cylindre C   Cylindre D

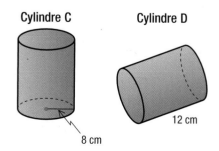

12 cm

8 cm

16 La banche illustrée ci-contre a la forme d'un prisme droit à base triangulaire.

a) Quelle quantité de béton cette banche peut-elle contenir?

b) Quel est le coût de remplissage de cette banche si le béton coûte 0,025 \$/L?

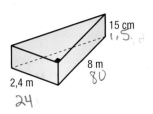

15 cm
8 m
2,4 m

17 La hauteur d'un cylindre circulaire droit est de 20 cm. La règle $V = 20\pi r^2$ permet de déterminer le volume V du cylindre (en cm^3) selon la mesure r de son rayon (en cm). Représente graphiquement cette fonction.

18 La boîte-cadeau illustrée ci-contre a la forme d'un prisme régulier à base carrée. Il faut 220 cm de ruban rouge pour la décorer. Quel est le volume de la boîte?

20 cm

19 Un pot de peinture ayant la forme d'un cylindre circulaire droit contient 3,5 L de peinture. Son diamètre est de 16,6 cm et sa hauteur, de 193 mm. Quel est le volume inutilisé dans le pot?

> Chaque année, 50 millions de litres de peinture sont utilisés au Québec. De plus en plus, les fabricants produisent de la peinture recyclée et de la peinture sans COV (composés organiques volatiles), favorisant ainsi la protection de l'environnement. Il est recommandé de ne pas jeter les restes de peinture mais de les rapporter chez un détaillant pour y être recyclés.

20 Les poissons d'un aquarium ayant la forme d'un prisme droit à base rectangulaire peuvent nager dans un espace qui occupe 90 % de la capacité de l'aquarium. La longueur de l'aquarium est le double de sa largeur et sa hauteur correspond aux deux tiers de la longueur. Dans combien de litres d'eau les poissons peuvent-ils nager si la longueur de l'aquarium est de 180 cm?

21 Le rectangle ci-dessous correspond au développement de la face latérale d'un cylindre circulaire droit.

a) Comment doit-on courber cette face latérale afin d'obtenir le cylindre circulaire droit ayant:

1) la plus grande hauteur possible?

2) une base dont l'aire est la plus grande possible?

b) Quel est le volume du plus grand cylindre circulaire droit qu'il est possible de former avec cette face latérale?

20 cm
30 cm

22 **CAVALIERI** Le mathématicien italien Cavalieri était un spécialiste de la géométrie. Il établit le principe selon lequel des solides de même hauteur et dont les aires de sections transversales sont égales ont le même volume. Les solides **A** et **B** sont constitués de dalles isométriques en forme de prisme droit à base rectangulaire.

Bonaventura
Cavalieri
(1598-1647)

Solide A

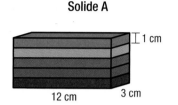

1 cm

12 cm   3 cm

Solide B

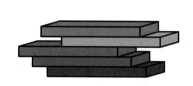

a) Déduis le volume du solide **B** d'après celui du solide **A**.

b) Les deux solides ont-ils la même aire totale? Explique ta réponse.

23 L'illustration ci-contre montre la coupe transversale d'un tuyau isolant cylindrique en mousse de polyéthylène utilisée pour isoler les tuyaux d'eau. Quel est le volume de mousse nécessaire pour isoler les 18 m de tuyaux d'eau d'une maison?

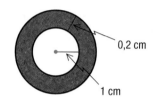

0,2 cm

1 cm

24 Sachant que les solides ci-contre ont tous la même hauteur et une base de même aire, détermine:

a) le volume du solide **B**;

b) le rayon d'un disque servant de base au solide **C**.

Solide A

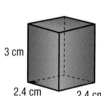

3 cm

2,4 cm   2,4 cm

Solide B

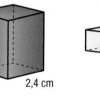

3,7 cm   1 cm

Solide C

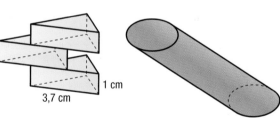

25 Un baril ayant la forme d'un cylindre circulaire droit a 1 m de diamètre et 1,5 m de hauteur. On le remplit d'eau à un débit constant de 20 L/min.

a) Quel est le volume du baril?

b) Combien de temps faut-il pour remplir le baril d'eau?

c) Détermine la règle de la fonction qui indique la hauteur h (en cm) de l'eau à l'intérieur du baril selon le temps t (en min) de remplissage.

26 Une boîte de conserve vide a la forme d'un cylindre circulaire droit. Son rayon est de 6 cm. Le crayon le plus long que l'on peut entièrement cacher dans cette boîte sans le briser mesure 13 cm. Quel est le volume de cette boîte de conserve?

SECTION 5.3 Décomposer l'espace

Cette section t'aidera à réaliser la situation d'apprentissage 2.

ACTIVITÉ 1 La rampe d'accès

Circuler en fauteuil roulant, transporter de la marchandise lourde à l'aide d'un chariot, marcher avec des béquilles ou circuler avec un bébé dans une poussette sont diverses situations à prévoir lors de l'aménagement des accès à un bâtiment public ou commercial.

La construction d'une rampe d'accès doit respecter plusieurs normes. En voici quelques-unes :

Rampe d'accès

Hauteur maximale (mm)	Longueur maximale (mm)	Inclinaison de la pente (hauteur : longueur)	Largeur minimale (mm)	Balustrades sur les côtés
Aucune restriction	Aucune restriction	1:20	920	Aucune restriction
750	12 000	1:16	920	Balustrades sur les 2 côtés si la largeur est supérieure à 2000 mm.
750	9 000	1:12	920	

Voici une rampe d'accès à deux niveaux. Chaque pente respecte l'inclinaison 1:12.

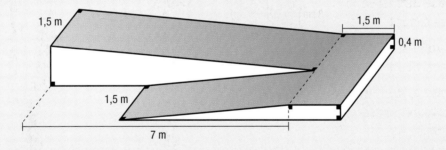

 Quel est le volume de cette rampe d'accès ?

L'accessibilité universelle permet à une personne ayant un handicap d'avoir accès à un bâtiment et d'en utiliser les services en même temps et de la même manière que les autres usagers.

Euclide est principalement connu pour son ouvrage intitulé *Éléments* qui compte 13 volumes. Les volumes XI et XII traitent de la géométrie dans l'espace. C'est dans le volume XII que l'on trouve :

* la preuve que des pyramides de même hauteur et ayant des bases de même aire ont le même volume ;

* la formule permettant de calculer le volume d'une pyramide.

a. Dans l'illustration ci-dessous, un cube est sectionné de manière à former trois pyramides : une jaune, une rouge et une verte.

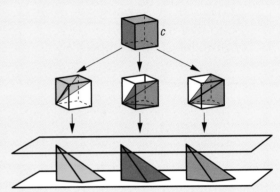

1) À quelle expression algébrique correspond l'aire de la base de chacune des pyramides ?

2) À quelle expression algébrique correspond la hauteur de chacune des pyramides ?

3) Pourquoi peut-on affirmer que les trois pyramides ont le même volume ?

4) À quelle expression algébrique correspond le volume du cube ?

5) À quelle expression algébrique correspond le volume d'une pyramide ?

L'ouvrage *Éléments* est une synthèse des connaissances mathématiques de l'époque d'Euclide (v. 325-v. 263 av. J.-C.). C'est l'œuvre la plus souvent traduite, publiée et étudiée après la Bible.

b. Dans l'illustration ci-dessous, un prisme droit à base triangulaire est sectionné de manière à former trois pyramides : une rouge, une bleue et une jaune.

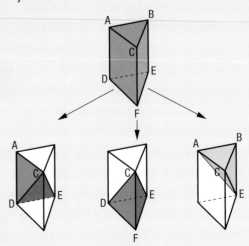

1) Compare l'aire de la base DEF de la pyramide bleue à l'aire de la base ABC de la pyramide jaune.

2) Compare la hauteur CF de la pyramide bleue à la hauteur BE de la pyramide jaune.

3) Pourquoi peut-on affirmer que la pyramide bleue et la pyramide jaune ont le même volume ?

4) Compare l'aire de la base ACD de la pyramide rouge à l'aire de la base CDF de la pyramide bleue.

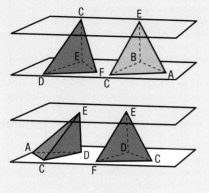

5) Compare la hauteur de la pyramide rouge à la hauteur de la pyramide bleue.

6) Pourquoi peut-on affirmer que la pyramide rouge et la pyramide bleue ont le même volume?

7) Que peut-on affirmer au sujet du volume de chacune des pyramides?

8) Sachant que le volume du prisme droit à base triangulaire vert est $V_{\text{prisme}} = (\text{aire de la base}) \times (\text{hauteur})$, déduis la formule qui permet de calculer le volume d'une pyramide.

c. Dans l'illustration ci-contre, une pyramide à base pentagonale est sectionnée de manière à former trois pyramides à base triangulaire: une jaune, une rouge et une verte. Soit h, la hauteur de la pyramide bleue, et A_1, A_2 et A_3, l'aire des bases des pyramides à base triangulaire.

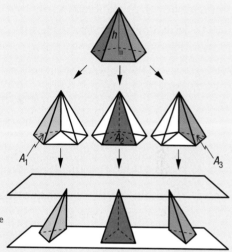

1) À quelle expression algébrique correspond la hauteur de chacune des pyramides?

2) Dans la démarche ci-dessous, décris le passage d'une étape à la suivante.

$$V_{\text{pyramide bleue}} = V_{\text{pyramide jaune}} + V_{\text{pyramide rouge}} + V_{\text{pyramide verte}}$$

$$= \frac{A_1 h}{3} + \frac{A_2 h}{3} + \frac{A_3 h}{3}$$

$$= \frac{h(A_1 + A_2 + A_3)}{3}$$

3) À quoi correspond la somme mise entre parenthèses?

4) Quelle que soit la forme de sa base, peut-on toujours décomposer une pyramide en pyramides à base triangulaire? Explique ta réponse.

5) Détermine la formule qui permet de calculer le volume de n'importe quelle pyramide.

d. Voici une suite de pyramides régulières où h est la hauteur:

Nombre de côtés de la base	6	8	10
Représentation	h	h	h

1) Lorsque le nombre de côtés de la base d'une pyramide régulière est de plus en plus élevé, vers quel solide tend la pyramide?

2) Déduis la formule qui permet de calculer le volume d'un cône circulaire droit d'après celle qui permet de calculer le volume d'une pyramide régulière.

Dans le cadre d'un concours d'art culinaire, un chef cuisinier crée une œuvre avec des dizaines de carottes.

Lors de la préparation, le chef coupe les carottes de manière qu'elles aient toutes la forme d'une pyramide régulière à base triangulaire et qu'elles soient toutes identiques.

Pour le montage de l'œuvre, le chef assemble les carottes de sorte que l'apex de chacune se touche.

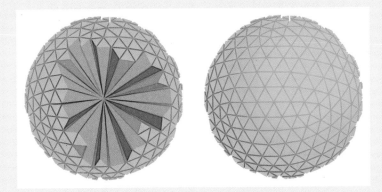

Montage partiel de l'œuvre

a. Lorsque le nombre de pyramides dans l'illustration ci-dessus est de plus en plus élevé :

1) vers quel solide tend la forme de l'œuvre ?

2) vers quelle mesure tend la hauteur des pyramides ?

3) vers quelle mesure tend la somme des aires des bases des pyramides ?

4) à quelle expression algébrique correspond la somme des aires des bases des pyramides ?

b. En désignant l'aire des bases des pyramides par a_1, a_2, a_3, et ainsi de suite, la hauteur des pyramides par h et le rayon de la boule par r, on obtient :

V_{boule} = (volume de l'ensemble des pyramides)

$$= \frac{a_1 h}{3} + \frac{a_2 h}{3} + \frac{a_3 h}{3} + \dots$$

$$= \frac{a_1 r}{3} + \frac{a_2 r}{3} + \frac{a_3 r}{3} + \dots$$

$$= \frac{r}{3}(a_1 + a_2 + a_3 + \dots)$$

$$= \frac{r}{3}\text{(aire de la sphère)}$$

$$= \frac{r}{3}(4\pi r^2)$$

$$= \frac{4\pi r^3}{3}$$

Dans la démarche ci-dessus, décris le passage d'une étape à la suivante.

c. Voici l'une des carottes de l'œuvre culinaire créée par le chef cuisinier. Détermine le volume de l'œuvre.

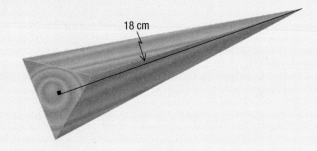

18 cm

Un logiciel de géométrie dynamique en 3D permet d'explorer le volume d'une pyramide. En utilisant principalement les outils CUBE, PYRAMIDE, SYMÉTRIE AXIALE, CALCULATRICE, ROTATION et VOLUME, on peut construire des pyramides et voir la relation entre le volume d'une pyramide et celui d'un prisme.

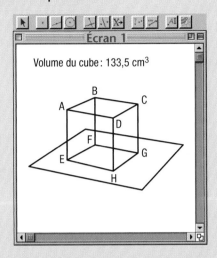

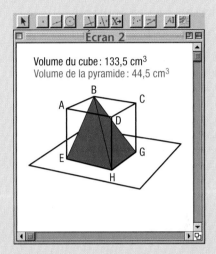

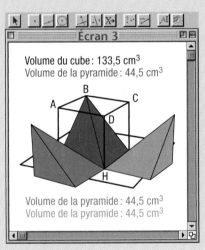

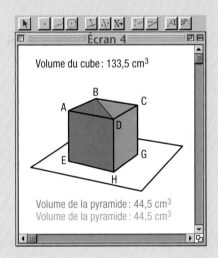

a. Nomme les figures qui forment la base et les faces latérales de la pyramide mauve.

b. Est-ce que la pyramide mauve est dite régulière ? Pourquoi ?

c. Observe le volume de la pyramide mauve et le volume du cube. Que peux-tu conclure en les comparant ?

d. À l'écran **3**, quelle transformation géométrique la pyramide verte et la pyramide bleue ont-elles subie par rapport à la pyramide mauve ?

e. À l'écran **4**, quelle transformation géométrique la pyramide verte et la pyramide bleue ont-elles subie par rapport à leur position initiale à l'écran **3** ?

f. Quelle conjecture peut-on émettre en comparant les volumes des trois pyramides au volume du cube ?

g. À l'aide d'un logiciel de géométrie dynamique en 3D, construis six pyramides régulières à base carrée inscrites dans un cube. Est-ce que la conjecture émise en **f** est toujours vérifiée ?

savoirs

VOLUME D'UNE PYRAMIDE DROITE, D'UN CÔNE CIRCULAIRE DROIT ET D'UNE BOULE

Le volume V d'une **pyramide droite** ou celui d'un **cône circulaire droit** peut être calculé à l'aide de la formule suivante :

$$V = \frac{\text{(aire de la base)} \times \text{(hauteur)}}{3}$$

Ex. : 1) Pyramide droite à base rectangulaire

$$V_{\text{pyramide}} = \frac{\text{(aire de la base)} \times \text{(hauteur)}}{3}$$

$$= \frac{7 \times 9 \times 12}{3}$$

$$= 252 \text{ cm}^3$$

12 cm
9 cm
7 cm

2) Cône circulaire droit

$$V_{\text{cône}} = \frac{\text{(aire de la base)} \times \text{(hauteur)}}{3}$$

$$= \frac{\pi \times 5^2 \times 9}{3}$$

$$= 75\pi$$

$$\approx 235,62 \text{ m}^3$$

9 m
5 m

Le volume V d'une **boule** peut être calculé à l'aide de la formule suivante :

$$V = \frac{4\pi r^3}{3}$$

Ex. : Boule

$$V_{\text{boule}} = \frac{4\pi r^3}{3}$$

$$= \frac{4 \times \pi \times 15^3}{3}$$

$$= 4500\pi$$

$$\approx 14\ 137,17 \text{ dm}^3$$

15 dm

VOLUME D'UN SOLIDE DÉCOMPOSABLE

Pour calculer le volume d'un solide décomposable, on peut le décomposer en solides plus simples.

Ex. : Le solide ci-dessous peut être décomposé en un cône circulaire droit, un cylindre circulaire droit et une demi-boule.

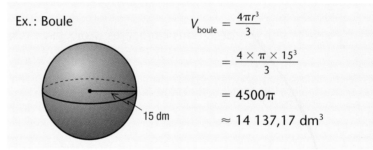

18 mm
12 mm
6 mm

18 mm
6 mm
12 mm
6 mm
6 mm

$$V_{\text{solide décomposable}} = V_{\text{cône circulaire droit}} + V_{\text{cylindre circulaire droit}} + V_{\text{demi-boule}}$$

$$= \frac{\pi \times 6^2 \times 18}{3} + \pi \times 6^2 \times 12 + \left(\frac{4 \times \pi \times 6^3}{3}\right) \div 2$$

$$= 216\pi + 432\pi + 144\pi$$

$$= 792\pi$$

$$\approx 2488,14 \text{ mm}^3$$

mise au point

1 À partir du cube ci-contre, détermine les dimensions de la pyramide à base carrée ayant le volume le plus élevé.

9 cm

2 Calcule le volume des pyramides régulières ci-dessous.

a)
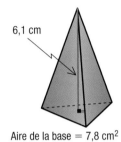
6,1 cm

Aire de la base = 7,8 cm²

b)
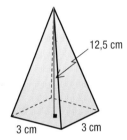
12,5 cm

3 cm   3 cm

c)

6 cm

3,5 cm

d)
8,3 cm

3,8 cm

Apothème de l'hexagone régulier = 7,18 cm

3 Calcule le volume des cônes circulaires droits ci-dessous.

a)
6,3 cm

4,2 cm

b)
2 cm
5 cm

c)
1,8 cm

3,7 cm

d)

5 cm
5 cm

e)
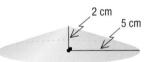
3,2 cm

5,4 cm

f)
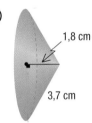
8 cm

Aire totale = 176π cm²

$c^2 = h^2 - c^2$
$= 5^2 - 2,5^2$
$= 18,75$ $4,33$

$\pi r a + \pi r^2 = 176$
$\pi \cdot 8 \cdot a + \pi 8^2 = 176$
$\pi \cdot 8 \cdot a = 176 - \pi 8^2$
112π
$\dfrac{112\pi}{8\pi} = 14$

4 Soit deux pyramides régulières à base carrée. L'aire de la base de la pyramide A est deux fois plus grande que celle de la pyramide B. Par contre, la hauteur de la pyramide B est deux fois plus grande que celle de la pyramide A. Quelle pyramide occupe le plus grand espace?

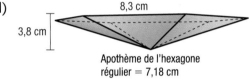

5 Dans une foire, des artistes de la scène désirent monter un chapiteau pour y présenter leur spectacle. Détermine lequel des deux chapiteaux en forme de cône circulaire droit ci-dessous offre le plus grand espace.

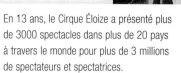

A
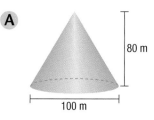
80 m
100 m

B
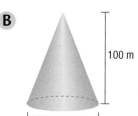
100 m
80 m

En 13 ans, le Cirque Éloize a présenté plus de 3000 spectacles dans plus de 20 pays à travers le monde pour plus de 3 millions de spectateurs et spectatrices.

6 Pour faire des emballages-cadeaux destinés à des parfums, on utilise les développements de solides ci-dessous. Indique pour quels emballages le volume est de 360 cm³.

A
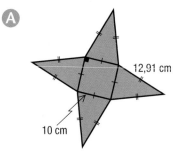
12,91 cm
10 cm

B
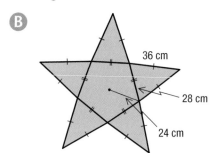
36 cm
28 cm
24 cm

C
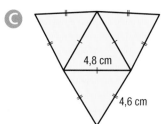
4,8 cm
4,6 cm

D
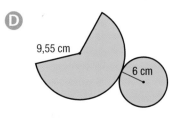
9,55 cm
6 cm

7 **PYRAMIDES DE GIZEH** Jusqu'en 2007, les trois pyramides de Gizeh, en Égypte, étaient l'une des sept merveilles du monde antique. Depuis, les pyramides sont classées « merveilles du monde d'honneur ». Le tableau ci-dessous présente quelques mesures en mètres de ces pyramides régulières à base carrée.

Dimensions des pyramides de Gizeh

Pyramide	Mesure d'une arête de la base (m)	Apothème d'une face latérale (m)
Kheops	115,47	186,83
Khephren	107,45	179,09
Mykérinos	53,73	84,95

Place les pyramides dans l'ordre croissant de leurs volumes.

Jusqu'en 2007, les merveilles du monde étaient les pyramides de Gizeh, les jardins suspendus de Babylone, la statue de Zeus à Olympie, le temple d'Artémis à Éphèse, le mausolée d'Halicarnasse, le colosse de Rhodes et le phare d'Alexandrie. Depuis 2007, la nouvelle liste des sept beautés du monde comprend désormais la cité troglodytique de Petra, en Jordanie, la statue du Christ rédempteur à Rio de Janeiro, les ruines incas du Machu Picchu, au Pérou, l'ancienne cité maya de Chichén Itzá, au Mexique, la Grande Muraille de Chine, le Taj Mahal, en Inde, et le Colisée de Rome, en Italie.

8 Un appareil d'éclairage **A** est suspendu à 20 m du plancher d'une scène comme l'indique le dessin ci-contre. Le faisceau lumineux forme un cône circulaire droit dont le rayon de la base est de 5 m.

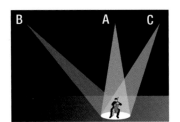

a) Quel est le volume du cône ou de la portion de cône :

    1) compris entre le plancher et l'appareil d'éclairage ?

    2) de l'appareil d'éclairage jusqu'à 5 m du plancher ?

    3) du plancher jusqu'à 12 m de l'appareil d'éclairage ?

b) On ajoute deux autres appareils d'éclairage **B** et **C** dont la base du faisceau lumineux est la même que celle de l'appareil **A**.

  Indique le volume :

    1) du cône **B** ;

    2) du cône **C**.

9 Complète le tableau ci-dessous représentant une suite de mesures de cônes circulaires droits.

Rayon (mm)	2	4,6	5,7	8	...	r
Volume (mm³)	16	84,64			...	

10 Cassandra a acheté une tente en forme de pyramide régulière à base hexagonale de 1,5 m de côté. Lorsqu'elle est à l'intérieur de la tente, la mesure de l'espace inoccupé est de 4,96 m³. Si l'apothème de la base mesure 1,3 m et que l'aire d'une face latérale de la tente est de 2,2 m², quel est le volume de l'espace occupé par Cassandra ?

11 a) Dessine une pyramide dont la hauteur correspond à la mesure d'une des arêtes.

  b) Est-il possible qu'une pyramide dont la hauteur correspond à la mesure d'une des arêtes soit une pyramide droite ?

12 Un casier à homards expérimental a la forme d'un cône circulaire droit tronqué. Sachant que le cône circulaire droit bleu a un volume de 4,18 dm³, quel est le volume du casier ?

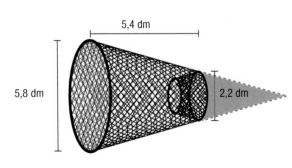

13 Calcule le volume de ces boules.

a)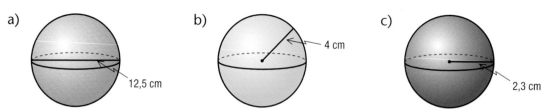

12,5 cm

b)

4 cm

c)

2,3 cm

14 Quelle est la capacité de ce conteneur à déchets ?

1,8 m

1,6 m

1,3 m

2,5 m

15 On forme différents solides constitués de 3 des solides en bois ci-dessous. Indique les 3 solides qui permettent de former :

a) le solide le plus haut ;

b) le solide le plus volumineux ;

c) le solide ayant la plus petite aire totale.

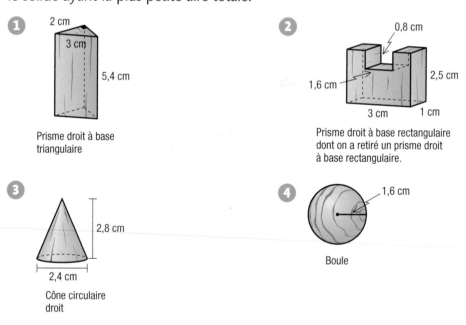

1 2 cm
3 cm
5,4 cm

Prisme droit à base triangulaire

2 0,8 cm
1,6 cm
2,5 cm
3 cm   1 cm

Prisme droit à base rectangulaire dont on a retiré un prisme droit à base rectangulaire.

3 2,8 cm
2,4 cm

Cône circulaire droit

4 1,6 cm

Boule

5 1,7 cm

Cube

6 3,3 cm   2,7 cm

Pyramide régulière à base carrée

16 Un fabricant de pièces métalliques produit les pièces ci-dessous.
Calcule le volume de chacune de ces pièces.

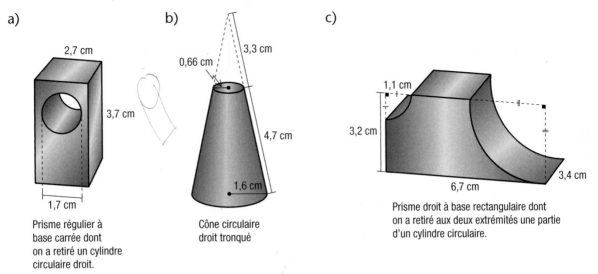

a)

2,7 cm

3,7 cm

1,7 cm

Prisme régulier à
base carrée dont
on a retiré un cylindre
circulaire droit.

b)

3,3 cm

0,66 cm

4,7 cm

1,6 cm

Cône circulaire
droit tronqué

c)

1,1 cm

3,2 cm

6,7 cm

3,4 cm

Prisme droit à base rectangulaire dont
on a retiré aux deux extrémités une partie
d'un cylindre circulaire.

17 Une architecte dessine des maisons écologiques à partir de solides connus.
Pour chacune des maisons ci-dessous :

a) nomme les différents solides qui pourraient la constituer ;

b) calcule son volume d'air, en litres.

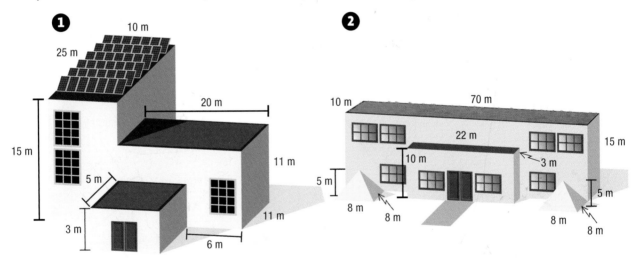

❶

10 m

25 m

20 m

15 m

5 m

11 m

3 m

6 m

11 m

❷

10 m

70 m

22 m

15 m

10 m

3 m

5 m

5 m

8 m

8 m

8 m

8 m

Lauréate de plusieurs prix d'architecture
et d'urbanisme, Zaha Hadid est la première
architecte à avoir reçu le prestigieux
prix d'architecture Pritzker, en 2004.
Elle est reconnue pour ses projets futuristes
et son apport théorique à l'architecture.

18 Voici quatre modèles de piscines pour enfants. Dans chacun des cas, détermine la quantité d'eau requise pour remplir complètement la piscine.

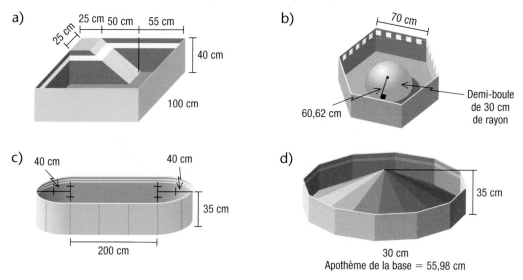

a) 25 cm 50 cm 55 cm 25 cm 40 cm 100 cm

b) 70 cm Demi-boule de 30 cm de rayon 60,62 cm

c) 40 cm 40 cm 35 cm 200 cm

d) 35 cm 30 cm Apothème de la base = 55,98 cm

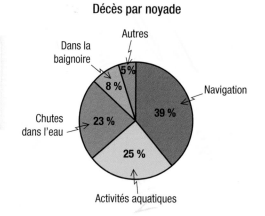

Décès par noyade

De 1991 à 2000, on a relevé 5900 cas de noyade au Canada. Le diagramme circulaire ci-contre montre leur fréquence selon l'activité pratiquée.

Autres
Dans la baignoire
5 %
8 %
Navigation
Chutes dans l'eau
23 %
39 %
25 %
Activités aquatiques

19 Des techniciens et techniciennes doivent monter la structure ci-contre pour le spectacle d'une chorale. Considérant que la hauteur du prisme droit équivaut au rayon du demi-cylindre circulaire droit, quel est le volume occupé par l'ensemble de la structure?

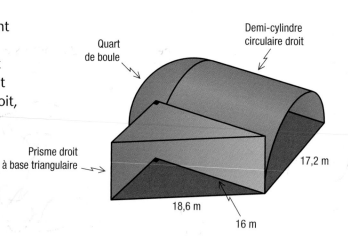

Quart de boule
Demi-cylindre circulaire droit
Prisme droit à base triangulaire
17,2 m
18,6 m
16 m

Cette section t'aidera à réaliser la situation d'apprentissage 2.

ACTIVITÉ 1 La dextérité

Les enfants développent principalement le sens du toucher entre 0 et 5 ans. Plusieurs jeux favorisent cet apprentissage. Le jeu représenté ci-dessous consiste à insérer des objets de diverses formes dans les ouvertures d'une boîte. Ces ouvertures sont conçues de manière que l'objet correspondant puisse y entrer.

Voici quelques renseignements sur trois des objets à insérer dans la boîte:

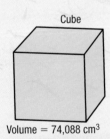

Cube

Volume = 74,088 cm³

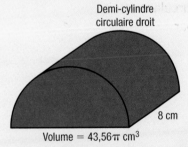

Demi-cylindre circulaire droit

8 cm

Volume = 43,56π cm³

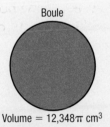

Boule

Volume = 12,348π cm³

Détermine les dimensions minimales de l'ouverture associée à chacun de ces trois objets.

Un immeuble de glace est entièrement fabriqué de neige et de milliers de blocs de glace aux formes variées. La glace est taillée à l'aide d'une scie mécanique.

La construction de certaines parties de l'immeuble nécessite l'utilisation de cubes de glace aux dimensions très précises.

a. Voici quelques cubes de glace utilisés lors de la construction. Dans chaque cas, calcule le volume du cube à l'aide de la mesure d'une de ses arêtes.

1)

2 dm

2)
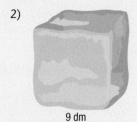
9 dm

3)

12,6 dm

b. Voici d'autres cubes de glace utilisés lors de la construction. Dans chaque cas, détermine mentalement la mesure d'une arête du cube d'après son volume.

1)

27 dm³

2)

125 dm³

3)

1000 dm³

Il est possible de visiter et même de séjourner dans des hôtels de glace au Québec.

c. L'une des colonnes de l'immeuble est constituée d'un empilement de cubes de glace d'un volume de 300 dm³ chacun. Pour tailler l'un de ces cubes, il faut déterminer la mesure d'une arête en cherchant le nombre qui, élevé au cube, est 300.

À l'aide de la calculatrice, complète le tableau ci-dessous afin de déterminer, au millimètre près, la mesure d'une arête du cube de glace.

Cube de glace

Mesure d'une arête (dm)	Volume du cube (dm³)	Analyse
6	$6^3 = 6 \times 6 \times 6 = 216$	$216 < 300$, donc $c > 6$
7	$7^3 = 7 \times 7 \times 7 = 343$	$343 > 300$, donc $c < 7$

d. Voici quelques calculs effectués à l'aide d'une calculatrice :

Écran A
```
4³
                64
³√(64)
                 4
12.5³
          1953.125
³√(1953.125)
              12.5
87³
            658503
³√(658503)
                87
```

Écran B
```
³√(64)
                 4
³√(512)
                 8
³√(1331)
                11
³√(2000)
        12.5992105
³√(5929.741)
              18.1
³√(91125)
                45
```

Écran C
```
(-2)³
                -8
³√(-8)
                -2
(-4.5)³
           -91.125
³√(-91.125)
              -4.5
(-20)³
             -8000
³√(-8000)
               -20
```

1) Quelle est la signification du symbole $\sqrt[3]{}$?

2) Après avoir repéré l'emplacement du symbole $\sqrt[3]{}$, $\sqrt[x]{y}$ ou $\sqrt[a]{b}$ sur la calculatrice, refais les calculs des écrans **A**, **B** et **C**, et vérifie si tes résultats concordent avec ceux présentés.

Un nouveau projet résidentiel voit le jour dans un quartier. Toutes les maisons construites auront la forme d'un prisme droit à base rectangulaire dont les dimensions réelles sont données ci-contre.

8 m

10 m

Afin d'informer d'éventuels acheteurs et acheteuses, les responsables du projet résidentiel ont conçu :

- une maquette permettant de visualiser les subdivisions intérieures de la maison. Cette maquette a une largeur de 62,5 cm, une profondeur de 31,25 cm et une hauteur de 50 cm ;

- une reproduction à l'échelle du projet résidentiel comprenant l'ensemble des maisons, des rues et des parcs. Sur cette reproduction, chaque maison miniature a une largeur de 5 cm, une profondeur de 2,5 cm et une hauteur de 4 cm.

a. Complète le tableau ci-dessous.

	Projet résidentiel		
	Maison construite	Maquette	Maison miniature
Hauteur (cm)			
Aire du toit (cm²)			
Volume (cm³)			

b. Quel lien existe-t-il entre les rapports ci-dessous ?

1 $\dfrac{\text{hauteur de la maquette}}{\text{hauteur de la maison miniature}}$

2 $\dfrac{\text{aire du toit de la maquette}}{\text{aire du toit de la maison miniature}}$

3 $\dfrac{\text{volume de la maquette}}{\text{volume de la maison miniature}}$

c. Pour la maison construite et la maquette, quel lien existe-t-il entre le rapport de leurs hauteurs, le rapport de leurs aires et le rapport de leurs volumes ?

d. Si le rapport des hauteurs de deux maisons semblables est x, détermine l'expression qui indique :

1) le rapport de leurs largeurs ;
2) le rapport des aires de leurs toits ;
3) le rapport de leurs aires totales ;
4) le rapport de leurs volumes.

savoirs

RACINE CUBIQUE

L'opération inverse de celle qui consiste à élever un nombre au cube est appelée l'**extraction de la racine cubique.** Le symbole de cette opération est $\sqrt[3]{}$.

Le nombre élevé au cube qui donne a est appelé la racine cubique de a.
La racine cubique de a se note $\sqrt[3]{a}$.

> Ex. : 1) La racine cubique de 125, notée $\sqrt[3]{125}$, est 5, car $5 \times 5 \times 5 = 5^3 = 125$.
>
> 2) L'expression $\sqrt[3]{125} = 5$ se lit : La racine cubique de 125 est 5.
>
> 3) $\sqrt[3]{-8} = -2$, car $-2 \times -2 \times -2 = (-2)^3 = -8$.

En géométrie, la racine cubique d'un nombre positif a correspond à la mesure d'une arête d'un cube dont le volume est a.

> Ex. : Cette représentation montre que $4 \times 4 \times 4 = 64$ et que $\sqrt[3]{64} = 4$.

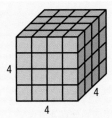

SOLIDES SEMBLABLES

Deux solides sont semblables si l'un est un **agrandissement**, une **réduction** ou la **reproduction exacte** de l'autre. Par exemple, les homothéties et les reproductions à l'échelle font intervenir des solides semblables.

Dans deux solides semblables :

- les **angles homologues** sont **isométriques** ;
- les **mesures des arêtes homologues** sont **proportionnelles.**

Le rapport des mesures des arêtes homologues de deux solides semblables est appelé **rapport de similitude** et s'exprime sous la forme suivante.

$$\text{Rapport de similitude} = \frac{\text{mesure d'une arête du solide image}}{\text{mesure de l'arête homologue du solide initial}}$$

Dans deux solides semblables :

- le rapport des aires est égal au carré du rapport de similitude ;
- le rapport des volumes est égal au cube du rapport de similitude.

Ex.: 1)   Voici deux prismes droits à base rectangulaire qui sont semblables.

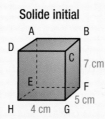

Solide initial

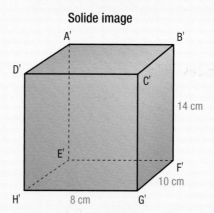

Solide image

- Rapport de similitude $= \dfrac{\text{mesure d'une arête du solide image}}{\text{mesure de l'arête homologue du solide initial}} = \dfrac{8}{4} = \dfrac{10}{5} = \dfrac{14}{7} = 2$

- Rapport des aires $= \dfrac{\text{aire totale du solide image}}{\text{aire totale du solide initial}}$

$$= \dfrac{2(8 \times 10 + 8 \times 14 + 10 \times 14)}{2(4 \times 5 + 4 \times 7 + 5 \times 7)} = \dfrac{664}{166} = 4 = 2^2$$

- Rapport des volumes $= \dfrac{\text{volume du solide image}}{\text{volume du solide initial}} = \dfrac{8 \times 10 \times 14}{4 \times 5 \times 7} = \dfrac{1120}{140} = 8 = 2^3$

Ex.: 2)   Voici deux pyramides régulières à base carrée qui sont semblables et dont le rapport des aires est 4^2.

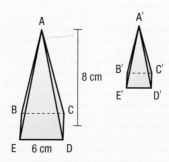

- Rapport de similitude $= \sqrt{\text{rapport des aires}} = \sqrt{4^2} = 4$

- Rapport des volumes $= (\text{rapport de similitude})^3 = 4^3 = 64$

- Volume du solide image $= \dfrac{1}{64} \times \text{volume du solide initial} = \dfrac{1}{64} \times \dfrac{6 \times 6 \times 8}{3} = 1{,}5 \text{ cm}^3$

mise au point

1 Dans chaque cas, calcule mentalement la racine cubique.

a) $\sqrt[3]{8}$ b) $\sqrt[3]{27}$ c) $\sqrt[3]{64}$ d) $-\sqrt[3]{8}$

e) $\sqrt[3]{0,027}$ f) $\sqrt[3]{-1000}$ g) $\sqrt[3]{\dfrac{1}{64}}$ h) $\left(\sqrt[3]{125}\right)^3$

2 Dans chaque cas, détermine le radicande.

a) $\sqrt[3]{\blacksquare} = 8{,}3$ b) $\sqrt[3]{\blacksquare} = 0{,}5$ c) $\sqrt[3]{\blacksquare} = 123{,}4$ d) $\sqrt[3]{\blacksquare} = \dfrac{1}{5}$

3 Dans chaque cas, détermine mentalement les deux nombres naturels consécutifs entre lesquels se situe la racine cubique.

a) $\sqrt[3]{29}$ b) $\sqrt[3]{45}$ c) $\sqrt[3]{97{,}2}$ d) $\sqrt[3]{0{,}12}$

4 À l'aide de la touche $\boxed{x^y}$, $\boxed{y^x}$, $\boxed{a^x}$, $\boxed{a^n}$ ou $\boxed{\wedge}$ de la calculatrice, calcule la valeur des expressions ci-dessous.

a) 16^3 b) $4{,}5^3$ c) $\left(\dfrac{5}{6}\right)^3$ d) $\dfrac{5^3}{6^3}$ e) -42^3 f) $(-19)^3$

5 Voici une représentation des nombres cubiques :

   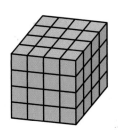 ...

      1   8   27   64

Parmi les nombres suivants, indique ceux qui font partie de cette suite.

A 512   **B** 736   **C** 1728   **D** 1 953 125

6 Dans chaque cas, détermine le ou les nombres qui satisfont à l'énoncé.

a) Le cube d'un nombre égale 6,859.

b) La racine cubique d'un nombre est $^-7$.

c) Le produit de trois nombres identiques est égal à 97,336.

d) La 3ᵉ puissance d'un nombre est 0,216.

e) Un nombre multiplié par son carré est 512.

7 Calcule le volume de chacun des cubes suivants.

a)

Aire totale = 600 dam²

b)

Somme des mesures
des arêtes = 40,8 mm

c)

0,8 m

d)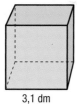

3,1 dm

e)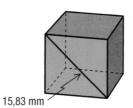

15,83 mm

f)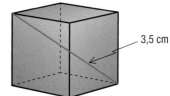

3,5 cm

8 Résous les équations ci-dessous.

a) $2,3x^3 = 147,2$

b) $5x^3 + 0,125 = 17$

c) $6x^3 + (3x)^3 = 264$

d) $7x^3 = 156,25 - 3x^3$

e) $\dfrac{4\pi x^3}{3} = 333,4$

f) $\dfrac{2\pi x^3}{9} - \dfrac{\pi}{10} = 0,19$

9 a) Complète la table de valeurs ci-dessous. Au besoin, arrondis les racines cubiques au centième près.

Racine cubique

n	0	1	2	3	4	5	6	7	8	9	10
$\sqrt[3]{n}$											

b) Représente les couples de la table de valeurs dans un plan cartésien, en associant n à l'axe des abscisses et $\sqrt[3]{n}$ à l'axe des ordonnées.

c) Est-ce que la fonction représentée dans le plan cartésien est croissante ou décroissante?

10 Détermine le rayon d'une boule dont le volume est:

a) 36π cm³

b) $18,432\pi$ mm³

c) $\dfrac{1372\pi}{3}$ dm³

11 Peut-on extraire la racine cubique d'un nombre négatif? Explique ta réponse.

12 Détermine les trois seuls nombres pour lesquels $\sqrt[3]{n} = n$.

13 Si n est positif, alors que vaut l'expression $\left(\sqrt[3]{n}\right)^3$?

14 Dans chaque cas, détermine les mesures demandées.

a) Sachant que le volume du cube ci-contre est de 531,441 cm³, détermine l'aire du rectangle.

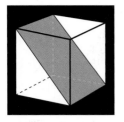

b) Sachant que le volume du cube ci-contre est de 1,728 m³, détermine l'aire du triangle.

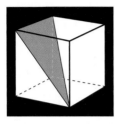

c) Sachant que le volume du cube ci-contre est de 314,432 mm³, détermine le volume de la pyramide droite à base triangulaire.

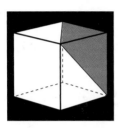

d) Sachant que le volume du cube ci-contre est de 1728 dm³, détermine le volume du prisme droit à base triangulaire.

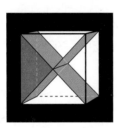

15 Voici deux cônes semblables. Le rapport $\dfrac{\text{hauteur du cône } \mathbf{1}}{\text{hauteur du cône } \mathbf{2}}$ est $\dfrac{2}{3}$.

a) Quel est le rapport de leurs rayons ?

b) Quel est le rapport de leurs apothèmes ?

c) Quel est le rapport de leurs aires latérales ?

d) Quel est le rapport de leurs volumes ?

Cône 1   Cône 2

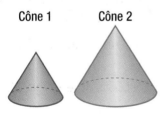

16 Voici deux cylindres circulaires droits. Détermine le volume du petit cylindre sachant que les deux cylindres sont semblables.

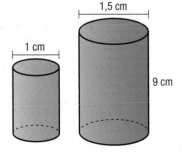

1,5 cm

1 cm

9 cm

17 La circonférence de la sphère A correspond au tiers de la circonférence de la sphère B.

Quel est le rapport des aires de ces deux sphères ?

18 Vrai ou faux? Dans chaque cas, explique ta réponse.

a) Tous les cubes sont semblables.

b) Tous les prismes droits à base carrée sont semblables.

c) Toutes les pyramides dont l'ensemble des faces correspond à des triangles équilatéraux sont semblables.

d) Tous les cylindres circulaires droits de même hauteur sont semblables.

e) Tous les cônes circulaires droits ayant la même aire latérale sont semblables.

19 Les deux solides illustrés ci-dessous sont semblables.

Quel est le rapport:

a) de leurs volumes?

b) de leurs aires latérales?

c) des arêtes homologues?

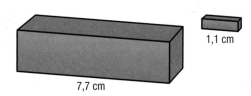

1,1 cm

7,7 cm

20 Chacune des paires de solides ci-dessous est associée par une homothétie. Dans chaque cas, calcule la mesure demandée.

a) Quelle est la hauteur de la pyramide régulière à base carrée **A**?

A

Aire de la base = 5,29 cm²

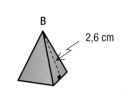

B

2,6 cm

Aire de la base = 3,24 cm²

b) Quel est le volume du cône circulaire droit **B**?

A

4,8 cm

2,4 cm

B

1,8 cm

c) Quel est le volume du cylindre circulaire droit **B**?

A

6,3 cm

Aire latérale = 17,64π cm²

B

3,5 cm

21 Rempli à ras bord, ce verre d'eau en forme de cône circulaire droit contient 0,9 L d'eau. S'il n'est rempli qu'à la moitié de sa hauteur, quelle quantité d'eau contient-il ?

12 cm

22 a) À l'aide de la calculatrice, vérifie si les expressions ci-dessous sont vraies ou fausses.

1) $\sqrt[3]{8 + 1} = \sqrt[3]{8} + \sqrt[3]{1}$

2) $\sqrt[3]{27 \times 8} = \sqrt[3]{27} \times \sqrt[3]{8}$

3) $\sqrt[3]{\dfrac{343}{125}} = \dfrac{\sqrt[3]{343}}{\sqrt[3]{125}}$

4) $\sqrt[3]{512 - 125} = \sqrt[3]{512} - \sqrt[3]{125}$

b) À partir des calculs effectués en **a**, déduis deux règles de manipulation des racines cubiques ou des radicaux.

23 Quel est le volume de la plus grosse boule de neige qu'il est possible de sculpter dans un cube de neige de 148,877 cm³ ?

24 On utilise une tige de métal pour construire les arêtes d'un cube. Le volume de ce cube est de 12 cm³. Quelle est la longueur de la tige de métal utilisée ?

25 Parmi les cônes circulaires droits ci-dessous, lequel ou lesquels sont semblables au cône circulaire droit ci-contre et ont un volume inférieur à 1000 cm³ ? Toutes les mesures sont en centimètres.

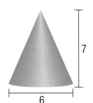

7

6

A 2,8

2,4

B 14,4

12,4

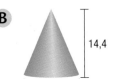

C 18,2

15,6

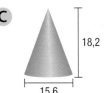

26 Sachant que le volume de la Terre est environ 49 fois plus grand que celui de la Lune, combien de fois le rayon de la Lune est-il compris dans celui de la Terre ?

27 La structure illustrée ci-dessous est formée de cubes emboîtés. La mesure de la diagonale de la face d'un cube correspond à la mesure d'une arête du cube adjacent. Si le cube le plus volumineux occupe un espace de 125 cm³, quel est le volume de la structure ?

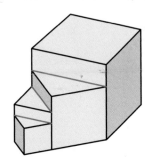

Cette section t'aidera à réaliser la situation d'apprentissage 2.

ACTIVITÉ 1 L'imagination architecturale

L'utilisation de nouveaux matériaux de construction permet aux architectes du monde entier de rivaliser d'imagination pour construire des bâtiments originaux. En voici divers exemples :

Musée canadien
des civilisations (Gatineau)

Opéra de Sydney

Centre des arts et des
sciences de Valence (Espagne)

On a représenté ci-dessous la maquette d'un immeuble de bureaux constitué de trois sections ayant chacune la forme d'un prisme droit à base rectangulaire. Toutes les mesures sont en mètres. Le volume de l'immeuble est représenté par l'expression $(185x^3 + 740x^2 + 2260x)$ m³.

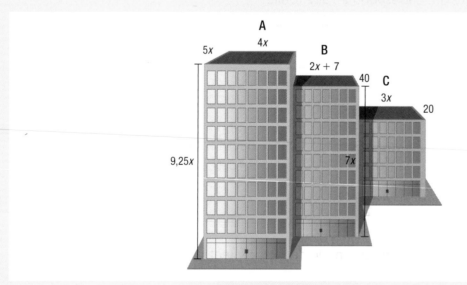

Quelle expression algébrique représente la hauteur de la plus petite section ?

Le mathématicien Abu Kamil (850-930) était surnommé le *calculateur égyptien*. Il affectionnait l'algèbre et particulièrement la résolution d'équations. Pour illustrer certaines expressions algébriques, il utilisait parfois des représentations géométriques.

> Abu Kamil est l'auteur de plusieurs ouvrages dont le *Livre complet en algèbre* et le *Livre des choses rares en calcul*.

Il est possible d'associer le produit de deux facteurs à l'aire d'un rectangle et le produit de trois facteurs au volume d'un prisme droit.

Par exemple, ce rectangle illustre le produit $2x(3x + 1)$. 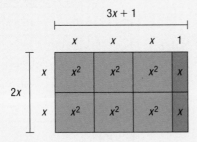 En additionnant l'aire de chacune des sections colorées, on peut déduire que $2x(3x + 1) = 6x^2 + 2x$.	Par exemple, ce prisme droit illustre le produit $2x(4x)(x)$. 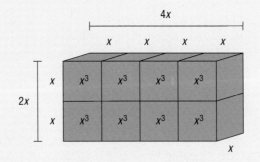 En additionnant le volume de chacun des cubes colorés, on peut déduire que $2x(4x)(x) = 8x^3$.

Voici des représentations géométriques de quelques produits :

a. Après avoir déterminé l'aire de chacune des sections du rectangle ci-dessous, écris une expression réduite qui correspond à l'aire totale :

1) des carrés verts ;   2) des rectangles bruns ;   3) du grand rectangle.

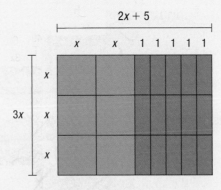

b. À quelle expression algébrique correspond le développement de $3x(2x + 5)$?

c. Après avoir déterminé le volume de chacun des cubes du prisme droit ci-contre, écris une expression réduite qui correspond au volume total :

1) des cubes verts ;

2) du grand prisme droit.

d. À quelle expression algébrique correspond le développement de $3x(5x)(2x)$?

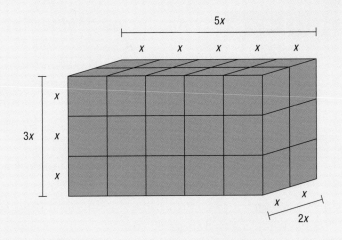

e. Après avoir déterminé le volume de chacun des prismes réguliers constituant l'empilement ci-contre, écris une expression réduite qui correspond au volume total :

1) des prismes jaunes ;

2) de l'empilement des prismes.

f. À quelle expression algébrique correspond le développement de $3x(3y)(2x)$?

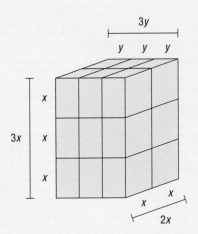

g. Après avoir déterminé le volume de chacun des prismes réguliers constituant l'empilement ci-contre, écris une expression réduite qui correspond au volume total :

1) des cubes verts ;

2) des prismes bruns ;

3) de l'empilement des prismes.

h. À quelle expression algébrique correspond le développement de $4x(3x)(x + 1)$?

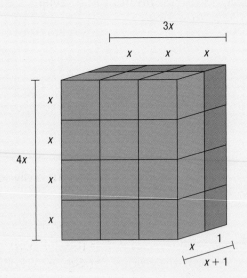

savoirs

OPÉRATIONS SUR LES POLYNÔMES

Un monôme est une expression algébrique formée d'un seul terme.

Exemples de monômes:

8 $-x$ $7,5x$ $-3x^2$ $8xy$

Un polynôme est une expression algébrique comportant un ou plusieurs termes.

Exemples de polynômes:

$12x$ $8x - 6$ $x^2 + 3x + 1$ $x^3 - 1,5$

On exprime généralement une somme, une différence, un produit ou un quotient sous sa forme réduite, c'est-à-dire à l'aide d'une expression algébrique dans laquelle toutes les opérations possibles ont été effectuées.

Addition et soustraction

Réduire une expression algébrique composée de plusieurs termes revient à additionner ou soustraire les termes semblables.

$$\text{Ex.: 1)} \quad 4a + 2,5 + 3a + 8 = 4a + 3a + 2,5 + 8$$
$$= 7a + 10,5$$

$$\text{2)} \quad 8b^2 - b + 1 - (5b^2 - 3) = 8b^2 - b + 1 - 5b^2 + 3$$
$$= 8b^2 - 5b^2 - b + 1 + 3$$
$$= 3b^2 - b + 4$$

Multiplication

Multiplier un polynôme par un monôme revient à multiplier chacun des termes du polynôme par le monôme.

$$\text{Ex.: 1)} \quad 3(5a^2 + a + 21) = 3(5a^2 + a + 21)$$
$$= 3 \times 5a^2 + 3 \times a + 3 \times 21$$
$$= 15a^2 + 3a + 63$$

$$\text{2)} \quad 4b(-b + 10,2) = 4b(-b + 10,2)$$
$$= 4b \times -b + 4b \times 10,2$$
$$= -4b^2 + 40,8b$$

Division

Diviser un polynôme par un monôme revient à diviser chacun des termes du polynôme par le monôme.

$$\text{Ex.: 1)} \quad (60a^3 + 35a) \div 5 = (60a^3 + 35a) \div 5$$
$$= 60a^3 \div 5 + 35a \div 5$$
$$= 12a^3 + 7a$$

$$\text{2)} \quad (-42b^3 + 15b^2 + 24b) \div 3b = (-42b^3 + 15b^2 + 24b) \div 3b$$
$$= -42b^3 \div 3b + 15b^2 \div 3b + 24b \div 3b$$
$$= -14b^2 + 5b + 8$$

1 Dans chaque cas, détermine mentalement le résultat.

a) $2(3x^2 + 5)$

b) $x(2x^3 - 1)$

c) $-5x(4x - 7x^2)$

d) $(12x^2 + 4x) \div 2$

e) $(21x^3 - 7x^2) \div 7x$

f) $(40x^2 + 12x) \div 4x$

2 Dans chaque cas, détermine une expression algébrique représentant l'aire du polygone.

a)

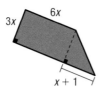

$2x$

b)

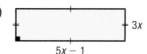

$3x$

$5x - 1$

c)

$3x$ $6x$

$x + 1$

d)

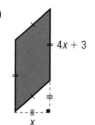

$4x + 3$

x

e)

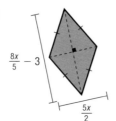

$\frac{8x}{5} - 3$

$\frac{5x}{2}$

f)

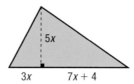

$5x$

$3x$ $7x + 4$

3 La hauteur d'un prisme régulier à base carrée mesure 7 cm de plus que le double de la mesure d'une arête de sa base. Écris une expression qui représente :

a) son aire totale ;

b) son volume.

4 Détermine le volume de la boîte ci-contre, si toutes les arêtes mesurent $(2,3x - 7)$ cm et que l'apothème d'une base mesure $3,1x$ cm.

5 Réduis les expressions algébriques ci-dessous.

a) $3a(12a + 3) - 20a^2$

b) $5a(3a - 2b) + 5b(3b - 2a)$

c) $3c(3c + 2) - 5c(2c - 1)$

d) $(8d - 5) \div 2$

e) $(15g^3 - 5g) \div 5g$

f) $(36h^3 - 24h^2 + 12h) \div -8h$

6 Pour chacun des solides suivants, détermine une expression algébrique représentant la valeur de l'arête manquante. Toutes les mesures sont en millimètres.

a) Volume du prisme droit =
$(35x^2 + 140x)$ mm^3

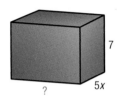

b) Volume du prisme
droit = $6x^2$ mm^3

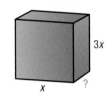

c) Volume du prisme
droit = $60x^2$ mm^3

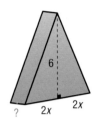

7 Trouve un monôme et un binôme dont le quotient correspond aux expressions algébriques ci-dessous.

a) $2x + 1$ b) $4x + 3$ c) $5 - x$ d) $1 - 3,2x$

8 Dans chaque cas, détermine une expression algébrique représentant la hauteur du solide.

a) Volume du cylindre
circulaire droit =
$20\pi x^2$ dm^3

b) Volume du prisme
droit = $3,45x^3$ cm^3

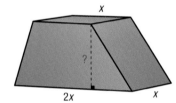

c) Volume du cône circulaire
droit = $21,6\pi x$ m^3

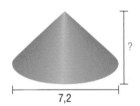

9 Est-ce que les deux prismes ci-contre
ont le même volume? Explique ta réponse.

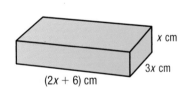

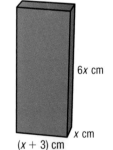

10 Soit le prisme régulier à base carrée **A** illustré ci-contre.
Quel est le volume du prisme **B** :

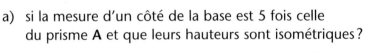

Prisme A

a) si la mesure d'un côté de la base est 5 fois celle
du prisme **A** et que leurs hauteurs sont isométriques?

b) si la mesure de la hauteur est $(2x - 3)$ fois celle
du prisme **A** et que leurs bases sont isométriques?

c) s'il est semblable au prisme **A** et que la mesure d'une arête d'une base est 5,2 fois
celle du prisme **A**?

d) si son volume est 6 fois plus petit que celui du prisme **A**?

e) si son volume est $3x$ fois plus petit que celui du prisme **A**?

11 Hendrick travaille dans un local ayant la forme d'un prisme droit à base rectangulaire dont la largeur est de 2,2 m, la longueur, de 3 m, et la hauteur, de 2,8x m. Il désire agrandir son local de la façon suivante : doubler la largeur, multiplier la longueur par x m et ajouter 0,2x m à la hauteur. Détermine une expression algébrique qui correspond au quotient $\dfrac{\text{volume du nouveau local}}{\text{volume de l'ancien local}}$.

12 Démontre algébriquement chacun des énoncés ci-dessous.

a) La mesure d'une arête d'un cube est c. Si l'on triple cette mesure, on multiplie l'aire totale du cube par 9.

b) La mesure d'une arête d'une base carrée d'un prisme est a et sa hauteur est b. Si l'on double chacune des mesures du prisme, son volume est multiplié par 8.

c) Un prisme a comme base un triangle rectangle isocèle. La mesure de la hauteur $2d$ est le double de la mesure de chacune des cathètes du triangle. Si on triple chacune des arêtes du prisme, on multiplie le volume du prisme par 27.

13 Détermine une expression algébrique correspondant au volume de chacun des solides ci-dessous. Toutes les mesures sont en mètres.

a)

$4x$

$(5x + 3)$ $\dfrac{2}{x}$

b)

$\dfrac{3x}{2}$

x

c)

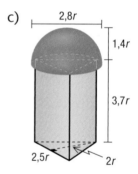

2,8r

1,4r

3,7r

2,5r 2r

14 Détermine une expression algébrique correspondant à chacun des rapports indiqués ci-dessous.

a) $\dfrac{\text{volume de la section } \mathbf{A}}{\text{volume de la section } \mathbf{B}}$

b) $\dfrac{\text{volume de la section } \mathbf{B}}{\text{volume de la section } \mathbf{C}}$

c) $\dfrac{\text{volume des sections } \mathbf{A} + \mathbf{B} + \mathbf{C}}{\text{volume de la section } \mathbf{A}}$

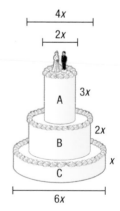

$4x$

$2x$

$3x$ A

$2x$ B

x C

$6x$

15 Quelle expression algébrique représente le volume de la partie inoccupée par la boule inscrite dans le cube ci-contre ?

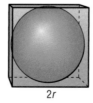

$2r$

16 Détermine une expression algébrique qui représente le nombre de fois que le volume de la pyramide à base carrée est contenu dans celui du prisme à base triangulaire.

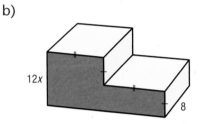
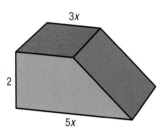

17 Détermine une expression algébrique représentant l'aire de la face rouge. Toutes les mesures sont en centimètres.

a)

$(6x + 3)$

5

5

Volume du solide = $(450x + 25)$ cm^3

b)

12x

8

Volume du solide = $1440x^2$ cm^3

c)

3x

2

5x

Volume du solide = $(8x^2 + 8x)$ cm^3

18 À l'aide de la notation exponentielle, écris une expression algébrique représentant la mesure de la diagonale de ce cube.

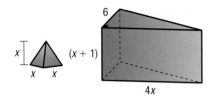

8,4x cm

19 D'un prisme régulier à base octogonale, on retire un cylindre circulaire droit de façon à créer un écrou, comme le montre l'image ci-contre.

Quel est le rapport $\dfrac{\text{volume du prisme régulier incluant le cylindre circulaire droit}}{\text{volume du cylindre circulaire droit}}$?

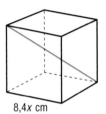

x   2x   x

x

2x

20 Un cône est déposé dans une boîte en forme de prisme régulier à base carrée tel qu'il est illustré ci-contre. La base du cône est inscrite à la base de la boîte. Quel pourcentage de la boîte est inoccupé?

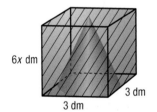

6x dm

3 dm

3 dm

21 Daniel fabrique des bijoux à l'aide de pâte de verre. Combien de bijoux peut-il fabriquer avec la quantité de pâte qu'il possède?

Quantité de pâte que possède Daniel		Quantité de pâte nécessaire pour fabriquer un bijou	
Prisme droit à base rectangulaire	3,2x cm 8x cm 4 cm	Prisme droit à base rectangulaire	3x cm 1,7 cm 2,1 cm

La pâte de verre est utilisée dans la fabrication de petits objets décoratifs ou de bijoux tels que des colliers et des boucles d'oreilles.

Chronique du passé

Francesco Bonaventura Cavalieri

Sa vie

Francesco Bonaventura Cavalieri est né à Milan en Italie. Il rejoint l'ordre des Jésuites à l'âge de 16 ans. C'est en consultant les travaux d'Euclide qu'il développe son intérêt pour les mathématiques.

Quelques années plus tard, Cavalieri rencontre Galilée qui deviendra son mentor. La correspondance entre ces deux mathématiciens comporte plus de 112 lettres. C'est grâce à la recommandation de Galilée que Cavalieri devient professeur de mathématiques à Bologne, ville où il terminera ses jours.

Francesco Bonaventura Cavalieri
(1598-1647)

Son apport scientifique

Cavalieri publia une dizaine de livres concernant divers domaines scientifiques dont l'optique et l'astronomie. Il s'intéressait tout particulièrement à la description du télescope réflecteur, à l'étude des lentilles, à la résolution de problèmes mécaniques et à la construction des pompes hydrauliques.

Son apport mathématique

Cavalieri est l'auteur de plusieurs ouvrages de mathématiques. Ses écrits portaient notamment sur la géométrie, les exposants et les fonctions. En 1635, il publie le livre *Geometria indivisibilibus* dans lequel il présente la théorie des indivisibles. Cette théorie permet le calcul d'aires et de volumes par la comparaison de solides ayant des caractéristiques communes.

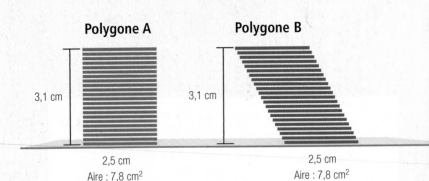

Polygone A	Polygone B
3,1 cm	3,1 cm
2,5 cm	2,5 cm
Aire : 7,8 cm^2	Aire : 7,8 cm^2

Cavalieri considérait qu'une aire est composée d'une infinité de segments parallèles superposés appelés segments indivisibles. Selon sa théorie, deux figures ont la même aire si toutes les paires de segments interceptés par des droites parallèles aux bases ont la même longueur.

3,75 cm   15 cm

5,6 cm

Newton met au point le premier télescope réflecteur en 1671.

Solide A   **Solide B**

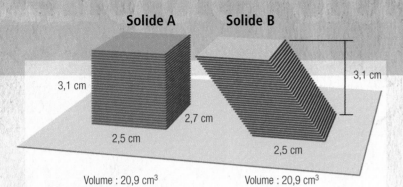

3,1 cm

2,7 cm

2,5 cm

3,1 cm

2,5 cm

Volume : 20,9 cm³   Volume : 20,9 cm³

Cavalieri considérait qu'un solide était constitué d'une infinité de plans parallèles superposés appelés plans indivisibles. Selon sa théorie, deux solides ont le même volume si toutes les paires de sections obtenues par des plans parallèles aux bases ont la même aire.

Dans chacun des deux exemples ci-dessous, les deux solides ont le même volume car toutes les paires de sections obtenues par des plans parallèles aux bases ont la même aire.

Exemple A

Exemple B

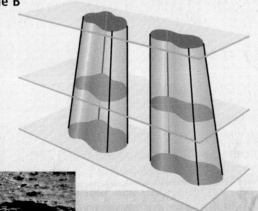

Le cratère lunaire Cavalerius a été nommé en l'honneur de Cavalieri pour son apport à l'astronomie. Le cratère, en forme de boule tronquée, a un diamètre de 58 km et une profondeur de 3000 m.

1. Le tube du télescope réflecteur de Newton a la forme d'un cylindre circulaire droit. Ce tube repose sur une boule.

    a) Quel est le volume du tube ?
    b) Quel est le volume de la boule ?

2. Ces deux piles comptent le même nombre de pièces de 25 ¢. Que peut-on dire à propos du volume de chacune des piles ?

3. Si dans l'exemple **A** le solide de droite était davantage incliné, les deux solides auraient-ils encore le même volume ? Explique ta réponse.

4. L'aire totale du solide **A** est-elle identique à celle du solide **B** ? Explique ta réponse.

5. Est-il possible de construire une pyramide et un prisme ayant des bases isométriques, la même hauteur et le même volume ? Explique ta réponse.

6. À l'aide de la théorie des indivisibles de Cavalieri, explique pourquoi ces deux solides ont le même volume.

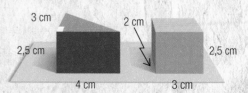

3 cm   2 cm

2,5 cm   2,5 cm

4 cm   3 cm

7. Estime le volume du cratère lunaire Cavalerius.

Le monde du travail

Ferblantier ou ferblantière

Culture, société et technique	Technico-sciences	Sciences naturelles

Les ferblantiers et ferblantières doivent régulièrement faire appel à leur intuition et à leur pensée créatrice afin de concevoir des objets, des plans et des maquettes. Ils et elles doivent posséder des aptitudes à observer, à optimiser et à faire des choix éclairés. Cette séquence t'amènera, entre autres, à mobiliser le raisonnement proportionnel, le sens du nombre, le sens spatial et le sens de la mesure.

Les ferblantiers et ferblantières doivent régulièrement combiner le travail manuel avec le travail intellectuel. Ils et elles doivent mobiliser des habiletés en dessin et en mathématique pour concevoir, par exemple, des pièces circulaires ou en forme de polygones. Cette séquence t'amènera, entre autres, à étudier plusieurs concepts géométriques en lien avec le cercle et le triangle rectangle, et à utiliser des instruments de mesure.

Le métier

Le ferblantier ou la ferblantière est une personne qui aime créer, analyser et concrétiser un plan, manipuler et travailler le métal, résoudre des problèmes pratiques. Il ou elle doit aussi avoir de la dextérité et une facilité à imaginer et à visualiser des objets en trois dimensions. Certains ferblantiers et certaines ferblantières utilisent parfois des plans techniques pour réaliser leurs œuvres.

Plusieurs notions mathématiques sont greffées à ce métier, par exemple le calcul d'aires et de volumes, l'utilisation d'instruments de mesure, la perception spatiale et l'estimation.

Ornementation fabriquée par une ferblantière afin d'agrémenter la façade d'un immeuble.

Le ferblantier ou la ferblantière élabore parfois des pièces métalliques pour agrémenter l'allure d'une maison. Par exemple, il ou elle peut concevoir certaines pièces nécessaires à la finition d'un toit ou fabriquer des gouttières et des tuyaux de descente d'eaux pluviales afin d'empêcher l'eau de s'infiltrer dans une maison. Il ou elle doit alors faire preuve d'imagination, dessiner plusieurs croquis et proposer différents choix.

Une journée type

Voici quelques-unes des étapes d'une journée de travail d'un ferblantier ou une ferblantière :

1. Se rendre sur le chantier et évaluer le travail à faire.
2. Prendre des mesures de divers objets.
3. Dessiner les plans de chacune des sections métalliques à découper.
4. Découper et assembler les sections métalliques à l'atelier.
5. Retourner au chantier et faire des essais avec les pièces fabriquées.
6. Faire les retouches et la finition des pièces fabriquées.

Des réalisations

Voici quelques objets dont la construction a nécessité l'intervention d'un ferblantier ou une ferblantière :

Bouche d'aération formée de deux sections de cylindre circulaire droit.

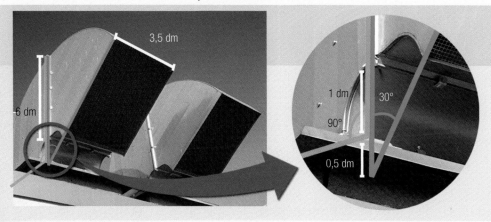

Silo à grains constitué d'un cylindre circulaire droit et d'une demi-boule.

Toit dont le sommet correspond à une pyramide régulière à base octogonale.

Gouttière fabriquée à partir d'un prisme droit à base carrée en métal qui a été plié de façon à épouser la forme de la toiture et celle de la maison.

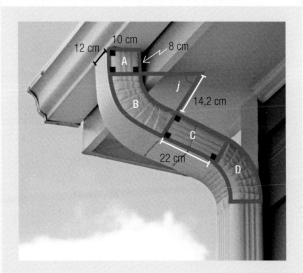

1. Le volume de la demi-boule du silo à grains correspond à 15 % du volume total du silo. Si la hauteur du cylindre est de 20 m, quel est son rayon ?

2. Quel est le nombre de litres d'air que peut contenir la bouche d'aération ?

3. Sachant que le sommet du toit est semblable à une pyramide régulière à base octogonale dont un côté de la base mesure 1,5 m, l'apothème de la base mesure 1,8 m et la hauteur de la pyramide mesure 1,8 m, détermine le volume du sommet du toit.

4. Détermine la mesure de l'angle j sachant que le volume de la section de la gouttière illustrée ci-contre est de 9300 cm³ et que les sections courbes B et D sont identiques.

1 Détermine le volume de chacun des solides ci-dessous. Exprime chaque réponse en centimètres cubes.

a)
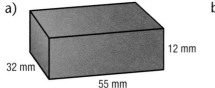
12 mm
32 mm
55 mm

b)
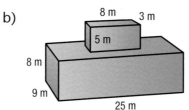
8 m
3 m
5 m
8 m
9 m
25 m

c)
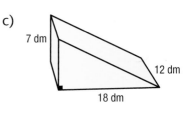
7 dm
12 dm
18 dm

2 Combien de verres de 250 mL peut-on remplir avec un contenant de 18 L d'eau?

3 On fait fondre la tablette de chocolat ci-contre et on forme ensuite 30 boules identiques. Quel est le diamètre de chacune de ces boules?

4 cm
40 cm
18 cm

4 Dans un parc d'attractions, un bateau pirate oscille, comme le montre l'image ci-contre. Explique comment déterminer le volume du sillon dans lequel le bateau oscille.

Dimensions du bateau pirate
Longueur: 10 m
Hauteur: 2,5 m
Largeur: 3 m

Le bateau pirate de La Ronde, à Montréal.

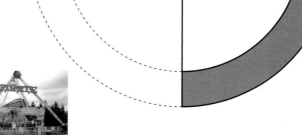
150°
11 m

5 Détermine le volume de la section qui a été retirée de chacun des solides ci-dessous.

a)
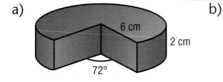
6 cm
2 cm
72°

b)
70 % de la boule
Volume = 288π cm³

c)
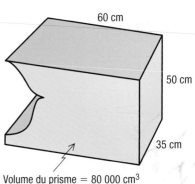
60 cm
50 cm
35 cm
Volume du prisme = 80 000 cm³

6 Deux prismes réguliers à base carrée ont le même volume. Si l'un des prismes est deux fois plus haut que l'autre, quel est le rapport des aires de leurs bases?

7 Un réservoir a la forme d'un cylindre circulaire droit. Il faut 6283,1 L d'eau pour le remplir. Si la hauteur du réservoir est de 0,5 m, quel est son rayon?

8 Le volume du toit ci-contre est de 486 m³. On le recouvre entièrement de panneaux solaires. Détermine l'aire de la surface recouverte par les panneaux.

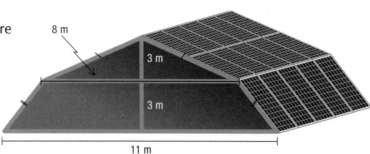

8 m
3 m
3 m
11 m

Découvert en 1839 par Antoine Becquerel (1788-1878), le principe du panneau solaire n'aura été utilisé qu'un siècle plus tard. L'effet voltaïque consiste à transformer la lumière du soleil en énergie.

9 Les vases **A** et **B** ci-contre sont des cylindres circulaires droits ayant la même capacité. Combien de litres d'eau peut contenir chacun de ces deux vases?

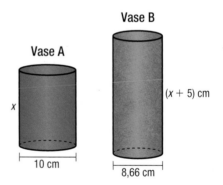

Vase B

Vase A

x

$(x + 5)$ cm

10 cm

8,66 cm

10 Indique une façon possible de diviser l'espace ci-contre afin d'obtenir trois classes de même volume.

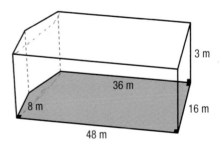

3 m
36 m
8 m
16 m
48 m

11 La boîte ci-contre a un volume de $(60x^2 - 36x)$ cm³. Détermine une expression algébrique qui représente la largeur de cette boîte.

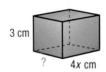

3 cm
?
$4x$ cm

12 Dans les équations ci-contre, *s* représente le nombre de sommets, *f*, le nombre de faces, et *a*, le nombre d'arêtes de solides. Indique si chaque équation :

a) s'applique aux prismes,

b) s'applique aux pyramides,

c) s'applique aux prismes et aux pyramides,

d) ne s'applique à aucun de ces solides.

1) $s = 2f - 4$

2) $a = 2s$

3) $f + s = a + 2$

4) $s = f$

5) $s = \dfrac{3a}{2}$

6) $\dfrac{f}{2} = a - 2$

13 Une sauce composée de 2 L de lait, 1 L d'eau et 100 mm³ d'ingrédients en poudre peut-elle être contenue dans une casserole d'une capacité de 2885 cm³ ? Explique ta réponse.

14 **PYRAMIDES** La Grande Pyramide à base carrée de Cholula, au Mexique, fut construite entre le IIe et le VIIIe siècle. La pyramide de Kheops, en Égypte, construite il y a 4500 ans, fut durant des millénaires la construction humaine la plus haute, la plus massive et la plus volumineuse. Compare le volume de ces deux pyramides. Toutes les mesures sont en mètres.

Grande Pyramide de Cholula

┌57,91─┬76,2┬38,1┬─82,3─┬38,1┬76,2┬─57,91┐

27,43
33,53

Pyramide de Kheops

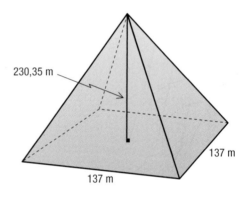

230,35 m

137 m

137 m

Grande Pyramide de Cholula.

15 Une maçonne utilise le modèle de brique illustré ci-contre pour ériger un mur. Si le mur comprend 12 rangées de 8 briques, indique une expression algébrique qui représente :

1) la longueur du mur ;

2) le volume du mur.

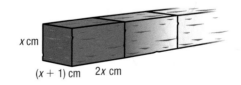

x cm

(*x* + 1) cm   2*x* cm

16 Une piscine a la forme du prisme illustré ci-contre. Combien de temps faut-il pour la remplir d'eau à l'aide d'un boyau à un débit constant de 56 L/min?

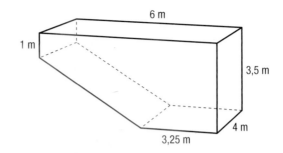

17 Le tableau ci-dessous permet de calculer le temps requis pour élever la température du spa illustré ci-contre. Combien de temps faut-il pour que la température passe de 35 °C à 40 °C?

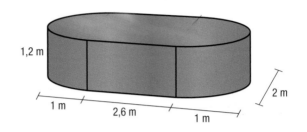

Temps requis pour élever la température de 5 °C

Quantité d'eau (L)	550	650	725	825	900
Temps (min)	7,5	10	11,8	14,3	16,2

18 GLAÇONS Lorsqu'on plonge un glaçon dans l'eau, une partie représentant $\frac{1}{8}$ de son volume flotte à la surface du liquide et le reste est immergé. Le verre ci-contre, en forme de cône circulaire droit, contient 220 mL d'eau. Si l'on y ajoute 2 glaçons de 2 cm sur 2 cm sur 3 cm, est-ce que le verre débordera?

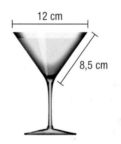

19 L'ajout d'une pierre dans l'aquarium ci-contre fait monter le niveau de l'eau de 2 cm. Quel est le volume de la pierre?

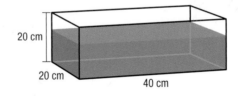

Archimède de Syracuse
(287-212 av. J.-C.)

Héron, roi de Syracuse, aurait demandé à Archimède de vérifier si sa couronne était bien faite en or massif. En réfléchissant à ce problème dans sa baignoire, Archimède aurait découvert que «tout corps plongé dans un liquide subit de la part de celui-ci une poussée exercée du bas vers le haut, et égale, en intensité, au poids du liquide déplacé». Cette découverte lui permettait de résoudre le problème de la couronne. Il se serait alors précipité dans les rues de la ville en criant «Eurêka! Eurêka!».

20 Pour décorer ses gâteaux, une pâtissière utilise le sac en forme de cône circulaire droit illustré ci-contre. Les graduations sont en centimètres. Pour couvrir la surface d'un gâteau de 300 cm², elle remplit le sac jusqu'à 18 cm et utilise 116,67 cm³ de glace de sucre à l'érable. Jusqu'à quelle graduation doit-elle remplir le sac pour couvrir un gâteau de 1000 cm² ?

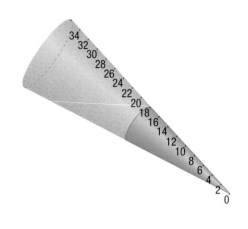

21 Chaque arête de la base carrée d'une pyramide régulière mesure 2 cm.

a) Complète le tableau ci-contre.

b) Représente graphiquement la relation entre la hauteur de la pyramide et son volume.

c) Détermine la règle de la fonction représentée par le graphique.

Pyramide régulière à base carrée

Arête de la base (cm)	Hauteur (cm)	Aire totale (cm²)	Volume (cm³)
2	1		
2	2		
2	3		
2	4		
2	5		
2	6		

22 D'après les renseignements suivants, que peux-tu dire :

a) du volume des solides **A** et **B** ?   b) du volume des solides **C** et **D** ?

Solide	A	B	C	D
Représentation 3D				
Vue de haut				

23 Voici les trois premiers éléments d'une suite de solides formée d'empilements de petits cubes dont la mesure d'une arête est de 5 cm.

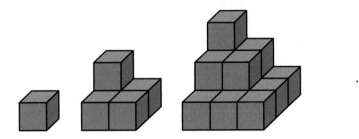

a) Dessine le quatrième élément de la suite.

b) Complète la table de valeurs ci-dessous.

Suite de solides

Rang	1	2	3	4	...	n
Nombre de petits cubes					...	
Volume du solide (cm³)					...	

24 Pour fabriquer 1 kg de ciment, on mélange du calcaire, du gypse, 150 g d'argile et 250 mL d'eau. Dans ce mélange, le calcaire représente 67 % de la masse du ciment et le gypse, 4 %. Sachant que 1 L de ciment liquide a une masse de 2,5 kg et un volume de 1 dm³ :

a) quelle quantité de gypse a-t-on besoin pour fabriquer 15 m³ de ciment?

b) quelle quantité de calcaire y a-t-il dans 300 cm³ de ciment?

c) a-t-on assez de 1 L d'eau pour fabriquer 0,45 dam³ de ciment?

25 Calcule le volume de chacun des solides décrits ci-dessous.

a) Le diamètre d'une boule est de 36 cm.

b) La hauteur d'un prisme droit est de 6,7 mm et l'aire d'une base est de 12,3 mm².

c) La mesure de la surface d'une boule est de 845,67 dm².

26 Sachant que la maquette ci-contre est une reproduction à l'échelle 1:50 d'une maison, quel est le volume de cette maison?

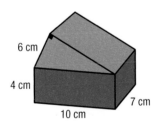

6 cm
4 cm
7 cm
10 cm

27 Dans un bol en forme de cylindre circulaire droit de 10 cm de diamètre, on place 3 boules de crème glacée de 250 mL chacune. Lorsqu'elles seront fondues, quelle hauteur atteindra la crème glacée dans le bol?

28 Le volume d'un cône circulaire droit A est 27 fois plus grand que le volume d'un cône circulaire droit B. Quel est le rapport de similitude de ces deux cônes?

29 On dispose de 216 dm³ d'argile pour façonner un prisme droit. La surface de l'argile exposée à l'air ambiant sèche rapidement et n'est plus malléable.

a) Pour déterminer quelques-unes des dimensions possibles du prisme, complète le tableau ci-dessous.

Prisme droit

Hauteur (dm)	Longueur (dm)	Largeur (dm)	Aire totale (dm²)	Volume (dm³)
6				216
6				216
6				216
6				216
6				216

b) Pour conserver l'argile malléable le plus longtemps possible, quelles doivent être les dimensions du prisme?

30 Le kilogramme est l'unité de masse du système international d'unités (SI) depuis 1889. Un kilogramme d'eau pure, à son maximum de densité et à une pression atmosphérique normale, équivaut à 1 L d'eau pure dans les mêmes conditions. Complète les énoncés suivants.

a) 1 kg = ▮ L   b) 1 L = ▮ dm³   c) 1 dm³ = ▮ kg

Le kilogramme est défini comme étant la masse d'un cylindre fait de platine et d'iridium de 39 mm de diamètre et de 39 mm de hauteur conservé dans une voûte du Bureau international des poids et mesures, à Sèvres, près de Paris.

31 Le vase vide ci-contre a une masse de 1,5 kg. Si on le remplit à moitié d'eau, quelle est sa masse totale? Le verre utilisé pour fabriquer ce vase a une épaisseur de 8 mm.

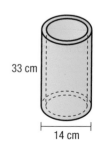

33 cm

14 cm

32 Le récipient ci-contre est déposé sur une table. On verse 8,4 kg d'eau dans le récipient, puis on y ajoute un cure-dents. À quelle hauteur de la table se trouve le cure-dents? Les parois et la base du vase ont une épaisseur de 1 cm.

4,5 dm

2 dm

2,8 dm

33 Un jeu consiste à déplacer une boule sur une planche de bois trouée de manière qu'elle tombe dans un trou choisi d'avance. Si le volume de la boule est de 18,432π cm³, quelle doit être la circonférence minimale des trous pour permettre son passage?

34 Une pomme dont la surface est parfaitement sphérique a un volume de 2572,44 cm³.

a) Quelle est la mesure de la surface de cette pomme?

b) On pèle la pomme. La pelure retirée a une épaisseur de 1 mm. Quel est maintenant le volume de la pomme?

35 Des figurines de 0,1 m de haut ont un volume de $6,17 \times 10^{-5}$ m³. Si elles ont été reproduites à partir d'un homme dont le volume est de 0,36 m³, quelle est la taille de cet homme?

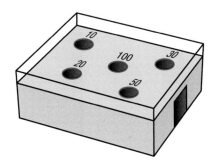

36 La peinture rouge d'une voiture couvre une surface de 6,2 m². Sur un modèle réduit de la même voiture, la peinture couvre une surface de 80 cm². Si la voiture originale mesure 1,3 m de hauteur, quelle est la hauteur du modèle réduit?

37 Le volume de l'œil humain est d'environ 65,45 cm³. Pour l'étudier, les médecins utilisent une reproduction dont le volume est d'environ 14 137,17 cm³. Quel est le rapport entre l'aire de l'œil humain et l'aire de la reproduction?

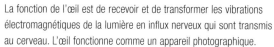
La fonction de l'œil est de recevoir et de transformer les vibrations électromagnétiques de la lumière en influx nerveux qui sont transmis au cerveau. L'œil fonctionne comme un appareil photographique.

38 Le graphique ci-dessous représente le remplissage à un débit constant de deux vases différents.

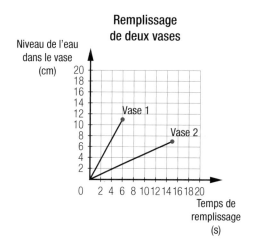

a) Dessine une vue de face de chacun des deux vases.

b) Si l'aire de la base du vase 1 est de 40 cm² :

1) quel est le volume de ce vase?

2) quelle est la quantité maximale d'eau que l'on peut verser dans ce vase?

c) Si l'aire de la base du vase 2 est de 25π cm² :

1) quel est le volume de ce vase?

2) quelle est la quantité maximale d'eau que l'on peut verser dans ce vase?

39 Dans un cours de menuiserie, les élèves doivent sculpter la première lettre de leur prénom dans un prisme en bois. Ce prisme droit à base rectangulaire mesure 8,9 cm sur 5,1 cm sur 3 cm. Véra a sculpté la lettre ci-contre où toutes les mesures sont en centimètres.

La quantité de bois utilisée pour sculpter la lettre est-elle supérieure à la quantité de bois inutilisée? Explique ta réponse.

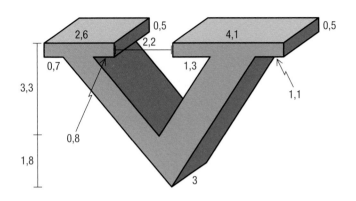

40 MONUMENT WASHINGTON Construit entre 1838 et 1884, ce monument fut érigé en l'honneur du premier président des États-Unis, George Washington. Il est formé d'une pyramide régulière tronquée à base carrée et d'une petite pyramide régulière à base carrée. Voici quelques renseignements sur ces solides:

Petite pyramide régulière à base carrée
Hauteur: 16,93 m
Mesure d'une arête de sa base: 10,51 m

Pyramide régulière tronquée
Hauteur: 152,4 m
Mesure d'une arête de sa base: 16,79 m

Quel est le volume de ce monument?

41 Détermine le coût de construction du modèle de maison de campagne ci-contre si on évalue les travaux à 530,42 \$/m³. Toutes les mesures sont en mètres.

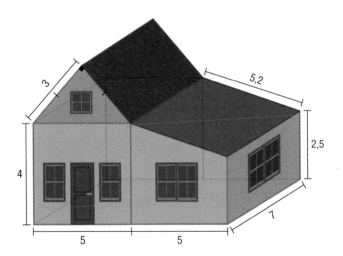

42 Voici trois solides réguliers de même hauteur. Sachant que l'apothème d'une base du solide bleu est de 7,06 cm, détermine son volume.

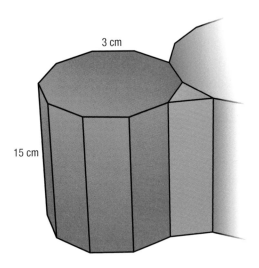

3 cm

15 cm

43 **PYRAMIDE DU LOUVRES** La surface latérale de la pyramide régulière à base carrée du Louvres est constituée de 603 losanges et de 70 triangles de verre. La structure s'élève à 20,6 m du sol et le périmètre de la base est de 140 m.

a) Quel est le volume de cette pyramide?

b) Quelle est la mesure de la petite diagonale et celle de la grande diagonale d'un losange?

c) Quelle est l'aire d'un triangle?

d) Sur une reproduction miniature de la pyramide, l'apothème d'une face latérale mesure 8 cm. Quel est le volume de cette pyramide miniature?

44 On utilise des essuie-mains en forme de triangle équilatéral de 16 cm de côté chacun pour former des pyramides régulières. Quel est le volume maximal de ces pyramides?

45 Le volume du solide ci-dessous est-il le même que le volume d'air contenu en son centre?

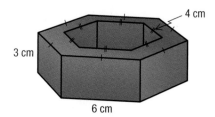

46 ARCHIMÈDE On rapporte que la découverte dont Archimède était le plus fier est la suivante: «Le rapport des volumes d'une boule et d'un cylindre circulaire droit, si la sphère est tangente au cylindre circulaire droit par la face latérale et les deux bases, est égal à $\frac{2}{3}$.»

Démontre cet énoncé.

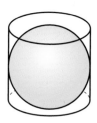

47 Une boîte cylindrique de 10 cm de diamètre contient 3 balles de tennis de même diamètre. Une boîte semblable, dont le volume est de 858,83 cm³, contient 3 balles de golf. Détermine le rayon d'une balle de golf.

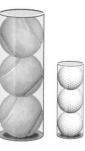

48 Un diamant est composé de deux pyramides régulières à base dodécagonale isométriques; l'une des pyramides est tronquée parallèlement à sa base, telle qu'elle est illustrée ci-contre. Sachant qu'un centimètre cube de diamant équivaut à un carat, quel est le nombre de carats de ce diamant?

Apothème de la base
d'une pyramide = 1,4 cm

visi**6**n

Du symbolisme pour généraliser

Certaines quantités ou mesures telles que la capacité de stockage d'un ordinateur, la masse d'un atome, la vitesse de la lumière et la distance entre deux planètes font intervenir de très petits ou de très grands nombres. Quelles sont les notations qui permettent de simplifier l'écriture de tels nombres ? Comment est-il possible d'adapter les unités du SI pour abréger l'écriture de certaines mesures ? Dans *Vision 6*, tu exploreras les lois des exposants et tu apprendras comment effectuer des opérations sur des expressions numériques et algébriques écrites en notation exponentielle. Tu apprendras aussi à exprimer de très petits et de très grands nombres à l'aide de la notation scientifique, à factoriser une expression algébrique et à résoudre des inéquations.

Arithmétique et algèbre

- Lois des exposants
- Notation scientifique
- Développement et factorisation
- Résolution d'inéquations du premier degré à une variable

Géométrie   Statistique   Probabilité

| Situations d'apprentissage | L'étude des êtres microscopiques |

Chronique du
passé

John Wallis

Le
monde
du travail

Astronome

Situations d'apprentissage | L'étude des êtres microscopiques

◯ Mise en situation

L'étude des êtres microscopiques tels que les parasites, les moisissures, les virus et les bactéries a des applications dans plusieurs secteurs de l'activité humaine, entre autres ceux de la santé, de l'environnement, de l'industrie pharmaceutique, des cosmétiques et de l'industrie alimentaire.

Même si pour plusieurs personnes le mot «bactérie» est synonyme de maladie, certaines bactéries sont utiles et même essentielles. Elles assurent notamment le processus de fermentation de certains aliments tels le fromage et le yogourt. Dans leur travail, les microbiologistes s'assurent que les cultures bactériennes utilisées dans ces aliments sont propres à la santé et respectent les exigences de l'Agence canadienne d'inspection des aliments qui réglemente les produits laitiers au Canada.

Toutes les précisions nécessaires à la réalisation des situations d'apprentissage qui suivent se trouvent dans le guide d'enseignement.

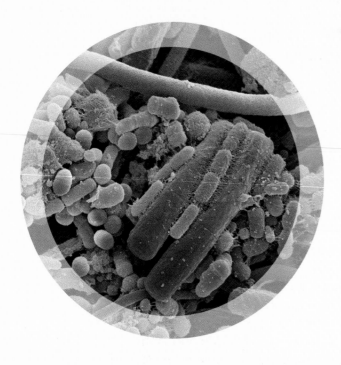

Le corps humain contient aussi une quantité impressionnante de bactéries. Il y aurait dix fois plus de bactéries que de cellules dans le corps humain. Ces bactéries sont principalement concentrées dans notre système digestif. Elles interviennent notamment sur le péristaltisme, la synthèse de certaines vitamines, les sécrétions d'acides biliaires, la dégradation des nutriments (glucides, lipides et protides), l'équilibre acidobasique et la défense anti-infectieuse.

La section 6.1 t'aidera à réaliser cette situation d'apprentissage.

○ Situation d'apprentissage 1

CD2 **Des experts en dépollution**

Les microbiologistes produisent parfois des bactéries pour le nettoyage de certains sites contaminés par des hydrocarbures, des métaux lourds ou des résidus miniers. Le ou la microbiologiste repère d'abord le type de bactérie à utiliser près des sites contaminés et en fait ensuite la culture en laboratoire. Pour dépolluer un site contaminé, on doit parfois produire des milliards de milliards de bactéries. À l'aide de cette technique, certains sites contaminés ont vu leur concentration moyenne de polluants diminuer de plus de 80 % en une seule année.

Ton rôle consiste donc à dépolluer un site contaminé par du phosphate à l'aide d'une certaine quantité de bactéries. Tu devras d'abord repérer le type de bactérie à utiliser, puis déterminer la quantité nécessaire qu'il faut produire. Tu devras aussi déterminer le nombre minimal de jours nécessaires pour reproduire les bactéries qui serviront à décontaminer complètement le site.

○ Situation d'apprentissage 2

CD1 **Le lait et les micro-organismes**

Lorsqu'elles sont présentes en trop grand nombre, certaines bactéries peuvent devenir néfastes pour la santé. Ces bactéries se développent, entre autres, lorsqu'un aliment n'est pas conservé adéquatement. Par exemple, pour le lait, trois facteurs importants influent sur la croissance des bactéries : la population initiale, la température et la durée de conservation.

Les sections 6.2 et 6.3 t'aideront à réaliser cette situation d'apprentissage.

Nombre n de bactéries (par mL)	Recommandation
$n \leq 50\ 000$	Consommation recommandée
$50\ 000 < n \leq 150\ 000$	Consommation recommandée
$150\ 000 < n \leq 500\ 000$	Consommation non recommandée
$n > 500\ 000$	Consommation dangereuse

Un bris survient dans le système de réfrigération des réservoirs de lait d'un producteur laitier. Après avoir déterminé le volume de chaque réservoir, tu devras calculer, le plus précisément possible, le temps maximal de conservation en fonction du rythme de croissance des bactéries présentes dans chaque réservoir. Tu devras ensuite faire des recommandations au sujet de la consommation du lait contenu dans les réservoirs.

SECTION 6.1 Tout en puissance

Cette section t'aidera à réaliser la situation d'apprentissage 1.

ACTIVITÉ 1 Un méga-ordinateur

> Puis-je vous aider?

> Lequel de ces deux ordinateurs est le plus performant?

> Ce premier modèle possède un processeur de 4 GHz, une mémoire vive de 3 Go et une mémoire cache de 512 Ko. De plus, cet ordinateur possède un disque dur de 320 Go, un modem de 56 Kbps et un écran à cristaux liquides de 1600 × 1200 pixels doté d'un temps de réponse de 5 ms.

> Ce deuxième modèle possède un processeur de 3000 MHz, une mémoire vive de 3,5 milliards d'octets et une mémoire cache de 256 000 octets. De plus, cet ordinateur possède un disque dur de 400 000 000 Ko, un modem de 0,054 Mb/s et un écran à cristaux liquides de 1600 × 1200 pixels doté d'un temps de réponse de 8 ms.

> Wow! Heu... Et bien merci pour tous ces renseignements.

Quel ordinateur est le plus performant?

Capable d'effectuer 280 600 milliards d'opérations par seconde, le Blue Gene était, en 2006, le superordinateur le plus puissant de la planète.

S'inspirant des travaux du mathématicien et ingénieur Al-Karaji (953-1029), le mathématicien, médecin et philosophe Al-Samawal (v. 1130-1180) a écrit à 19 ans un premier ouvrage intitulé *Le brillant dans l'algèbre*. Ses travaux traitent principalement d'arithmétique et d'algèbre.

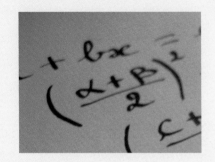

C'est en manipulant des expressions écrites sous la forme exponentielle qu'Al-Samawal remarque certaines lois régissant les exposants.

Exploration ①

$$7^2 \times 7^4 = (7 \times 7)(7 \times 7 \times 7 \times 7)$$
$$= 7^{2+4}$$
$$= 7^6$$

```
7^2*7^4
                117649
7^6
                117649
```

a. À partir de l'exploration ① :

1) écris chacune des expressions suivantes à l'aide d'un seul exposant.

   i) $3^4 \times 3^6$ ii) $(-2)^3 \times (-2)^7$ iii) $a^7 \times a^9$ iv) $a^m \times a^n$

2) explique pourquoi le raisonnement employé ne s'applique pas à l'expression $3^2 \times 4^5$.

3) quelle conjecture peut-on émettre quant au produit de deux puissances de même base?

Exploration ②

$$5^7 \div 5^3 = \frac{5 \times 5 \times 5 \times 5 \times 5 \times 5 \times 5}{5 \times 5 \times 5}$$
$$= 5^{7-3}$$
$$= 5^4$$

```
5^7/5^3
                625
5^4
                625
```

b. À partir de l'exploration ② :

1) écris chacune des expressions suivantes à l'aide d'un seul exposant.

   i) $9^{12} \div 9^7$ ii) $(-4)^5 \div (-4)^2$ iii) $a^{15} \div a^8$ iv) $a^m \div a^n$

2) explique pourquoi le raisonnement employé ne s'applique pas à l'expression $5^7 \div 2^3$.

3) quelle conjecture peut-on émettre quant au quotient de deux puissances de même base?

Exploration ③

$$(4 \times 5)^3 = (4 \times 5)(4 \times 5)(4 \times 5)$$
$$= 4 \times 4 \times 4 \times 5 \times 5 \times 5$$
$$= 4^3 \times 5^3$$

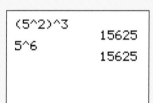

```
(4*5)^3
          8000
4^3*5^3
          8000
```

c. À partir de l'exploration ③ :

1) écris chacune des expressions suivantes sous la forme d'un produit de deux puissances.

   i) $(3 \times 7)^8$ ii) $(\text{-}2 \times 11)^7$ iii) $(ab)^7$ iv) $(ab)^m$

2) explique pourquoi le raisonnement employé ne s'applique pas à l'expression $(2 + 7)^5$.

3) quelle conjecture peut-on émettre quant à la puissance d'un produit ?

Exploration ④

$$(5^2)^3 = (5^2)(5^2)(5^2)$$
$$= 5^{2 \times 3}$$
$$= 5^6$$

```
(5^2)^3
          15625
5^6
          15625
```

d. À partir de l'exploration ④ :

1) écris chacune des expressions suivantes à l'aide d'un seul exposant.

   i) $(6^3)^8$ ii) $((\text{-}9)^2)^6$ iii) $(a^{10})^7$ iv) $(a^m)^n$

2) quelle conjecture peut-on émettre quant à la puissance d'une puissance ?

Exploration ⑤

$$\left(\frac{2}{5}\right)^4 = \left(\frac{2}{5}\right)\left(\frac{2}{5}\right)\left(\frac{2}{5}\right)\left(\frac{2}{5}\right)$$
$$= \frac{2 \times 2 \times 2 \times 2}{5 \times 5 \times 5 \times 5}$$
$$= \frac{2^4}{5^4}$$

```
(2/5)^4
          .0256
2^4/5^4
          .0256
```

e. À partir de l'exploration ⑤ :

1) écris chacune des expressions suivantes sous la forme d'un quotient de deux puissances.

   i) $\left(\frac{4}{7}\right)^4$ ii) $\left(\frac{\text{-}11}{3}\right)^7$ iii) $\left(\frac{a}{b}\right)^{12}$ iv) $\left(\frac{a}{b}\right)^m$

2) quelle conjecture peut-on émettre quant à la puissance d'un quotient ?

ACTIVITÉ 3 Les marais salants

L'évaporation est le passage progressif d'une substance de l'état liquide à l'état gazeux. Sous l'effet de la chaleur du soleil et du vent, les molécules d'eau à la surface des océans, des lacs et des rivières s'évaporent. Ce processus naturel permet de recueillir le sel cristallisé de l'eau de mer dans des marais salants aménagés à cet effet.

La production de sel a lieu de la mi-juin à la mi-septembre dans l'hémisphère Nord. Le reste de l'année, le paludier voit à l'entretien des marais salants, appelés aussi salines.

Voici des données concernant un marais salant qui a été rempli d'eau de mer à 8 h :

Marais salant

Heure de la journée	8:00	9:00	10:00	11:00	12:00	13:00	14:00	15:00
Quantité d'eau dans le marais (kL)	16	8	4	2	1	0,5	0,25	0,125

a. D'une heure à l'autre, décris la variation de la quantité d'eau dans le marais.

b. 1) Analyse le rythme de l'évaporation de l'eau en complétant le tableau ci-dessous.

Quantité d'eau dans le marais (kL)

Notation décimale	Notation fractionnaire	Puissance de 2	
16	16	2^4	÷ ☐
8	8	2^3	÷ ☐
4	4	☐	÷ ☐
2	2	☐	÷ ☐
1	1	☐	÷ ☐
0,5	$\frac{1}{2}$	☐	÷ ☐
0,25	☐	☐	÷ ☐
0,125	☐	☐	

2) L'eau du marais est remuée à 11 h 30 et le sel est ramassé à 18 h. Exprime à l'aide d'une puissance de 2 la quantité d'eau dans le marais à chacun de ces moments-là.

c. Voici des calculs effectués à l'aide de la calculatrice :

Écran 1

```
3^2
                    9
9^(1/2)
                    3
11^2
                  121
121^(1/2)
                   11
```

Écran 2

```
7^3
                  343
343^(1/3)
                    7
10^3
                 1000
1000^(1/3)
                   10
```

1) Affecter une base positive de l'exposant $\frac{1}{2}$ équivaut à effectuer quelle opération ?

2) Affecter une base de l'exposant $\frac{1}{3}$ équivaut à effectuer quelle opération ?

d. Voici d'autres calculs effectués à l'aide de la calculatrice :

Écran 3

```
4^-1▸Frac
                  1/4
5^-1▸Frac
                  1/5
6^-1▸Frac
                  1/6
```

Écran 4

```
4^-2▸Frac
                 1/16
5^-2▸Frac
                 1/25
6^-2▸Frac
                 1/36
```

Écran 5

```
4^-3▸Frac
                 1/64
5^-3▸Frac
                1/125
6^-3▸Frac
                1/216
```

1) Quelle conjecture peut-on émettre quant à la puissance d'une base affectée d'un exposant entier négatif ?

2) À l'aide de la touche x^y, y^x, a^x, a^n ou $\wedge$ de la calculatrice, vérifie si cette conjecture s'applique également lorsque la base est :

   i) négative ;
   ii) non entière.

Marais salants de la baie de San Francisco. La salinité et les micro-organismes donnent aux marais leur couleur, qui va du vert clair au rouge intense. Si la salinité est basse, les algues vertes donnent aux marais leur couleur. Quand la salinité augmente, la présence d'algues rose-rouge et de petites crevettes colore les marais de teintes rouges et orangées.

Les marais salants sont la plupart du temps situés en bordure de mer. L'eau de mer est conduite par gravité à travers un réseau de canaux jusqu'aux bassins de récolte. La salinité de l'eau augmente tout le long de son parcours. Dans les bassins, le sel est récolté sous la forme de gros cristaux. La présence du vent favorise la formation de cristaux plus petits, appelés la « fleur de sel ».

ACTIVITÉ 4 La nanoscience

La nanoscience désigne le domaine scientifique qui s'intéresse à la recherche, à la fabrication et à la manipulation d'éléments dont la taille est comparable à celle d'une molécule ou d'un atome.

C'est en 1991 que le Japonais Sumio Iijima découvre le nanotube : une structure cylindrique de carbone possédant des propriétés remarquables. Les nanotubes sont utilisés en électronique, en informatique et en médecine.

a. Les nanoscientifiques utilisent souvent des puissances de 10 pour effectuer des calculs et noter des mesures.

1) Complète les deux tableaux ci-contre.

2) Pour des puissances positives de 10, quel lien peut-on établir entre l'exposant et le nombre de zéros que comporte le résultat ?

3) Pour des puissances négatives de 10, quel lien peut-on établir entre l'exposant et le nombre de chiffres que comporte la partie décimale ?

4) Soit n un nombre naturel.

i) Combien de zéros le résultat de 10^n compte-t-il ?

ii) Combien de chiffres la partie décimale du résultat de 10^{-n} compte-t-elle ?

Puissances positives de 10	
10^0	1
10^1	10
10^2	100
10^3	1000
10^4	
10^5	
10^6	

Puissances négatives de 10	
10^0	1
10^{-1}	0,1
10^{-2}	0,01
10^{-3}	0,001
10^{-4}	
10^{-5}	
10^{-6}	

b. La notation scientifique permet d'exprimer un nombre à l'aide d'une puissance de 10. Pour chacune des mesures exprimées en notation scientifique, détermine l'exposant associé à la base 10.

Description comportant une mesure exprimée en notation décimale	Mesure exprimée en notation scientifique
1) En 2005, la production mondiale de nanotubes a été d'environ 300 000 000 000 000 000 000 000 000 kg.	$3 \times 10^{\blacksquare}$ kg
2) Le diamètre d'un nanotube de carbone est d'environ 0,000 000 005 m.	$5 \times 10^{\square}$ m
3) En 2005, une tonne de nanotubes se vendait environ 695 000 000 $.	$6,95 \times 10^{\blacksquare}$ $
4) Un nanotube multifeuillet est constitué de parois espacées de 0,000 000 34 mm.	$3,4 \times 10^{\square}$ mm

Ce composant constitué de milliards de nanoperforations peut contenir l'équivalent d'une encyclopédie de 24 volumes. Il est toutefois minuscule et peut tenir sur le bout d'un doigt.

savoirs

NOTATION EXPONENTIELLE

L'exponentiation est l'opération qui consiste à affecter une base d'un exposant afin d'obtenir une puissance : base^{exposant} = puissance. Par exemple, dans l'expression $4^5 = 1024$, la base est 4, l'exposant est 5 et la puissance est 1024.

Notation et signification	Exemple
Pour une base a et un exposant entier $m > 1$: $$a^m = \underbrace{a \times a \times a \times \dots \times a}_{m \text{ fois}}$$ L'exposant m indique le nombre de fois que la base a apparaît comme facteur dans un produit.	$3^7 = 3 \times 3 \times 3 \times 3 \times 3 \times 3 \times 3 = 2187$
Pour une base a et l'exposant 1 : $$a^1 = a$$	$-5{,}7^1 = -5{,}7$
Pour une base $a \neq 0$ et l'exposant 0 : $$a^0 = 1$$	$18{,}2^0 = 1$
Pour une base $a \neq 0$ et un exposant entier $m > 0$: $$a^{-m} = \frac{1}{a^m}$$	$5^{-3} = \frac{1}{5^3} = \frac{1}{125}$
Pour une base $a > 0$ et l'exposant $\frac{1}{2}$: $$a^{\frac{1}{2}} = \sqrt{a}$$	$25^{\frac{1}{2}} = \sqrt{25} = 5$
Pour une base a et l'exposant $\frac{1}{3}$: $$a^{\frac{1}{3}} = \sqrt[3]{a}$$	$64^{\frac{1}{3}} = \sqrt[3]{64} = 4$

LOIS DES EXPOSANTS

Les lois des exposants permettent d'effectuer des opérations faisant intervenir des expressions écrites sous la forme exponentielle.

Loi	Exemple
Produit de puissances Pour $a \neq 0$: $\quad a^m \times a^n = a^{m+n}$	$2^2 \times 2^5 = 2^{2+5} = 2^7 = 128$
Quotient de puissances Pour $a \neq 0$: $\quad \dfrac{a^m}{a^n} = a^{m-n}$	$\dfrac{9^6}{9^4} = 9^{6-4} = 9^2 = 81$
Puissance d'un produit Pour $a \neq 0$ et $b \neq 0$: $\quad (ab)^m = a^m b^m$	$(2 \times 3)^5 = 2^5 \times 3^5 = 32 \times 243 = 7776$
Puissance d'une puissance Pour $a \neq 0$: $\quad (a^m)^n = a^{mn}$	$(7^2)^3 = 7^{2 \times 3} = 7^6 = 117\,649$
Puissance d'un quotient Pour $a \neq 0$ et $b \neq 0$: $\quad \left(\dfrac{a}{b}\right)^m = \dfrac{a^m}{b^m}$	$\left(\dfrac{7}{2}\right)^3 = \dfrac{7^3}{2^3} = \dfrac{343}{8} = 42{,}875$

NOTATION SCIENTIFIQUE

La notation scientifique facilite la lecture et l'écriture des très petits et des très grands nombres.

Soit n un nombre entier. Exprimer en notation scientifique :

- un nombre positif, c'est l'écrire sous la forme $a \times 10^n$, où $1 \leq a < 10$;
- un nombre négatif, c'est l'écrire sous la forme $a \times 10^n$, où $-10 < a \leq -1$.

Ex. :

Nombre	Notation scientifique	Calculs
40 000 000 Le premier chiffre significatif de ce nombre occupe la position associée à 10^7.	4×10^7	$40\ 000\ 000 = 4 \times 10\ 000\ 000$ $= 4 \times 10^7$
-5 680 000 000 Le premier chiffre significatif de ce nombre occupe la position associée à 10^9.	$-5,68 \times 10^9$	$-5\ 680\ 000\ 000 = -5,68 \times 1\ 000\ 000\ 000$ $= -5,68 \times 10^9$
0,000 000 03 Le premier chiffre significatif de ce nombre occupe la position associée à 10^{-8}.	3×10^{-8}	$0,000\ 000\ 03 = 3 \times 0,000\ 000\ 01$ $= 3 \times 10^{-8}$
-0,000 002 57 Le premier chiffre significatif de ce nombre occupe la position associée à 10^{-6}.	$-2,57 \times 10^{-6}$	$-0,000\ 002\ 57 = -2,57 \times 0,000\ 001$ $= -2,57 \times 10^{-6}$

Les préfixes du système international permettent de simplifier l'écriture de certaines mesures. Ces préfixes renvoient à des puissances particulières de 10. Voici quelques exemples :

Puissance de 10	Nombre	Préfixe	Symbole	Exemple
10^9	1 000 000 000	giga	G	$6,5\text{ GW} = 6,5 \times 10^9$ watts
10^6	1 000 000	méga	M	$2\text{ MHz} = 2 \times 10^6$ hertz
10^3	1000	kilo	k	$100\text{ kJ} = 100 \times 10^3$ joules
10^2	100	hecto	h	$5\text{ hm} = 5 \times 10^2$ mètres
10^1	10	déca	da	$3\text{ daL} = 3 \times 10^1$ litres
10^{-1}	0,1	déci	d	$55\text{ dB} = 55 \times 10^{-1}$ bels
10^{-2}	0,01	centi	c	$2,5\text{ cL} = 2,5 \times 10^{-2}$ litre
10^{-3}	0,001	milli	m	$7\text{ mm} = 7 \times 10^{-3}$ mètre
10^{-6}	0,000 001	micro	μ	$4,8\text{ μN} = 4,8 \times 10^{-6}$ newton
10^{-9}	0,000 000 001	nano	n	$150\text{ ns} = 150 \times 10^{-9}$ seconde

1 Exprime chaque nombre à l'aide d'une puissance de 10.

a) 1000   b) 1   c) 0,001

d) 100 000 000   e) 0,1   f) 0,000 000 01

2 Écris les nombres suivants en notation décimale.

a) $3,6 \times 10^4$ b) $-7,6 \times 10^{-3}$ c) $2,567 \times 10^6$

d) $1,3796 \times 10^{-7}$ e) $-8,82 \times 10^{11}$ f) 5×10^{-13}

3 Écris les nombres suivants en notation scientifique.

a) 6000   b) 0,0005   c) -0,000 034

d) 1 246 000 000 000 000   e) -750 426   f) $12,7 \times 10^3$

4 Écris les expressions ci-dessous sous la forme d'une puissance de la base.

a) $3^4 \times 3^6$ b) $(4^8)^{\frac{1}{2}}$ c) $2^{-4} \times 2^0 \times 2^6$

d) $\dfrac{8^6}{8^2 \times 8^3}$ e) $\left(\dfrac{2}{2^2}\right)^{-3}$ f) $(12^{12} \times 12^3)^{\frac{1}{3}}$

5 Associe chaque expression de la rangée du haut à l'expression équivalente de la rangée du bas.

❶ $(-7)^{\frac{1}{3}}$ **❷** $-\left(7^{\frac{1}{3}}\right)^3$ **❸** $(7^2)^{-1}$ **❹** $\left(\dfrac{7^{-12}}{7^3}\right)^{-1}$ **❺** $7^{-3} \times 7^3 \times 7^{-3}$

A 7^{15} **B** $\dfrac{1}{343}$ **C** $\sqrt[3]{-7}$ **D** $\dfrac{1}{49}$ **E** -7

6 Exprime en notation scientifique le nombre contenu dans chaque énoncé.

a) La population d'un pays est d'environ 32 730 000 personnes.

b) Une goutte d'eau contient environ 1 700 000 000 000 000 000 000 molécules.

c) La taille d'un atome est d'environ 0,1 nm.

d) La charge d'un électron est d'environ 0,000 000 000 000 000 000 16 coulomb.

e) Le point d'ébullition de l'azote liquide est -195,8 °C.

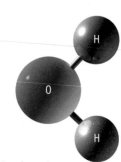

Représentation de la molécule d'eau (H_2O).

7 Complète les énoncés ci-dessous.

a) $16^2 = 2^{\blacksquare}$

b) $\blacksquare^4 = 3^{12}$

c) $125^{-3} = \blacksquare^{-9}$

d) $\dfrac{1}{64} = 2^{\blacksquare}$

8 Écris chaque expression numérique sous la forme d'une expression exponentielle dont l'exposant est positif.

a) $4^{-2} \times 32^3$

b) $\left(\dfrac{5^4}{25}\right)^{-\frac{1}{2}}$

c) $\left(\dfrac{7^{-2} \times 7^3}{343^4}\right)^{-1}$

d) $-\left(\dfrac{\sqrt{3}}{3^{\frac{1}{3}}}\right)^{-1}$

e) $1331^{-3} \times \left(\dfrac{11^{-3}}{121}\right)^{-2}$

f) $\sqrt[3]{\dfrac{4 \times 2^{-11}}{8}}$

9 Explique pourquoi les énoncés suivants sont faux.

a) $(2^3)^4 = 2^7$

b) $(-3)^2 = -(3 \times 3)$

c) $\left(\dfrac{2}{3}\right)^4 = \dfrac{2^4}{3}$

d) $3 \times 2^{-2} = \dfrac{1}{3 \times 2^2}$

10 Dans chaque cas, compare les deux expressions en utilisant les symboles $<$, $>$ ou $=$.

a) $2{,}86 \times 10^{21}$ ▢ $1{,}86 \times 10^{22}$

b) $\sqrt{13}$ ▢ $13^{\frac{1}{3}}$

c) 3×10^0 ▢ $\dfrac{1}{3^{-1}}$

d) 2×10^{-15} ▢ -2×10^{15}

e) 2^{1000} ▢ 1000^2

f) $-0{,}000\,000\,002$ ▢ -2×10^8

11 Dans chaque cas, indique si le nombre est pair ou impair.

a) 2×10^{15}

b) $3{,}8 \times 10^{11}$

c) $3{,}46 \times 10^{-100}$

d) $-7{,}2 \times 10^{1000}$

12 Pour simplifier l'écriture de la forme développée d'un nombre, on peut utiliser la notation scientifique. Détermine le nombre représenté par chacune des expressions ci-dessous.

a) $2 \times 10^{12} + 7 \times 10^{11} + 9 \times 10^{10}$

b) $5 \times 10^7 + 3 \times 10^2 + 6 \times 10^1 + 8 \times 10^0$

c) $4 \times 10^{16} + 1 \times 10^{15} + 5 \times 10^2 + 2 \times 10^1$

13 Sur une calculatrice, plusieurs touches se rapportent à l'exponentiation.

a) Selon le modèle de ta calculatrice, décris la façon d'employer ces touches et explique leur utilité.

1) $\boxed{\sqrt{}}$ ou $\boxed{\sqrt[x]{}}$

2) $\boxed{\sqrt[3]{}}$ ou $\boxed{\sqrt[x]{}}$

3) $\boxed{x^2}$

4) $\boxed{10^x}$

5) $\boxed{x^y}$, $\boxed{y^x}$, $\boxed{a^x}$, $\boxed{a^n}$ ou $\boxed{\wedge}$

b) Quel lien existe-t-il entre la touche $\boxed{\sqrt{}}$ et la touche $\boxed{x^2}$?

c) À l'aide des touches appropriées, calcule :

1) $10^3 \times 10^4$

2) $\sqrt{36} + \sqrt[3]{27}$

3) $100^2 \times 100^2$

14 Dans chaque cas, détermine la mesure manquante. Exprime ta réponse en utilisant la notation exponentielle.

a)

5^4 m

Aire du carré = ?

b)

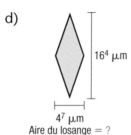

4^6 mm

Aire du triangle = 2^{21} mm²

c)

428 cm

596 cm

Aire du trapèze = 2^{17} cm²

d)

16^4 μm

4^7 μm

Aire du losange = ?

15 Un nombre positif exprimé en notation ingénieur s'écrit sous la forme $a \times 10^n$, où $1 \le a < 1000$ et n, un nombre entier multiple de 3. Exprime les nombres positifs suivants en notation ingénieur.

a) 560 000

b) 0,000 27

c) $5,22 \times 10^4$

d) $4,5 \times 10^{-7}$

e) 3434 Gm

f) 0,56 μm

16 Réduis chacune des expressions ci-dessous.

a) $\dfrac{(5 \times 10^3)(5 \times 10^{-2})}{5 \times 10^{-1}}$

b) $\dfrac{(2 \times 10^{12})^3}{(2 \times 10^{18})^2}$

c) $\dfrac{(16 \times 10^{-4})^{\frac{1}{2}}}{(2 \times 10^{-1})^2}$

d) $\dfrac{(3 \times 10^{26})(243 \times 10^{-24})}{(9 \times 10^{-30})(27 \times 10^{32})}$

17 **CONSTELLATION** La Lyre est une constellation très ancienne de l'hémisphère Nord et sa principale étoile se nomme Véga. Les scientifiques ont établi que la masse de Véga est d'environ $5,2 \times 10^{30}$ kg et que la masse du Soleil est d'environ $1,9889 \times 10^{30}$ kg. Combien de fois la masse du Soleil est-elle contenue dans la masse de Véga?

Véga est la deuxième étoile la plus lumineuse après Sirius. Sa luminosité est d'environ $1,95 \times 10^{28}$ watts.

18 Sachant que $7^n \times 7^n = 7^{16}$, détermine la valeur de n.

19 Détermine deux valeurs de m et de n telles que $\dfrac{a^m}{a^n} = a^{-3}$.

20 Voici des calculs effectués à l'aide de la calculatrice.

a) Quel lien peux-tu établir entre le symbole **E** et la notation scientifique?

b) Utilise la touche **EE** pour déterminer le résultat de:

1) $8,4 \times 10^{16} \div 2,1 \times 10^{29}$

2) $2,4 \times 10^{23} \times 3,2 \times 10^{32}$

```
4000*2000000000
              8E12
-300000*1600000
            -4.8E11
0.0035/500000
               7E-9
```

21 Au repos, le rythme cardiaque d'une athlète est de 60 battements/min. Lorsqu'elle s'entraîne, ce rythme augmente en moyenne à 140 battements/min pour toute la durée de l'entraînement. Écris en notation scientifique le nombre de battements effectués par le cœur de cette athlète en une année si elle s'entraîne 5 jours par semaine à raison de 8 h/jour.

22 **TORTUE GÉANTE** La tortue géante de l'archipel des Galápagos est un des plus impressionnants reptiles vivant actuellement sur la planète. Adulte, elle peut mesurer jusqu'à 1,20 m et peser plus de 220 kg. Certains spécimens vivent plus de $4,7304 \times 10^9$ s. Quel âge peuvent atteindre ces tortues?

On dénombre actuellement environ 15 000 tortues géantes sur l'archipel des Galápagos. Elles vivent principalement près des coulées de lave qui constituent un terrain chaud et sec.

23 **SILICIUM** Le silicium est un élément chimique qui a été isolé pour la première fois en 1823 par Jöns Jacob Berzelius. Il est utilisé principalement comme élément d'alliage avec différents métaux dont l'aluminium, le magnésium et le cuivre. Sachant que la masse d'un atome de silicium est de $4,7 \times 10^{-26}$ kg, détermine le nombre d'atomes contenus dans 47 g de silicium.

Reconnu comme étant l'inventeur des mots *polymérisation*, *catalyse*, *électronégatif* et *électropositif*, le chimiste suédois Berzelius (1779-1848) a également découvert le cérium, le sélénium et le thorium. Il a été le premier à isoler le silicium, le zirconium et le titane.

24 À l'âge adulte, le cerveau humain est composé d'environ 100 milliards de neurones. Vers l'âge de 55 ans, ce nombre diminue d'environ 100 000 neurones/jour. À partir de 55 ans, quel est le pourcentage de diminution des neurones:

a) en une demi-journée?

b) en une semaine?

c) en une année?

d) en 5 ans?

Les neurones sont les principales cellules du système nerveux. Ils transmettent les influx nerveux dans tout le corps.

Dendrite
Noyau
Axone
Myéline
Synapse

25 La lumière est composée de particules élémentaires appelées photons qui se déplacent à une vitesse approximative de 300 000 km/s. L'année-lumière est une unité de distance principalement utilisée en astronomie qui correspond à la distance parcourue dans le vide par un photon en une année.

a) À quelle distance, en mètres, correspond une année-lumière?

b) La galaxie naine du Fourneau, découverte en 1938 par Harlow Shapley, est située à environ $4,78 \times 10^{18}$ km de la Terre. Exprime cette distance en années-lumière.

26 Chacune des planètes de notre système solaire décrit son orbite autour du Soleil. Sachant qu'il faut à la Terre 365,256 jours pour effectuer un tour complet de son orbite circulaire, détermine:

a) la distance, en mètres, parcourue par la Terre en 150 jours;

b) le nombre de jours que prendra la Terre pour parcourir 9 230 000 000 km.

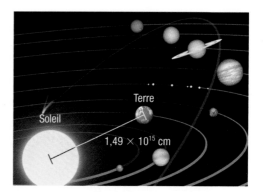

27 Sachant que $a = 2 \times 10^5$ et $b = 5 \times 10^{-2}$, écris en notation scientifique:

a) ab b) $\dfrac{a}{b}$ c) $\dfrac{a^3}{b^2}$ d) $(2ab)^2$

28 FORMULE 1 En 2004, Rubens Barrichello a effectué le tour le plus rapide sur le circuit Gilles Villeneuve en 73,622 s. Sachant que ce circuit mesure 4,361 km, exprime en notation scientifique la vitesse moyenne atteinte par la voiture lors de ce tour.

Le circuit Gilles Villeneuve comprend 12 virages dont 5 à gauche et 7 à droite. Dans la ligne droite, les voitures peuvent atteindre une vitesse avoisinant les 350 km/h.

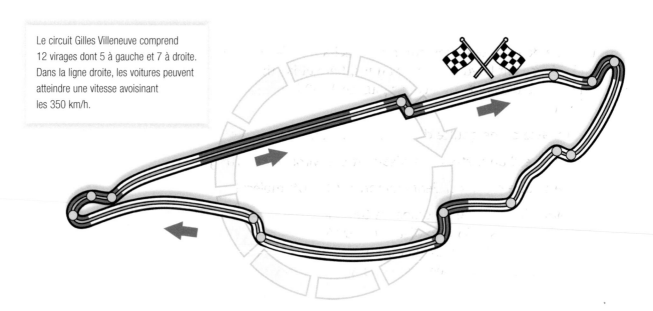

29 Exprime en notation scientifique le volume d'un cube dont l'aire d'une des faces est de $5,76 \times 10^{26}$ µm. Exprime ta réponse avec 5 chiffres significatifs.

30 Écris l'expression $\sqrt{\sqrt{2\sqrt{2}}}$ à l'aide d'une seule puissance de 2.

31 SYSTÈME SOLAIRE

Selon des scientifiques, notre système solaire a été formé à la suite de l'explosion d'une supernova il y a environ 4,6 milliards d'années. Combien de secondes se sont écoulées depuis cette explosion?

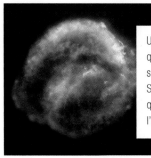

Une supernova annonce la fin d'une étoile. Tandis que la masse de l'étoile explose, les résidus se répandent à une très grande vitesse. Sa luminosité est alors 20 fois supérieure à ce qu'elle était au cours de sa vie. Les résidus de l'étoile sont parfois observables à l'œil nu.

32 SOLEIL Le Soleil est une étoile qui dégage environ 386 milliards de milliards de mégawatts chaque seconde. Au cœur du Soleil, environ 600 millions de mégagrammes d'hydrogène sont transformés en hélium chaque seconde. Voici quelques informations liées à cette étoile:

- La masse du noyau solaire représente environ 14 % de la masse totale du Soleil.

- La masse du Soleil est d'environ $1,9 \times 10^{30}$ kg.

- Durant son existence, le Soleil devrait transformer 70 % de la masse de son noyau en hélium.

Détermine, en années, la durée de vie du Soleil.

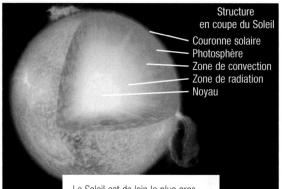

Structure en coupe du Soleil
- Couronne solaire
- Photosphère
- Zone de convection
- Zone de radiation
- Noyau

Le Soleil est de loin le plus gros objet de notre système solaire avec un diamètre d'environ 1,4 million de kilomètres. La température de son noyau est d'environ 15 millions de degrés Celsius, tandis que la température à sa surface est d'environ 5500 °C.

33 Le cycle de l'eau se définit comme un échange d'eau entre les différentes enveloppes de la Terre, soit l'hydrosphère, l'atmosphère et la lithosphère. Au cours d'un même cycle, une goutte d'eau peut parcourir plus de 1000 km. Voici quelques informations liées à l'eau:

- La masse d'une goutte d'eau est d'environ $5,2 \times 10^{-7}$ kg.

- La masse d'un mètre cube d'eau est d'environ $1,2 \times 10^{6}$ g.

- Une goutte d'eau contient environ $1,7 \times 10^{21}$ molécules.

Pendant l'été, une bande orageuse traverse le Québec et laisse 55 mm d'eau sur 30 % de sa superficie. Détermine le nombre de molécules d'eau laissées par cet orage.

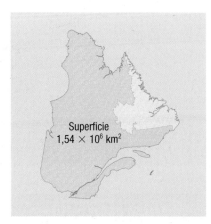

Superficie
$1,54 \times 10^{6}$ km²

ACTIVITÉ 1 L'exposition florale

Depuis 2006, l'exposition du Festival international Flora présente à Montréal des dizaines de jardins thématiques offrant au public des façons originales de décorer et d'aménager des jardins et des terrasses à la maison.

La vue de dessus de l'une des sections de l'exposition est illustrée ci-dessous. Cette section rectangulaire est constituée de quatre petits jardins. Deux allées perpendiculaires d'une largeur de 3 m chacune séparent les jardins. Le jardin **D** est de forme carrée.

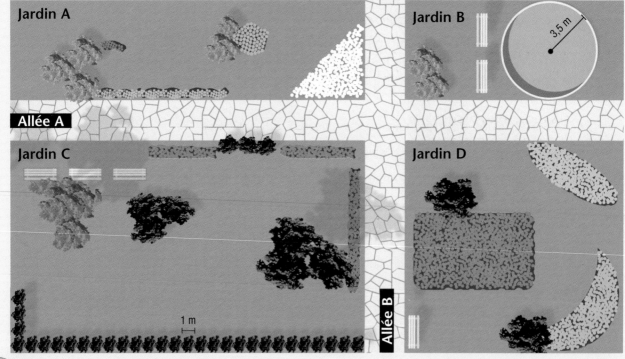

Jardin A

Jardin B

3,5 m

Allée A

Jardin C

Jardin D

Allée B

1 m

Écris une expression qui représente la superficie de l'ensemble de cette section.

ACTIVITÉ 2 Des variables géométriques

Pour Descartes, tous les phénomènes pouvaient s'expliquer à l'aide des mathématiques. Dans l'un de ses ouvrages intitulé *Discours de la méthode*, il établit une correspondance entre des opérations arithmétiques et algébriques et des constructions géométriques.

René Descartes (1596-1650)
Mathématicien, philosophe
et physicien français.

Descartes représentait le produit de deux facteurs par l'aire d'un rectangle. Par exemple, on peut représenter $(3x + 2)(5x + 4)$ par le rectangle ci-dessous. En additionnant l'aire de chacune des sections colorées, on peut déduire que $(3x + 2)(5x + 4) = 15x^2 + 22x + 8$.

Voici des représentations géométriques de quelques produits:

a. Après avoir déterminé l'aire de chacune des sections du rectangle ci-dessous, écris une expression réduite qui correspond à l'aire totale:

1) des carrés verts;

2) des rectangles bruns;

3) du grand rectangle.

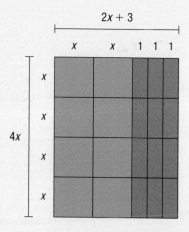

b. À quelle expression algébrique correspond le développement de $4x(2x + 3)$?

c. Après avoir déterminé l'aire de chacune des sections du rectangle ci-dessous, écris l'expression réduite qui correspond à l'aire totale :

1) des carrés verts ;
2) des rectangles bruns ;
3) des carrés rouges ;
4) du grand rectangle.

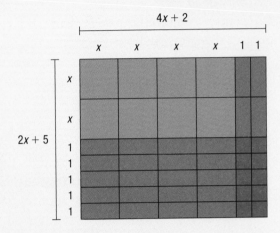

d. À quelle expression algébrique correspond le développement de $(2x + 5)(4x + 2)$?

e. Après avoir déterminé l'aire de chacune des sections du rectangle ci-dessous, écris l'expression réduite qui correspond à l'aire totale :

1) des rectangles jaunes ;
2) des rectangles bruns ;
3) des rectangles roses ;
4) des carrés rouges ;
5) du grand rectangle.

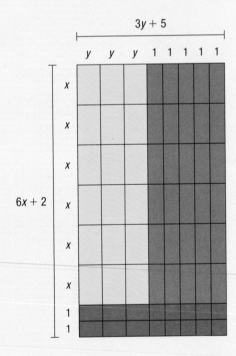

f. À quelle expression algébrique correspond le développement de $(6x + 2)(3y + 5)$?

g. En t'inspirant des travaux de Descartes, effectue chacun de ces produits.

1) $7(6y + 1)$
2) $(x + 8)(2y + 3)$
3) $(x + 5)(x + 5)$

h. La base et la hauteur d'un rectangle correspondent respectivement aux expressions $2x$ et $7y$.

1) Écris l'expression algébrique qui représente l'aire de ce rectangle.

2) Indique les dimensions de deux autres rectangles ayant la même aire que le rectangle précédent.

i. Exprime la somme des aires des rectangles **ABCD** et **EFGH** à l'aide :

1) d'une addition de deux termes ;

2) d'un produit de deux facteurs.

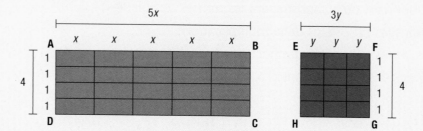

j. Exprime la somme des aires des rectangles **IJKL** et **MNOP** à l'aide :

1) d'une addition de deux termes ;

2) d'un produit de deux facteurs.

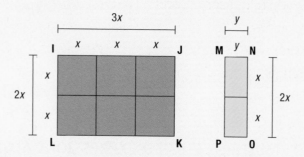

k. On retranche du rectangle **QRST** le rectangle **RSVU**. Exprime l'aire du rectangle **QUVT** à l'aide :

1) d'une soustraction de deux termes ;

2) d'un produit de deux facteurs.

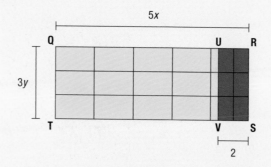

l. Exprime les expressions suivantes sous la forme d'un produit de deux facteurs.

1) $20x + 30y$

2) $6x + 9xy$

3) $7x^2 + 21xy$

savoirs

MANIPULATION D'EXPRESSIONS ALGÉBRIQUES

On exprime généralement une expression algébrique sous sa forme réduite, c'est-à-dire à l'aide d'une expression dans laquelle toutes les opérations possibles ont été effectuées. On peut notamment réduire une expression algébrique composée de plusieurs termes :

- en additionnant ou en soustrayant les termes semblables ;
- en utilisant les propriétés de la multiplication ;
- en utilisant les propriétés des fractions ;
- à l'aide des lois des exposants.

Ex. : 1) $(2xy)^4 - 3x^4y^4 = 2^4x^4y^4 - 3x^4y^4 = 16x^4y^4 - 3x^4y^4 = 13x^4y^4$

2) $\dfrac{7,2n^4}{n} = 7,2n^{4-1} = 7,2n^3$

3) $10a\left(\dfrac{8a^{-2}}{2a}\right) = 10a(4a^{-2-1}) = 10a(4a^{-3}) = 40a^{1+-3} = 40a^{-2} = \dfrac{40}{a^2}$

4) $\dfrac{15b^{11} - 12b^8}{3b^2} = \dfrac{15b^{11}}{3b^2} - \dfrac{12b^8}{3b^2} = 5b^{11-2} - 4b^{8-2} = 5b^9 - 4b^6$

5) $\sqrt[3]{x^6y^9} = (x^6y^9)^{\frac{1}{3}} = x^{\frac{6}{3}}y^{\frac{9}{3}} = x^2y^3$

6) $\left(\dfrac{a^{\frac{1}{2}}}{b^3}\right)^2 = \dfrac{a^{\frac{1}{2} \times 2}}{b^{3 \times 2}} = \dfrac{a}{b^6}$

> Une expression algébrique réduite s'écrit habituellement à l'aide d'exposants positifs.

DÉVELOPPEMENT : MULTIPLICATION D'EXPRESSIONS ALGÉBRIQUES

Le produit de deux expressions algébriques est obtenu en multipliant chacun des termes de l'une des expressions par chacun des termes de l'autre, puis en réduisant ensuite les termes semblables.

Ex. : 1) $3s(2s + 4) = 3s(2s + 4)$

$= 3s \times 2s + 3s \times 4$
$= 6s^2 + 12s$

2) $(t + 1)^2 = (t + 1)(t + 1)$

$= t(t + 1) + 1(t + 1)$
$= t \times t + t \times 1 + 1 \times t + 1 \times 1$
$= t^2 + t + t + 1$
$= t^2 + 2t + 1$

3) $(a - 3b)(2a + b) = (a - 3b)(2a + b)$

$= a(2a + b) - 3b(2a + b)$
$= a \times 2a + a \times b - 3b \times 2a - 3b \times b$
$= 2a^2 + ab - 6ab - 3b^2$
$= 2a^2 - 5ab - 3b^2$

FACTORISATION : MISE EN ÉVIDENCE SIMPLE

Factoriser une expression algébrique consiste à l'écrire sous la forme d'un produit de facteurs. En algèbre, la factorisation est souvent utilisée pour réduire des expressions, pour résoudre des équations et pour démontrer l'équivalence d'expressions.

Ex. :

Forme développée	Forme factorisée	Facteurs
1) $5a + 35$	$5(a + 7)$	5 et $a + 7$
2) $b^2 - 11b$	$b(b - 11)$	b et $b - 11$
3) $6c^2 + 15c$	$3c(2c + 5)$	$3c$ et $2c + 5$

Il existe diverses méthodes pour factoriser une expression algébrique dont la **mise en évidence simple.** Cette méthode consiste à :

1° déterminer le plus grand facteur commun de tous les termes de l'expression algébrique ;	Ex. : Dans l'expression $6a^2 + 15a$, le plus grand facteur commun est $3a$.
2° diviser l'expression algébrique par le plus grand facteur commun ;	$\dfrac{6a^2 + 15a}{3a} = \dfrac{6a^2}{3a} + \dfrac{15a}{3a} = 2a + 5$
3° écrire le produit du facteur obtenu en 1° par le quotient obtenu en 2°.	La forme factorisée de $6a^2 + 15a$ est : $3a(2a + 5)$
On peut valider le résultat en développant la forme factorisée à l'aide de la propriété de la distributivité de la multiplication sur l'addition ou la soustraction.	$\begin{aligned} 3a(2a + 5) &= 3a \times 2a + 3a \times 5 \\ &= 6a^2 + 15a \end{aligned}$

Manuscrit arabe ancien traitant d'algèbre.

1 Dans chaque cas, détermine le plus grand facteur commun des monômes.

a) 3 et 12
b) $2n$ et $20n$
c) $12a$ et $18a$

d) $5w^2$ et $30w$
e) $8x^2$, $24x$ et 44
f) $9t^4$, $36t^2$ et $3t$

2 Dans chaque cas, écris l'expression algébrique qui correspond à l'aire de la figure.

a)
$2s + 10$
$3s$

b)
$3s + 1$

c)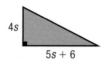
$4s$
$5s + 6$

d)
$15s - 3$
$10s + 12$

e)
$s + 1$

f)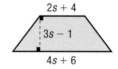
$2s + 4$
$3s - 1$
$4s + 6$

3 À l'aide de la mise en évidence simple, simplifie chacune des expressions ci-dessous.

a) $2 \times 10^{12} + 3 \times 10^{12}$
b) $3{,}45 \times 10^{15} + 2{,}34 \times 10^{15}$

c) $7 \times 10^{-2} + 5 \times 10^{-2}$
d) $\dfrac{8 \times 10^{13} + 4 \times 10^{13}}{6 \times 10^{-10}}$

e) $\dfrac{5{,}2 \times 10^9 + 3{,}8 \times 10^9}{8{,}54 \times 10^8 - 5{,}54 \times 10^8}$
f) $(2 \times 10^{24} + 6 \times 10^{24})^{\frac{1}{3}}$

4 Décompose en facteurs les polynômes suivants.

a) $4m^2 + 12m$
b) $36s^3 - 9s^2$
c) $-12t^3 - 6t$

d) $x^2y^3 + xy^2 - xy$
e) $5(y + 2) - 3(y + 2)$
f) $3r(2r + 1) - r(2r + 1)$

5 Il est possible d'écrire le polynôme $12x^2 + 18x - 3$ sous la forme d'un produit de deux facteurs. Si l'un des facteurs est 3, quel est l'autre?

6 Deux cartons rectangulaires sont superposés comme le montre l'illustration ci-contre. Toutes les mesures sont en centimètres.

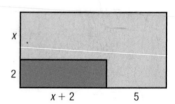
x
2
$x + 2$
5

a) Écris une expression algébrique correspondant à l'aire de la partie grise.

b) Quelle est l'aire de la partie grise si $x = 6$?

7 Dans chaque cas, détermine la mesure manquante.

a) Aire du triangle $= \dfrac{3x^2}{2}$

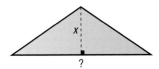

b) Aire du disque $= 9\pi x^{16}$

c) Aire du losange $= 6x^5 + 9x^2$

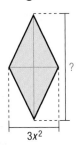

d) Volume du prisme droit à base rectangulaire $= 10x^2 + 5x$

e) Volume du prisme régulier à base carrée $= 45x^2$

f) Aire latérale du cône circulaire droit $= 7\pi x^2 + 21\pi x$

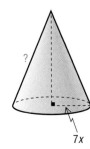

8 Dans chaque cas, calcule le produit.

a) $3a(ab + a^2b)$

b) $-2t(t^3 - 4)$

c) $3pq(-5p + q)$

d) $(4r - 3)(3r + 4)$

e) $(6s^2 - 1)(s + 2)$

f) $(x - y)^2$

9 Réduis les expressions algébriques ci-dessous.

a) $(5a)(5ab)^2$

b) $\dfrac{5b^5 + b^3}{b^2}$

c) $(-4a^2b^3)(3a^3b^5)$

d) $\dfrac{25a^5}{-5a^2}$

e) $\dfrac{-12b^3}{-6a}$

f) $\dfrac{100a^5b^3c}{-25a^{-2}b^2c}$

10 La base et la hauteur d'un parallélogramme mesurent respectivement b cm et h cm. Si l'on additionne x cm à la base et que l'on soustrait x cm de la hauteur, a-t-on changé :

a) le périmètre du parallélogramme ? Explique ta réponse à l'aide de calculs algébriques.

b) l'aire du parallélogramme ? Explique ta réponse à l'aide de calculs algébriques.

11 **NOMBRES POLYGONAUX** Les nombres polygonaux sont des nombres qui peuvent être représentés par des points disposés en forme de figures géométriques régulières.

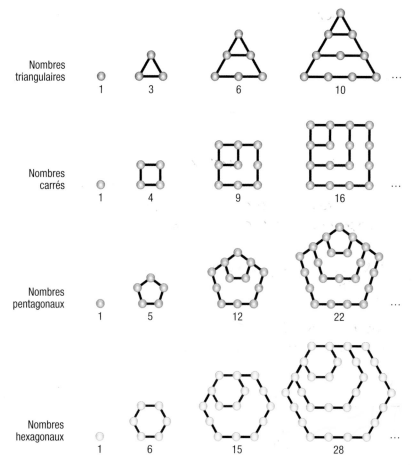

Nombres triangulaires 1 3 6 10 ...

Nombres carrés 1 4 9 16 ...

Nombres pentagonaux 1 5 12 22 ...

Nombres hexagonaux 1 6 15 28 ...

a) Voici quatre expressions dans lesquelles n représente le rang du terme dans une suite. Associe chaque expression à l'une des quatre suites illustrées ci-dessus.

1) $n(2n) \div 2$ 2) $(3 \times n - 1) \times n \div 2$ 3) $\dfrac{n \times (4n - 2)}{2}$ 4) $n \times (n + 1) \div 2$

b) Écris l'expression associée aux nombres hexagonaux sous la forme d'un produit de deux facteurs simplifiés.

12 Thomas possède un jardin rectangulaire de x m sur $4x$ m. Afin d'accroître la production, il augmente la largeur du jardin de $(3x - 2)$ m et sa longueur de $(x + 1)$ m. Détermine une expression algébrique qui correspond:

a) à l'aire du jardin modifié;

b) à 50 % de l'aire du jardin modifié;

c) au quadruple de l'aire du jardin initial diminué de 10.

13 À l'aide des mesures indiquées, écris l'expression algébrique qui correspond à l'aire du rectangle ABCD ci-contre:

a) sous la forme d'une somme de quatre termes;

b) sous la forme d'un produit de deux binômes.

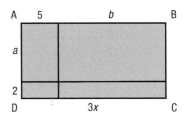

14 Montre que les expressions $(a + b)^2$ et $\dfrac{4a^3 + 8a^2b + 4ab^2}{4a}$ sont équivalentes.

15 Quelles valeurs peut-on attribuer à la variable x pour que $x(x + 2)(x - 3) = 0$?

16 Le périmètre d'une fenêtre carrée est de $(24x + 300)$ cm. Détermine une expression algébrique qui correspond à l'aire de cette fenêtre.

17 Quelles valeurs faut-il donner à A et à B afin que le polynôme $18mn + 42m + 6n + 14$ soit égal à $(6m + A)(3n + B)$?

18 Sachant que les rectangles ABCD et EFGH ont la même aire, détermine une expression algébrique qui correspond au périmètre du rectangle ABCD.

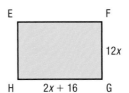

19 Détermine une expression algébrique qui correspond à l'aire de la partie colorée:

a) dans le carré ABCD;

b) dans le rectangle PQRS.

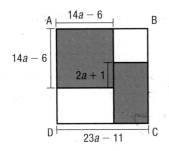

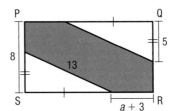

20 L'aire d'un rectangle ABCD correspond à l'expression $36a + 24$. Indique deux expressions algébriques qui correspondent au périmètre de ce rectangle.

21 Montre que $(x + 1)^2 - (x - 2)^2 = 3(2x - 1)$.

22 Voici une vue aérienne de l'intersection de deux rues. Les toitures carrées des quatre immeubles à cette intersection sont isométriques. Si la mesure de la surface asphaltée est de 144 m², quelle est l'aire, en mètres carrés, de l'une des toitures ?

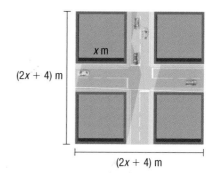

23 Trois rectangles isométriques de 3 cm sur 5 cm ont été retranchés du triangle rectangle ABC illustré ci-contre.

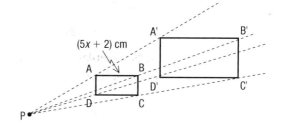

a) Quelle expression algébrique correspond à l'aire du triangle ABC ?

b) Quelle est la mesure de la surface qui a été enlevée ?

c) Exprime, sous la forme d'un produit de facteurs, l'expression algébrique qui correspond à la mesure de la surface colorée.

24 Le rectangle A'B'C'D' est l'image du rectangle ABCD par l'homothétie de centre P et de rapport 2. Si l'aire du rectangle image correspond à l'expression $(60x^2 + 24x)$ cm, détermine une expression algébrique qui correspond au périmètre du rectangle initial.

25 LA GRANDE OURSE Surnommée la « grande casserole », la constellation de la Grande Ourse est sans aucun doute la plus célèbre de l'hémisphère Nord. Elle se distingue notamment par sa forme trapézoïdale. Sachant que la surface délimitée par Megrez, Dubhe, Merak et Phecda mesure $27,03 \times 10^{34}$ m², détermine la distance entre Phecda et Dubhe.

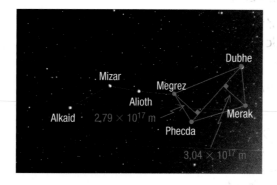

26 On veut réduire les dimensions d'une photo de 10 cm sur 14 cm afin de la placer dans un album. Si l'on réduit la longueur de 4 cm, de combien de centimètres doit-on diminuer la largeur afin que l'aire de la photo soit réduite d'au moins 50 % ?

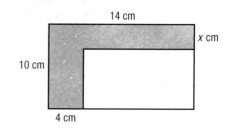

27 RELATION DE PYTHAGORE La relation qui existe entre les mesures des côtés d'un triangle rectangle était déjà connue à l'époque des Babyloniens. C'est toutefois Pythagore et ses disciples qui l'auraient popularisée. Aujourd'hui, il existe plus de 370 démonstrations de cette relation. L'une d'elles fut proposée par le président américain Garfield.

Pour faire cette démonstration, il a utilisé la représentation ci-contre dans laquelle:

- deux carrés sont inscrits;
- chaque côté du grand carré mesure $(a + b)$ unités;
- chaque côté du petit carré mesure c unités.

a) À l'aide des lettres a, b et c, détermine l'expression algébrique qui correspond à:

1) l'aire du trapèze délimité par les segments rouges;

2) l'aire du triangle ① ;

3) l'aire du triangle ② ;

4) l'aire du triangle ③.

b) Complète l'équation ci-dessous à l'aide des expressions obtenues en **a)**.

Aire du trapèze = aire du triangle ① + aire du triangle ② + aire du triangle ③

c) Montre algébriquement que l'équation obtenue en **b)** équivaut à l'équation $c^2 = a^2 + b^2$.

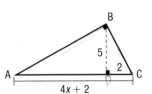

James Abram Garfield (1831-1881) fut le 20e président des États-Unis.

28 Soit le triangle rectangle ABC ci-contre. Les mesures sont exprimées en centimètres.

a) Exprime l'aire de ce triangle rectangle sous la forme d'un produit de facteurs.

b) Calcule le périmètre de ce triangle sachant que son aire est de 36,25 cm².

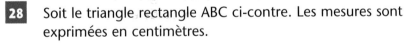

29 Une piscine rectangulaire est entourée d'un trottoir en béton. Sachant que la mesure de la surface comprenant la piscine et le trottoir est de $(64a + 400)$ m², détermine les dimensions de la piscine.

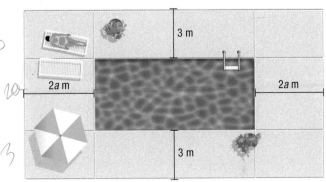

Cette section t'aidera à réaliser la situation d'apprentissage 2.

ACTIVITÉ 1 Les autobus

La direction d'une école dispose d'au plus 9000 $ pour organiser le transport des élèves en autobus lors de l'activité scolaire de fin d'année.

> J'ai besoin de plusieurs autobus pour une sortie. Voici ce qu'il me faut.

> Pour cette activité, les frais de location d'un petit autobus de 30 personnes sont de 350 $ et ceux d'un gros autobus de 48 personnes sont de 500 $.

> Pour profiter de ces bas prix, vous devez louer un minimum de 2 gros autobus et au moins 2 fois plus de petits autobus que de gros.

> Hum! Il faut pouvoir transporter le maximum d'élèves au plus bas prix possible...

Combien d'autobus de chaque type devrait-on louer?

Plusieurs situations de la vie quotidienne sont décrites à l'aide d'un intervalle de nombres indiquant la valeur minimale ou maximale associée à une situation donnée. Voici quatre de ces situations:

A) Le nombre c de calories dépensées par une personne lors d'un marathon est d'**au moins** 3000 calories.
$c \geq 3000$

B) Lors d'un incendie, la température t intérieure d'un bâtiment est **supérieure à** 600 °C.
$t > 600$

C) La distance d que peut franchir une personne sur le circuit cyclable de la Véloroute des Bleuets sans jamais repasser deux fois au même endroit est d'**au plus** 271,8 km.
$d \leq 271,8$

D) Le *Guide alimentaire canadien* recommande que la quantité q de lipides insaturés consommée chaque jour soit **inférieure à** 45 mL.
$q < 45$

a. Selon la situation Ⓐ, une personne peut-elle dépenser 3000 calories lors d'un marathon? Explique ta réponse.

b. Selon la situation Ⓑ, la température intérieure d'un bâtiment lors d'un incendie peut-elle être de 600 °C? Explique ta réponse.

c. Selon la situation Ⓒ, le nombre 271,8 correspond-il à une valeur minimale ou maximale?

d. Selon la situation Ⓓ, quelle est la quantité maximale de lipides insaturés qu'il est possible de consommer tout en respectant les recommandations?

e. D'après les situations décrites ci-dessus, détermine quelques valeurs que peut prendre:

1) la variable c;

2) la variable t;

3) la variable d;

4) la variable q.

f. Qu'est-ce qui distingue le symbole de l'inéquation représentant la situation Ⓐ de celui de l'inéquation représentant la situation Ⓑ?

g. Pour chacune des situations de Ⓐ à Ⓓ, remplace l'expression écrite en caractères gras par une autre expression ayant la même signification.

La Renaissance est le nom donné à la période du xvᵉ et du xvɪᵉ siècle caractérisée par un renouveau littéraire, artistique et scientifique en Europe. C'est au cours de cette période propice aux inventions que le mathématicien Thomas Harriott a introduit les symboles d'inégalité $<$ et $>$.

> Thomas Harriott (1560-1621) était un mathématicien, astronome et géographe anglais.

La droite numérique et les symboles d'inégalité permettent de comparer l'ordre de deux nombres. Puisque le nombre ⁻4 est situé à gauche de 6 sur la droite numérique, ⁻4 est inférieur à 6. Cette situation se traduit symboliquement par ⁻4 $<$ 6.

a. On a appliqué ci-dessous des transformations à l'inégalité ⁻4 $<$ 6. Chaque transformation est représentée sur une droite numérique. Dans chaque cas :

1) complète l'inégalité en choisissant le symbole $<$ ou $>$;

2) indique si le sens de l'inégalité est conservé.

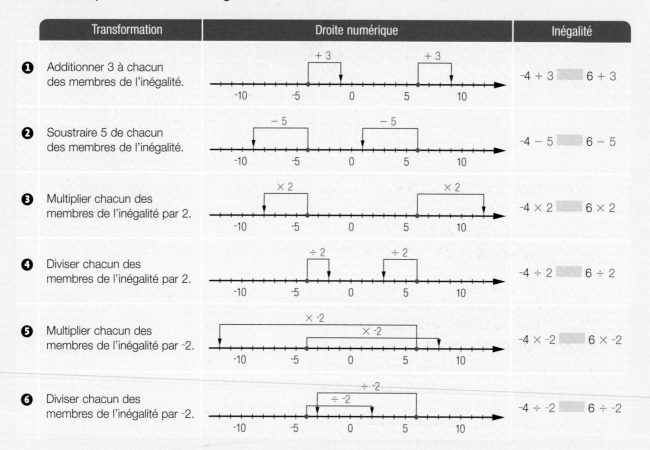

Transformation	Droite numérique	Inégalité
❶ Additionner 3 à chacun des membres de l'inégalité.		⁻4 + 3 ▓ 6 + 3
❷ Soustraire 5 de chacun des membres de l'inégalité.		⁻4 − 5 ▓ 6 − 5
❸ Multiplier chacun des membres de l'inégalité par 2.		⁻4 × 2 ▓ 6 × 2
❹ Diviser chacun des membres de l'inégalité par 2.		⁻4 ÷ 2 ▓ 6 ÷ 2
❺ Multiplier chacun des membres de l'inégalité par ⁻2.		⁻4 × ⁻2 ▓ 6 × ⁻2
❻ Diviser chacun des membres de l'inégalité par ⁻2.		⁻4 ÷ ⁻2 ▓ 6 ÷ ⁻2

b. À l'aide de trois exemples, vérifie si le membre de gauche de l'inégalité ⁻4 $<$ 6 demeure toujours inférieur au membre de droite si :

1) on additionne ou soustrait un même nombre à chaque membre de l'inéquation;

2) on multiplie ou divise chaque membre de l'inéquation par un même nombre strictement positif;

3) on multiplie ou divise chaque membre de l'inéquation par un même nombre strictement négatif.

ACTIVITÉ 4 Navette spatiale

Une navette spatiale est propulsée au décollage par deux fusées d'appoint alimentées par un réservoir externe. Voici quelques données concernant la masse de diverses composantes avant la mise à feu :

- La masse de la navette est inférieure à 115 tonnes.
- La masse du réservoir externe est de 250 tonnes.
- La masse combinée de la navette, du réservoir externe et des fusées d'appoint est de 430 tonnes.

Quelques minutes après le décollage, les deux fusées d'appoint et le réservoir externe se détachent de la navette et sont récupérés.

Réservoir externe

Navette spatiale

Fusées d'appoint

a. Soit a la masse d'une fusée d'appoint en tonnes. En tenant compte du contexte, que représente :
   1) l'expression $430 - 250 - 2a$?
   2) l'inéquation $430 - 250 - 2a < 115$?

b. La démarche ci-contre permet de déterminer les valeurs possibles de a dans l'inéquation $430 - 250 - 2a < 115$. Indique le plus précisément possible la transformation qui permet d'obtenir :
   1) l'inéquation ❸ à partir de l'inéquation ❷;
   2) l'inéquation ❹ à partir de l'inéquation ❸.

> ❶ $430 - 250 - 2a < 115$
> ❷ $180 - 2a < 115$
> ❸ $-2a < -65$
> ❹ $a > 32,5$

c. En tenant compte du contexte, que représente l'inéquation $a > 32,5$?

d. Est-il possible que la masse de la navette soit de :
   1) 109,5 tonnes ?   2) 115 tonnes ?   3) 115,01 tonnes ?   4) 121 tonnes ?

e. Est-il possible que la masse d'une fusée d'appoint soit de :
   1) 31 tonnes ?   2) 32,5 tonnes ?   3) 45,9 tonnes ?   4) 95 tonnes ?

technOmath

Une calculatrice graphique permet d'attribuer une valeur à une variable, d'évaluer numériquement une expression algébrique et d'écrire des énoncés mathématiques comportant des symboles d'inégalité. Par exemple, après avoir attribué une valeur à une variable, il est possible de comparer deux expressions algébriques utilisant cette variable.

Écran 1

Cet écran montre les différents symboles qu'il est possible d'utiliser pour tester la valeur de vérité d'un énoncé mathématique.

Écran 2

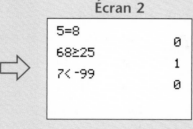

Le résultat 0 signifie que l'énoncé est faux et le résultat 1 signifie que l'énoncé est vrai.

Écran 3

Cet écran montre comment attribuer une valeur à une variable et évaluer numériquement une expression algébrique.

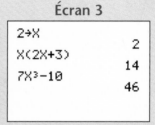

Écran 4

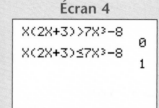

L'utilisation de symboles d'inégalité permet de tester la valeur de vérité d'un énoncé mathématique.

Écran 5

Cet écran comporte une démarche menant à la résolution d'une inéquation.

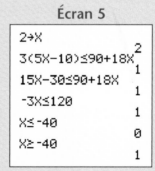

a. Dans chaque cas, détermine la valeur de l'expression algébrique à partir de la valeur attribuée à la variable x.

1) $3x^2 + 5x - 2$, si $x = 5$
2) $5(3x - 4x + 5)$, si $x = -3$
3) $x(x + 5) - 2x(3x - 2)$, si $x = 3$
4) $x^5 - 100$, si $x = 0$

b. Si $x = -1,5$, détermine la valeur de vérité de chacun des énoncés ci-dessous.

1) $4(2x + 3) \leq 2x - 1$
2) $x + x \geq x^2$
3) $x(3x + 2) = 4x + 4$
4) $12x \neq -25 + 7$

c. Explique chacune des étapes de la démarche de résolution affichée à l'écran **5**.

d. À l'aide d'une calculatrice graphique, effectue la résolution de l'inéquation $4x - 3 - (x + 1) \geq 5x + 2$.

savoirs

INÉGALITÉ

Une inégalité est un énoncé mathématique qui permet la comparaison entre deux expressions numériques à l'aide d'un symbole d'inégalité.

Symbole d'inégalité	Signification	Exemple
$<$	«est inférieur à» ou «est plus petit que»	$8 < 8,1$
$>$	«est supérieur à» ou «est plus grand que»	$7 > 4,99$
$\leq$	«est inférieur ou égal à» ou «est plus petit ou égal à»	$-10 \leq -5$
$\geq$	«est supérieur ou égal à» ou «est plus grand ou égal à»	$2^3 \geq 2 \times 3$

INÉQUATION

Une inéquation est un énoncé mathématique comportant une ou des variables et un symbole d'inégalité.

Ex.: 1) $a < 2$ 2) $6b > 17$ 3) $-8 \leq 2c + 1$ 4) $2d - 5 \geq d$

L'ensemble des valeurs qui vérifient une inéquation est appelé l'**ensemble-solution**.
On peut exprimer l'ensemble-solution d'une inéquation à une variable à l'aide:

	Exemple	
• d'une inéquation dans laquelle l'un des membres est une variable et l'autre, une constante;	1) $x > 4$, où x représente le nombre de personnes présentes à une réunion.	2) $x > 4$, où x représente la mesure (en cm) du côté d'un carré.
• d'une droite numérique. Sur la droite, un point plein ou vide est associé à une valeur qui appartient ou non à l'ensemble-solution;	3 4 5 6 7 8 9	3 4 5 6 7 8 9
• d'accolades { } ou de crochets [ ] selon les valeurs que peut prendre la variable.	$\{5, 6, 7, 8, \ldots\}$	$]4, +\infty[$

Règles de transformation des inéquations

Les règles de transformation des inéquations permettent d'obtenir des inéquations équivalentes, c'est-à-dire des inéquations ayant le même ensemble-solution.

	Exemples d'inéquations équivalentes
• Additionner ou soustraire un même nombre aux deux membres d'une inéquation conserve le sens de cette inéquation.	$2a + 5 > 6$ $2a + 5 + 3 > 6 + 3$ $2a + 8 > 9$
	$5a + 6 < 16$ $5a + 6 - 4 < 16 - 4$ $5a + 2 < 12$

	Exemples d'inéquations équivalentes
• Multiplier ou diviser les deux membres d'une inéquation par un même nombre strictement positif conserve le sens de cette inéquation.	$3a - 2 \geq -16$ $\qquad 5 \times (3a - 2) \geq 5 \times -16$ $15a - 10 \geq -80$
	$4 - 14a \leq 3$ $\qquad (4 - 14a) \div 2 \leq 3 \div 2$ $2 - 7a \leq 1{,}5$
• Multiplier ou diviser les deux membres d'une inéquation par un même nombre strictement négatif inverse le sens de cette inéquation.	$-3a > 20$ $\qquad -5 \times -3a < -5 \times 20$ $15a < -100$
	$-2a + 4 \leq 12$ $\qquad (-2a + 4) \div -2 \geq 12 \div -2$ $a - 2 \geq -6$

Résolution d'une inéquation

Déterminer les valeurs qui vérifient une inéquation, c'est **résoudre** cette inéquation. Dans un problème, on utilise parfois des inéquations pour trouver la solution. On procède alors de la façon suivante.

1. Déterminer la ou les inconnues, c'est-à-dire les éléments dont on cherche la valeur.	Exemple Le périmètre d'un terrain rectangulaire est d'au moins 178 m. Sa longueur mesure 5 m de plus que le triple de sa largeur. On s'intéresse aux dimensions possibles du terrain. Les inconnues sont: • la largeur du terrain; • la longueur du terrain.
2. Représenter chaque inconnue par une variable ou une expression algébrique.	Largeur du terrain (en m): x. Longueur du terrain (en m): $3x + 5$.
3. Construire une inéquation qui traduit la situation.	L'expression $2(x + 3x + 5)$ correspond au périmètre du terrain. On a donc: $2(x + 3x + 5) \geq 178$ $2(4x + 5) \geq 178$ $8x + 10 \geq 178$
4. Résoudre l'inéquation à l'aide des règles de transformation des inéquations.	$8x + 10 \geq 178$ $8x + 10 - 10 \geq 178 - 10$ $8x \geq 168$ $\dfrac{8x}{8} \geq \dfrac{168}{8}$ $x \geq 21$
5. Donner la solution en tenant compte du contexte.	On déduit que la largeur du terrain doit être d'au moins 21 m. Par exemple, le terrain pourrait mesurer 21 m sur 68 m.

1 Traduis chacun des énoncés suivants par une inéquation.

a) x vaut au minimum 2.

b) y est au plus égal à 7.

c) 9 est inférieur à y.

d) x vaut au maximum 15.

e) x est plus grand que y.

f) x n'est pas moins que y.

g) x est plus petit que y.

h) x n'est pas plus grand que y.

2 Traduis chacune des situations suivantes par une inéquation.

a) La température t enregistrée sur la planète Mars est au moins de -140 °C.

b) La pression atmosphérique p sur l'Everest est supérieure à 31,3 kPa.

c) La masse m d'une fourmi est inférieure à 1 mg.

d) La vitesse orbitale moyenne v de la Terre est d'au plus 107 218 km/h.

3 Associe chacune des expressions de la colonne de gauche à l'une des représentations graphiques de la colonne de droite.

A $n > 3$

B $n \leq 3$

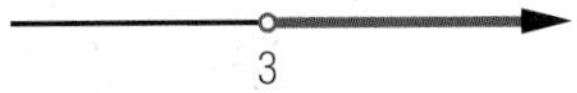

C $-3 < n < 3$

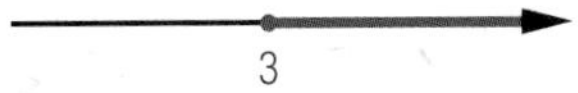

D $n \geq 3$

4 Résous les inéquations ci-dessous.

a) $12 + 3f > 18$

b) $3a - 4 \leq -a + 28$

c) $-(t - 3) + 2 \geq -11$

d) $4 + 0,2b < 8$

e) $-3,4m - 7,2 \leq 7,08$

f) $18 \geq 9 - 3(c + 1)$

g) $-\dfrac{5n + 1}{2} < 6$

h) $\dfrac{2x - 4}{3} > -\dfrac{x - 2}{2}$

5 Le périmètre d'un octogone régulier est inférieur à 100 cm.

a) En faisant correspondre c à la mesure d'un côté de l'octogone, traduis cette situation par une inéquation.

b) Détermine trois mesures possibles pour un côté de cet octogone.

c) La mesure d'un côté peut-elle être égale à 12,5 cm ? Explique ta réponse.

6 Traduis en mots chacune des inéquations ci-dessous.

a) $t < 180$, où t correspond à la température (en °C) d'un four lors de la cuisson d'un gâteau.

b) $v \geq 1,41 \times 10^{18}$, où v correspond au volume (en km³) du Soleil.

c) $s > 450$, où s correspond à la somme déboursée (en $) lors de l'achat d'un vélo.

d) $1900 \leq a \leq 3245$, où a correspond à l'altitude (en m) d'un alpiniste lors d'une escalade.

7 Dans chacun des cas suivants:

a) exprime chacune des inconnues à l'aide d'une expression algébrique utilisant la même variable;

b) traduis la situation par une inéquation.

    1) La somme de deux nombres impairs consécutifs est au moins 112.

    2) La mesure de la base d'un rectangle est égale au triple de la mesure de sa hauteur. Le périmètre du rectangle est supérieur à 300 cm.

    3) Pierre a au maximum autant de DVD vidéo que Catherine. Ensemble, ils ont 58 DVD vidéo.

8 Voici un parallélogramme dont la mesure de la base est égale au triple de celle de la hauteur. Pour quelles valeurs de x:

a) le parallélogramme existe-t-il?

b) le périmètre du parallélogramme est-il inférieur ou égal à 78 cm?

c) l'aire du parallélogramme est-elle supérieure à 147 cm²?

9 La capacité maximale d'un monte-charge est de 350 kg. On y dépose un objet de 132 kg et un certain nombre de boîtes identiques pesant chacune 15 kg. Combien de boîtes au maximum peut-on ajouter sur ce monte-charge?

10 Voici des renseignements sur une randonnée en forêt:

- La distance parcourue la 2e journée correspond au double de la distance parcourue la 1re journée.

- La distance parcourue la 3e journée correspond au triple de la distance parcourue la 1re journée duquel on retranche 2 km.

- La distance parcourue la 4e journée est égale à la distance parcourue la 1re journée à laquelle on ajoute 3 km.

- La distance totale parcourue est d'au moins 29 km.

Détermine la distance minimale parcourue chaque jour.

11 Dans les illustrations ci-dessous, toutes les mesures sont en centimètres.

a) L'aire des bases de ce cylindre circulaire droit est supérieure à 904,78 cm². Quelle est la mesure minimale du rayon?

b) L'aire totale de ce prisme régulier à base carrée est d'au plus 2250 cm². Quelle est la mesure maximale de la hauteur?

c) L'aire latérale de cette pyramide régulière à base carrée n'est pas plus grande que 108,16 cm². Quelle est l'aire maximale de la base?

12 Le double de l'âge d'une personne duquel on soustrait 15 ans est supérieur à 45 ans. La moitié de l'âge de cette personne à laquelle on ajoute 30 ans est d'au plus 50 ans. Quel âge peut avoir cette personne?

13 Une municipalité doit louer de la machinerie pour effectuer des travaux d'excavation sur son réseau routier. Chacune des règles ci-dessous indique le coût c de location d'une pelle rétrocaveuse (en $) selon le nombre h d'heures d'utilisation. Est-il plus économique de louer la pelle rétrocaveuse A ou la pelle rétrocaveuse B?

> Pelle rétrocaveuse A: $c = 80h + 150$
>
> Pelle rétrocaveuse B: $c = 75h + 300$

Pelle rétrocaveuse.

14 PLAGE D'INFLAMMABILITÉ Selon leur concentration dans l'air ambiant, des gaz et des vapeurs peuvent prendre feu au contact d'une source d'ignition. Le gaz naturel est inflammable lorsque sa concentration dans l'air est comprise entre 5 et 15 %. Le gaz propane ne présente pas de risque d'inflammabilité lorsque sa concentration dans l'air est plus petite que 2 % et plus grande que 9 %. Quant à l'essence, sa limite inférieure d'inflammabilité est de 1,4 %, tandis que sa limite supérieure est de 7,6 %. Quelle est la plage d'inflammabilité commune à ces trois gaz?

15 Un élève a obtenu 68 % au premier examen d'histoire, 84 % au deuxième examen et 79 % au troisième. S'il désire que sa moyenne en histoire se situe entre 75 et 80 %, quel résultat devra-t-il obtenir lors du dernier examen de l'étape:

a) si chacun des examens compte pour 25 % de la note finale?

b) si le premier examen compte pour 15 %, le deuxième, pour 20 %, le troisième, pour 30 %, et le dernier, pour 35 %?

16 Détermine les valeurs de *d* pour que l'aire du trapèze ABDE soit au moins égale au triple de l'aire du triangle BCD.

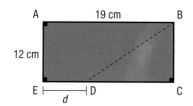

17 **FORESTERIE** La coupe forestière par bandes consiste à récolter les arbres sur une bande d'une certaine largeur. Les arbres de la bande adjacente ne sont pas récoltés afin que les arbres laissés sur pied ensemencent naturellement la bande récoltée. Le secteur ci-dessous a été exploité de telle sorte que :

- la largeur d'une bande non récoltée est au maximum le double de la largeur de la bande récoltée ;

- la longueur d'une bande correspond au quintuple de la largeur d'une bande non récoltée.

Sachant que le périmètre du secteur illustré ci-dessus est de 3025 m, détermine la superficie maximale d'une bande non récoltée.

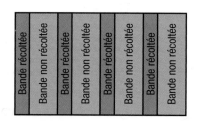

Forêt d'épinettes noires récoltées selon la méthode de la coupe par bandes.

18 On vide la piscine **A** à l'aide d'une pompe dont le débit est de 50 L/min. Quarante-cinq minutes après le début de l'opération, on débute le vidage de la piscine **B** à l'aide d'une pompe dont le débit est de 125 L/min.

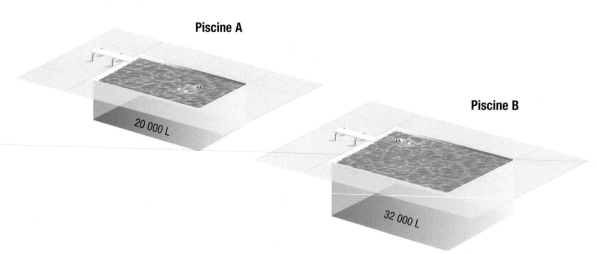

Piscine A

20 000 L

Piscine B

32 000 L

a) Combien de temps après le début de l'opération la piscine **B** contiendra-t-elle moins d'eau que la piscine **A** ?

b) Si le pompage des deux piscines débutait en même temps, détermine le débit de la pompe de la piscine **A** pour que les deux piscines soient complètement vides au même moment.

19 En reliant les sommets d'un cube et d'un prisme droit, on peut créer certaines figures.

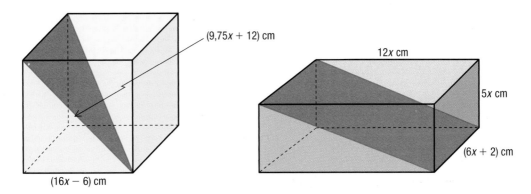

(9,75x + 12) cm

12x cm

5x cm

(6x + 2) cm

(16x − 6) cm

Quelles sont les valeurs entières de x pour lesquelles l'aire du triangle rectangle est supérieure à celle du rectangle ?

20 Dans les deux figures illustrées ci-contre, détermine la mesure minimale d'un côté du carré de sorte que le périmètre du carré soit au moins le double de celui du triangle équilatéral.

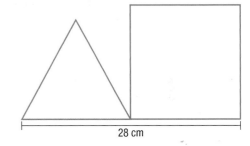

28 cm

21 Une entreprise de terrassement aménage un terrain autour d'une piscine rectangulaire de 6 m sur 4 m. On coule d'abord un trottoir en ciment autour de la piscine, puis on pose des carreaux décoratifs autour du trottoir. Voici des renseignements sur cet aménagement :

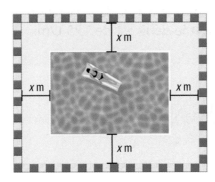

x m

x m

x m

x m

- La largeur du trottoir en ciment doit être supérieure à 1 m mais ne doit pas excéder 5 m.

- Le budget de la cliente permet d'acheter au maximum 95 carreaux décoratifs carrés de 50 cm de côté.

- Les carreaux décoratifs ne peuvent pas être découpés.

Combien de carreaux décoratifs utilisera-t-on pour réaliser cet aménagement ?

Chronique du passé

John Wallis

Sa vie

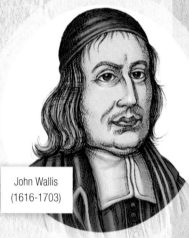

John Wallis
(1616-1703)

John Wallis est né le 23 novembre 1616 dans la ville d'Ashford en Angleterre. Il maîtrise le latin, le grec et l'hébreu à un très jeune âge et s'intéresse tôt à l'arithmétique. Mais à l'époque, les mathématiques n'étaient pas une matière à l'étude, même dans les bonnes écoles, et c'est son frère qui lui enseigne l'arithmétique. Le jeune Wallis lit tous les textes mathématiques qui lui tombent sous la main.

En 1640, il obtient une maîtrise ès arts de l'Université de Cambridge et oriente sa vie vers la prêtrise. Il se marie toutefois en 1645. Pendant la guerre civile entre les royalistes et le Parlement, Wallis est cryptographe pour le compte du Parlement. Cette science très peu connue de son temps fera sa fortune.

Wallis excellait en calcul mental. Souffrant d'insomnie, il lui arrivait de passer ses nuits à calculer mentalement. C'est ainsi qu'il calcula la racine carrée d'un nombre à 53 chiffres, un fait remarquable.

De 1649 jusqu'à sa mort, le 28 octobre 1703, il occupe la chaire de géométrie à l'Université d'Oxford. John Wallis, considéré comme l'un des grands mathématiciens de son époque, fut l'un des membres fondateurs de la Royal Society.

Son œuvre

La valeur de π

Auteur de plusieurs écrits, son œuvre la plus importante, *Arithmetica Infinitorum*, a été publiée vers 1655. On y trouve entre autres le « produit de Wallis » qui permet d'approximer la valeur de π :

$$\pi \approx 2 \times \frac{2 \times 2 \times 4 \times 4 \times 6 \times 6 \times 8 \times 8 \times 10 \times 10...}{1 \times 3 \times 3 \times 5 \times 5 \times 7 \times 7 \times 9 \times 9...}$$

Environ 2000 ans av. J.-C., les Babyloniens estimaient à 3,125 ($3 + \frac{1}{8}$) la valeur de π. Depuis, on n'a cessé d'en chercher la valeur approximative la plus exacte. Simon Plouffe, un mathématicien québécois, a découvert, en 1995, une formule permettant d'approximer cette valeur. En 2002, le record était de 1 241 100 000 000 de décimales.

La notation exponentielle

Dans le même ouvrage, Wallis étend la notation exponentielle de Descartes aux exposants nuls, aux exposants négatifs ainsi qu'aux exposants fractionnaires.

Pour une base $a \neq 0$ et l'exposant 0 : $$a^0 = 1$$	Ex. : $$5^0 = 1$$
Pour une base $a \neq 0$ et un exposant entier $m > 0$: $$a^{-m} = \frac{1}{a^m}$$	Ex. : $$7^{-4} = \frac{1}{7^4} = \frac{1}{2401}$$
Pour une base $a \neq 0$: $$a^{\frac{m}{n}} = \sqrt[n]{a^m}$$	Ex. : $$3^{\frac{2}{3}} = \sqrt[3]{3^2} = \sqrt[3]{9}$$

À l'aide de la notation exponentielle et des lois des exposants, il est possible d'écrire une expression de la forme $\sqrt[n]{a^m}$ sous une forme équivalente réduite.

1) $\sqrt{81} = \sqrt{3^4} = 3^{\frac{4}{2}} = 3^2 = 9$

2) $\sqrt{8} = \sqrt{2^3} = 2^{\frac{3}{2}} = 3^{\frac{2}{2}+\frac{1}{2}} = 3 \times 3^{\frac{1}{2}} = 3\sqrt{2}$

3) $\sqrt[3]{625} = \sqrt[3]{5^4} = 5^{\frac{4}{3}} = 5^{\frac{3}{3}+\frac{1}{3}} = 5 \times 5^{\frac{1}{3}} = 5\sqrt[3]{5}$

Wallis a été le premier à utiliser le symbole ∞ pour désigner l'infini. On lui doit également la conception de la droite numérique.

La Royal Society

La Royal Society of London for the Improvement of Natural Knowledge, connue sous le nom de Royal Society ou Société royale de Londres, est la principale institution scientifique indépendante du Royaume-Uni. La promotion de l'excellence en sciences est au cœur de ses objectifs. Elle a été fondée en 1660 par une douzaine de penseurs, de scientifiques et de philosophes afin de promouvoir l'étude des phénomènes physicomathématiques par le biais de l'expérimentation.

1. Comment peut-on se servir du produit de Wallis pour expliquer que le nombre de décimales de π est infini ?

2. En te servant des lois des exposants, explique pourquoi :

a) $a^0 = 1$

b) $a^{-m} = \frac{1}{a^m}$

3. Écris les expressions suivantes sous une forme équivalente réduite.

a) $\sqrt{125}$

b) $\sqrt[3]{16}$

c) $\sqrt[5]{243}$

Le mathématicien et physicien Kelvin parmi un groupe d'éminents scientifiques à une réunion de la Royal Society, en 1897, à laquelle assistait la reine Victoria.

Le monde du travail

Astronome

Les astronomes dégagent et analysent des informations concernant l'évolution, le mouvement et la nature de certains objets dont les dimensions sont souvent associées à de très grands nombres. Cette séquence t'amènera à t'intéresser aux procédés de recherche, à développer ton sens critique, à raffiner tes méthodes de travail et à faire preuve d'autonomie dans tes réalisations.

Le travail de l'astronome

Les astronomes établissent des modèles mathématiques et des modèles physiques permettant d'expliquer l'origine, le mouvement et l'évolution de l'Univers. Leur travail consiste à observer les corps célestes, à analyser des données obtenues par des sondes spatiales, à concevoir et à améliorer certains instruments de mesure, et à développer diverses théories expliquant l'évolution de l'Univers.

Observatoire du Mont-Mégantic

L'observatoire du Mont-Mégantic est le plus performant au Canada. Pour contrer la pollution lumineuse qui nuit aux observations spatiales, il fait partie d'une « réserve de ciel étoilé ».

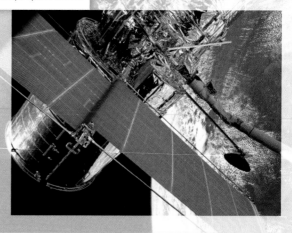

Télescope spatial Hubble

Télescope du Mont-Mégantic

Le télescope est l'un des principaux outils de l'astronome. Celui de l'observatoire du Mont-Mégantic est de type Ritchey-Chrétien, tout comme celui du télescope spatial Hubble.

En orbite autour de la Terre à environ 600 km d'altitude, sa position en dehors de l'atmosphère présente de nombreux avantages, car l'atmosphère obscurcit les images.

Des nombres... astronomiques !

Étant donné l'immensité de l'Univers, les astronomes doivent manipuler de très grands nombres tout en faisant preuve d'une grande précision dans leurs calculs. La notation scientifique leur est particulièrement utile. Le tableau ci-dessous présente les principales unités de longueur utilisées par les astronomes.

Unité de longueur	Particularité	Distance de la Terre au Soleil	Équivalence
Mètre (m)	Distance parcourue par la lumière en $\dfrac{1}{299\ 792\ 458}$ s.	$\approx 1{,}5 \times 10^{11}$ m	$1\ \text{m} \approx 6{,}68 \times 10^{-12}$ ua $1\ \text{m} \approx 1{,}06 \times 10^{-16}$ al
Unité astronomique (ua)	Distance moyenne entre la Terre et le Soleil	1 ua	$1\ \text{ua} \approx 1{,}5 \times 10^{11}$ m $1\ \text{ua} \approx 1{,}58 \times 10^{-5}$ al
Année-lumière (al)	Distance parcourue par la lumière en un an	$\approx 1{,}58 \times 10^{-5}$ al	$1\ \text{al} \approx 9{,}46 \times 10^{15}$ m $1\ \text{al} \approx 63\ 241$ ua

Helen Sawyer Hogg (1905-1993), une astronome canadienne d'envergure internationale, a contribué à faire avancer l'astronomie. L'astéroïde 2917, découvert en 1980, a été rebaptisé « astéroïde Sawyer Hogg » en son honneur.

1. La planète Jupiter est située à une distance d'environ $7{,}79 \times 10^{11}$ m du Soleil, tandis que la Terre est située à une distance d'environ $1{,}5 \times 10^{11}$ m du Soleil. Combien de kilomètres séparent ces deux planètes ?

2. Le diamètre moyen de la Voie lactée est d'environ 90 000 al.

   a) Exprime cette distance en millimètres.

   b) Le diamètre moyen du Soleil est d'environ $1{,}39 \times 10^9$ m. Combien de fois ce diamètre est-il contenu dans celui de la Voie lactée ?

3. Une règle de plastique a une épaisseur de 1 mm.

   a) Exprime cette épaisseur en unités astronomiques.

   b) Combien de règles de plastique empilées l'une sur l'autre seraient nécessaires pour se rendre de la Terre à la Lune, sachant que la distance entre ces deux corps célestes est d'environ 0,002 55 ua ?

4. Combien de mètres la lumière parcourt-elle en une seconde ?

1 Dans chaque cas, exprime ta réponse à l'aide de la notation scientifique.

a) Des scientifiques évaluent l'âge de l'Univers à environ $1{,}59 \times 10^{10}$ ans. Quel est cet âge en secondes ?

b) Le diamètre de la Voie lactée est d'environ 1×10^{19} m. Quel est ce diamètre en micromètres ?

c) Le corps humain contient environ 10^{28} atomes. Quel est le nombre total d'atomes contenu dans l'ensemble des 7,5 millions d'habitants et habitantes du Québec ?

d) La vitesse de croissance des cheveux est d'environ $4{,}8 \times 10^{-9}$ m/s. Quel est le nombre de jours nécessaires à un cheveu pour allonger de 30 cm ?

2 Résous chacune des situations suivantes.

a) Mélina a 10 ans de moins que sa sœur. Si sa sœur est au moins 3 fois plus âgée qu'elle, détermine l'âge possible de chacune.

b) Soit x un nombre pair. Sachant que le double de ce nombre augmenté de son quadruple est supérieur à 276, détermine une valeur possible de x.

c) L'assistance aux trois derniers matchs d'une équipe professionnelle de hockey a été respectivement de 18 756, 19 476 et 21 234 personnes. Combien de personnes doivent assister au match de ce soir pour que l'assistance moyenne par match soit supérieure à 19 988 personnes ?

d) Un tournesol de 22 cm de hauteur pousse à une vitesse de 0,1 cm/jour. Un deuxième tournesol mesurant 16 cm croît de 0,3 cm/jour. Dans combien de jours le deuxième tournesol sera-t-il plus haut que le premier ?

3 Dans chaque cas, détermine une expression algébrique correspondant aux mesures demandées.

a) L'aire d'un rectangle est donnée par l'expression $(52x^2 - 8x)$ m². Quelle est sa hauteur si sa base mesure $(13x - 2)$ m ?

b) La mesure d'une arête d'un cube correspond à l'expression $(3x - 4)$ cm. Quelle est l'aire totale de ce cube ?

c) Le volume d'un prisme droit rectangulaire correspond à l'expression $(24x^2 + 8x)$ dm³. Quelles sont les dimensions possibles de la base si la hauteur du prisme est de $2x$ dm ?

d) Le volume d'un cube correspond à l'expression $125x^6$ m³. Quelle est l'aire d'une face ?

4 Dans chaque cas, détermine pour quelles valeurs de la variable x l'aire de la figure ① est supérieure à l'aire de la figure ②. Présente ta solution sur une droite numérique.

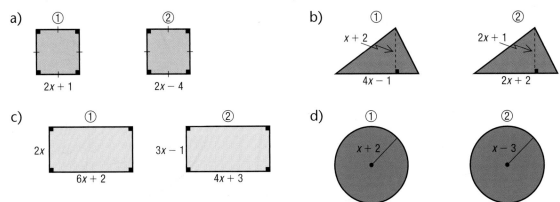

a) ①   ②
    $2x + 1$ $2x - 4$

b) ①   ②
    $x + 2$ $4x - 1$ $2x + 1$ $2x + 2$

c) ①   ②
    $2x$ $6x + 2$ $3x - 1$ $4x + 3$

d) ①   ②
    $x + 2$ $x - 3$

5 POINT D'ÉCLAIR Le point d'éclair correspond à la température minimale où la concentration des vapeurs émises par un liquide est suffisante pour produire une explosion au contact d'une source de chaleur. Le point d'éclair sert à classer les liquides en fonction de leur risque d'inflammation.

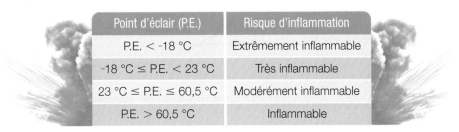

Point d'éclair (P.E.)	Risque d'inflammation
P.E. < -18 °C	Extrêmement inflammable
-18 °C ≤ P.E. < 23 °C	Très inflammable
23 °C ≤ P.E. ≤ 60,5 °C	Modérément inflammable
P.E. > 60,5 °C	Inflammable

Les liquides inflammables ont un point d'éclair de moins de 37,8 °C, tandis que les liquides combustibles ont un point d'éclair minimal de 37,8 °C.

Pour chacun des liquides ci-dessous, détermine :

a) le risque d'inflammation ;

b) s'il est inflammable ou combustible.

Liquide	Point d'éclair (°C)
1) Essence	-43
2) Naphta	29
3) Diluant pour peinture	4,4
4) Acétone	-20
5) Huile végétale	225
6) Éthanol	17

6 La représentation graphique ci-contre montre l'évolution du profit P de deux entreprises selon le nombre m de mois écoulés depuis le début de la dernière année. Pendant combien de jours le profit de l'entreprise A a-t-il été supérieur ou égal à celui de l'entreprise B ?

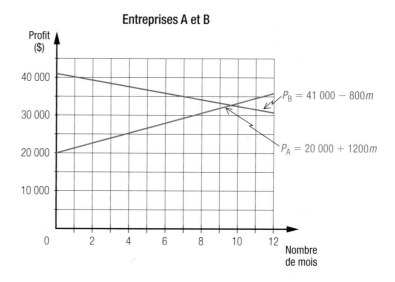

Entreprises A et B

$P_B = 41\,000 - 800m$

$P_A = 20\,000 + 1200m$

7 L'aire d'un terrain rectangulaire correspond à l'expression $(20x^2 - 6x)$ m² et sa longueur, à l'expression $(10x - 3)$ m. On transforme ce terrain afin que sa longueur soit au moins le double de sa largeur. Quel polynôme correspond à l'aire possible du nouveau terrain ?

8 Montre que les expressions $\dfrac{\left(\sqrt{16}\right)^{-2} \times (8x^3)^{\frac{1}{3}}}{2^{-4}} + 1$ et $\dfrac{2x^2 + x}{x}$ sont équivalentes.

9 Voici le plan d'un parc d'attractions. Toutes les mesures sont en mètres. Détermine l'aire maximale de ce parc sachant que le périmètre est inférieur ou égal à 74 m.

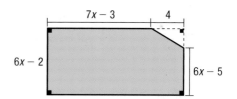

10 **SENTIER TRANSCANADIEN** Ce sentier récréatif traverse le Canada de Saint-Jean (T.-N.) à Victoria (C.-B.) en passant par Inuvik. En 2006, 9999 km du sentier étaient complétés, soit 55,55 % de la longueur totale du sentier. Selon les plans des concepteurs et conceptrices, le quadruple de la longueur du sentier québécois est supérieur à la longueur totale du Sentier transcanadien diminué de 6000 km. Détermine la longueur minimale de la portion québécoise du sentier.

Carte du Sentier transcanadien.

e. Des biologistes disposent des informations ci-dessous pour déterminer après combien de temps le nombre de cyanobactéries est le même dans les lacs Perdu et Tortue.

Table de valeurs 1

x	Lac Perdu y	Lac Tortue y
0	1200	765
1	1400	1065
2	1600	1365
3	1800	1665
4	2000	1965
5	2200	2265
6	2400	2565

Table de valeurs 2

x	Lac Perdu y	Lac Tortue y
4	2000	1965
4,1	2020	1995
4,2	2040	2025
4,3	2060	2055
4,4	2080	2085
4,5	2100	2115
4,6	2120	2145

Table de valeurs 3

x	Lac Perdu y	Lac Tortue y
4,3	2060	2055
4,31	2062	2058
4,32	2064	2061
4,33	2066	2064
4,34	2068	2067
4,35	2070	2070
4,36	2072	2073

1) Quelles informations la table de valeurs **1** fournit-elle quant à la solution?

2) Quelles informations la table de valeurs **2** fournit-elle quant à la solution?

3) Quelles informations la table de valeurs **3** fournit-elle quant à la solution?

La règle $n = 150j + 1384$ établit le nombre n de cyanobactéries par millilitre d'eau dans le lac du Pic selon le nombre j de jours écoulés depuis le début des observations.

f. À quel moment le nombre de cyanobactéries dans le lac du Pic est le même que celui dans le lac Fourmi?

Les stromatolites, qui datent d'environ 3,5 milliards d'années, comptent parmi les fossiles les plus connus et les plus vieux. Ce sont des structures calcaires, semblables à des récifs, formées à la suite de l'activité des cyanobactéries.

À l'été 2007, plus d'une centaine de lacs et de rivières du Québec étaient affectés par les cyanobactéries.

Une calculatrice graphique permet de trouver la solution d'un système d'équations à l'aide d'une table de valeurs ou d'un graphique.

Écran 1

Cet écran permet d'éditer les règles des fonctions traduisant un système d'équations.

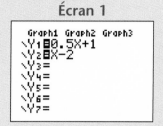

Cet écran permet d'afficher la représentation graphique du système d'équations.

Écran 2

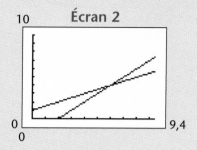

En déplaçant le curseur le long des droites associées aux fonctions, il est possible de déterminer les coordonnées du point d'intersection.

Écran 3

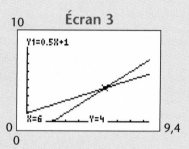

Écran 4

Cet écran permet de définir l'affichage de la table de valeurs en choisissant la valeur de départ et le pas de variation de la variable X.

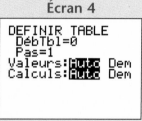

Cet écran permet d'afficher la table de valeurs et de déterminer les coordonnées du point d'intersection.

Écran 5

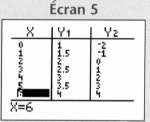

a. D'après les écrans **3** et **5**, quelle est la solution du système d'équations édité à l'écran **1**?

b. Détermine, si possible, la solution des systèmes d'équations représentés par les tables de valeurs ci-dessous.

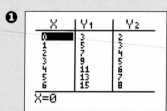

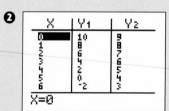

c. À l'aide d'une calculatrice graphique, détermine les coordonnées du point d'intersection des droites associées aux fonctions suivantes.

1) $y_1 = 2x + 5$ et $y_2 = {}^-x + 8$

2) $y_1 = 0,25x + 2$ et $y_2 = 2x - 5$

3) $y_1 = 1,5x + 1$ et $y_2 = 2x$

savoirs

SYSTÈME D'ÉQUATIONS

Un système d'équations est un ensemble de deux ou plusieurs équations.

Ex.: 1) $y = 3x + 4$
$y = 4x - 2$

2) $n = {-2}m - 4$
$3m + n = 2$

3) $2a + 4b = 6$
$3a - 2b = 8$

Construction d'un système d'équations

Dans un problème, on utilise parfois un système d'équations pour trouver la solution.
On procède alors de la façon suivante.

1. Déterminer les inconnues, c'est-à-dire les éléments dont on cherche la valeur, et représenter chacune par une variable différente.	**Exemple** L'entreprise **A** loue des consoles de jeux vidéo. Son tarif est de 5 \$/jour auquel s'ajoutent des frais fixes de 30 \$. L'entreprise **B** loue une console semblable 10 \$/jour. Pour combien de jours de location un client ou une cliente de l'entreprise **A** déboursera-t-il ou elle la même somme qu'un client ou une cliente de l'entreprise **B**, et quelle sera cette somme? Les inconnues sont: • le nombre de jours de location: x; • la somme déboursée: y.
2. Chercher dans l'énoncé les informations qui mettent en relation les deux inconnues.	**Entreprise A** **Entreprise B** Frais fixes: 30 \$ Frais fixes: aucuns frais Tarif/jour: 5 \$ Tarif/jour: 10 \$
3. Traduire la situation par un système d'équations. On pose chaque équation en utilisant les informations contenues dans la situation. On peut ensuite résoudre le système d'équations et donner la solution en tenant compte du contexte.	**Entreprise A** Somme déboursée = 5 × (nombre de jours de location) + 30 **Entreprise B** Somme déboursée = 10 × (nombre de jours de location) $$y = 5x + 30$$ $$y = 10x$$ On déduit que $x = 6$ et que $y = 60$. Pour 6 jours de location, les deux clients débourseront la même somme, soit 60 \$.

Résolution de systèmes d'équations

Différentes stratégies permettent de résoudre un système de deux équations du premier degré à deux variables, c'est-à-dire de déterminer les valeurs qui vérifient simultanément les deux équations du système.

Représentation graphique

Dans une représentation graphique, les coordonnées du point d'intersection des deux droites constituent la solution du système d'équations associé à ces deux droites. La représentation graphique ne donne souvent qu'une approximation de la solution.

La solution est donc (2, 4).

Ex. :

$y = -3x + 10$
$y = 4x - 4$

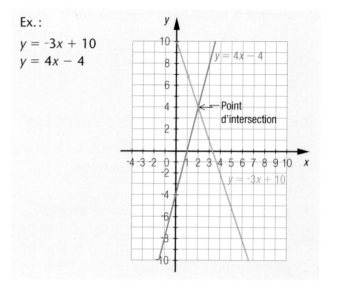

Table de valeurs

Il est possible d'obtenir la solution d'un système d'équations en construisant une table de valeurs. On cherche alors une valeur de la variable indépendante pour laquelle les valeurs de la variable dépendante sont identiques.

Ex. :

$y = 2x + 1$
$y = -4x + 7$

x	-2	-1	0	**1**	2	3	4
y	-3	-1	1	**3**	5	7	9
y	15	11	7	**3**	-1	-5	-9

La solution est donc (1, 3).

Dans certaines situations, on doit diminuer le pas de variation de la variable indépendante pour obtenir la solution.

Ex. :

$y = 3x - 13$
$y = -5x - 7$

x	y	y
-3	-22	8
-2	-19	3
-1	-16	-2
0	-13	-7
1	-10	-12
2	-7	-17
3	-4	-22

x	y	y
0,5	-11,5	-9,5
0,6	-11,2	-10
0,7	-10,9	-10,5
0,8	-10,6	-11
0,9	-10,3	-11,5
1	-10	-12
1,1	-9,7	-12,5

x	y	y
0,7	-10,9	-10,5
0,71	-10,87	-10,55
0,72	-10,84	-10,6
0,73	-10,81	-10,65
0,74	-10,78	-10,7
0,75	-10,75	-10,75
0,76	-10,72	-10,8

La solution est donc (0,75, -10,75).

mise au point

1 Détermine la solution de chacun des systèmes d'équations illustrés ci-dessous.

a) **Graphique 1**

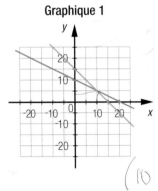

(10, 5)

b) **Graphique 2**

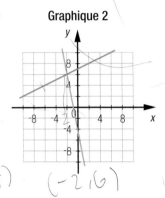

(-2, 6)

c) **Graphique 3**

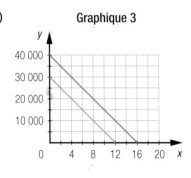

2 À l'aide de tables de valeurs, détermine la solution de chacun des systèmes d'équations ci-dessous.

a) $y = 8x - 5$
   $y = 7x - 3$

b) $y = -5x - 1$
   $y = -2x - 10$

c) $-2x + y = 8$
   $x - 7 = y$

d) $y = -x - 25$
   $y = x - 12$

e) $y = 6 - 2x$
   $y = 3x + 1$

f) $y = \frac{3}{10}x - \frac{1}{4}$
   $y = \frac{-27}{10}x + \frac{29}{4}$

3 Pour attirer de nouveaux membres, deux clubs de golf offrent une promotion. Le club de golf de la Rivière demande 300 $ pour un abonnement saisonnier, peu importe le nombre de parties jouées. Le club de golf du Lac demande 15 $/partie à ses nouveaux membres. On s'intéresse au coût déboursé par un nouveau membre selon le nombre de parties jouées durant la saison.

a) Traduis la situation par un système d'équations.

b) Complète la table de valeurs ci-dessous.

Golf

Nombre de parties jouées	0	5	10	15	20	25	30	35
Coût au club de golf de la Rivière ($)								
Coût au club de golf du Lac ($)								

c) Lequel de ces deux clubs de golf offre la meilleure promotion? Explique ta réponse.

4 Une culture A contient 600 bactéries et augmente de 150 bactéries/min. Une culture B contient 1200 bactéries et augmente de 125 bactéries/min. On s'intéresse au nombre *n* de bactéries de chaque culture en fonction du temps *t* (en min).

a) Lequel des graphiques ci-dessous décrit cette situation ?

1 Graphique 1

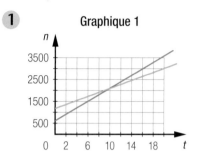

2 Graphique 2

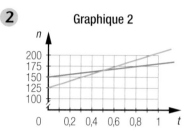

3 Graphique 3

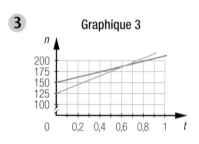

4 Graphique 4

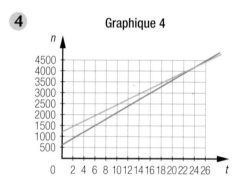

b) Combien de temps après le début des observations les deux cultures contiennent-elles le même nombre de bactéries ?

5 La table de valeurs ci-dessous indique la taille de deux plants de tomates en fonction du nombre de jours écoulés depuis leur transplantation dans le potager.

Plants de tomates

Nombre de jours	0	10	20	30	40	50
Taille du plant A (cm)	11	16	21	26	31	36
Taille du plant B (cm)	16	19	22	25	28	31

a) D'après la table de valeurs ci-dessus, à quel moment la taille des deux plants était-elle la même ?

b) En modifiant le pas de variation de la variable indépendante de la table de valeurs ci-dessus, détermine la solution du système d'équations associé à cette situation.

Le lycopène est le pigment végétal liposoluble qui donne à la tomate sa couleur rouge. Il appartient à la famille des caroténoïdes, tout comme le bêta-carotène.

6 Deux voisins nettoient leur piscine extérieure. La quantité d'eau Q, en litres, dans chacune des piscines est donnée par les équations suivantes, où *t* représente le nombre d'heures écoulées depuis midi.

Piscine A -9000

$$Q = 15\,000 - 2000t$$

Piscine B

$$Q = 600 + 1000t$$

a) Laquelle des deux piscines s'est vidée de son contenu depuis midi?

b) Quelle quantité d'eau contenait la piscine **B** à 16 h?

c) À quelle heure les deux piscines contenaient-elles la même quantité d'eau?

d) Quelle quantité d'eau y avait-il dans la piscine **B** au moment où la piscine **A** était vide?

7 **POPULATION** De 1988 à 2006, la population de la Saskatchewan a diminué en moyenne de 2367 habitants et habitantes par année, tandis que la population de la Nouvelle-Écosse a augmenté en moyenne de 2056 habitants et habitantes par année. En 1988, la population de la Saskatchewan et celle de la Nouvelle-Écosse étaient respectivement de 1 025 667 et de 897 400 habitants et habitantes. Si la tendance se maintient, détermine en quelle année les deux provinces auront la même population.

Au 1ᵉʳ avril 2007, la population du Canada était estimée à 32 852 800 habitants et habitantes.

8 Denis planifie un voyage de pêche dans une pourvoirie. La pourvoirie du Grand Nord demande 426 $ pour le transport et 100 $/jour pour l'hébergement. À la pourvoirie Grande-Rivière, les frais de transport s'élèvent à 576 $ et l'hébergement coûte 75 $/jour.

Il existe au Québec environ 675 pourvoiries offrant principalement des forfaits pêche, chasse et plein air.

a) Traduis cette situation par un système d'équations.

b) À quelle pourvoirie Denis devrait-il aller s'il ne peut pas s'absenter plus de 5 jours?

c) Pour combien de jours les coûts seront-ils les mêmes dans les deux pourvoiries?

d) Quelle pourvoirie Denis devrait-il choisir s'il veut prendre 2 semaines de vacances?

9 **ESPÉRANCE DE VIE** Le graphique ci-dessous montre la variation de l'espérance de vie des Québécois et des Québécoises depuis 1980.

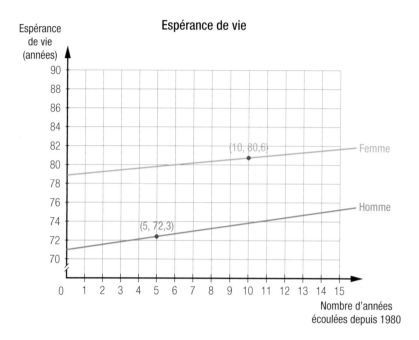

Espérance de vie

Espérance de vie (années)

(10, 80,6) — Femme

(5, 72,3) — Homme

Nombre d'années écoulées depuis 1980

Si la tendance se maintient, en quelle année l'espérance de vie des hommes et celle des femmes seront-elles identiques?

10 La table de valeurs ci-contre a été obtenue à l'aide d'une calculatrice graphique.

a) Donne la règle de la fonction associée à Y_1 et celle de la fonction associée à Y_2.

b) Détermine la solution du système d'équations formé de ces deux fonctions.

c) Imagine une situation réaliste qui pourrait se traduire par ce système d'équations.

X	Y1	Y2
0	-178	119
1	-160	104
2	-142	89
3	-124	74
4	-106	59
5	-88	44
6	-70	29

X=0

11 Guillaume et Thomas sont jumeaux. À leur naissance, la masse de Thomas était de 2,1 kg, tandis que celle de Guillaume était de 3,2 kg. Depuis, la masse de chacun augmente en moyenne de 0,4 kg/mois. On s'intéresse à la masse m (en kg) de chaque jumeau en fonction du nombre n de mois écoulés depuis leur naissance.

a) Représente graphiquement cette situation.

b) Décris la position des deux droites l'une par rapport à l'autre.

c) À quel moment après la naissance leur masse sera-t-elle la même?

12 SNOWBIRDS Lors d'un spectacle, l'équipe de démonstration aérienne des Snowbirds exécute plus de 50 manœuvres et formations différentes à bord de l'avion à réaction *Tutor CT-114*.

Au cours d'une manœuvre, l'altitude *A* (en m) de l'appareil piloté par l'ailier droit extérieur varie selon la règle $A = 125 + 25t$, où *t* correspond au temps (en s) écoulé depuis le début de la manœuvre. Durant la même manœuvre, l'altitude de l'appareil piloté par l'ailier gauche extérieur varie selon la règle $A = 450 - 40t$.

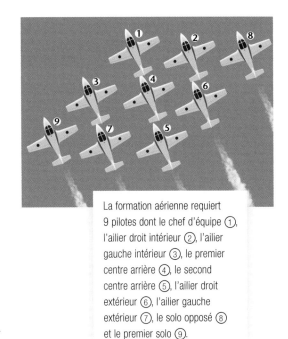

La formation aérienne requiert 9 pilotes dont le chef d'équipe ①, l'ailier droit intérieur ②, l'ailier gauche intérieur ③, le premier centre arrière ④, le second centre arrière ⑤, l'ailier droit extérieur ⑥, l'ailier gauche extérieur ⑦, le solo opposé ⑧ et le premier solo ⑨.

a) Représente graphiquement cette situation.

b) Pendant combien de secondes l'altitude de l'appareil piloté par l'ailier droit extérieur est-elle inférieure à celle de l'appareil piloté par l'ailier gauche extérieur?

c) 1) À quel moment l'appareil piloté par l'ailier gauche extérieur sera-t-il à 50 m d'altitude?

   2) À ce moment précis, à quelle altitude l'appareil piloté par l'ailier droit extérieur sera-t-il?

13 Voici des données obtenues au cours d'une expérience sur la vitesse de deux mobiles:

Mobile A

Temps (s)	0	2	3	4	5
Vitesse (m/s)	0	90	135	180	225

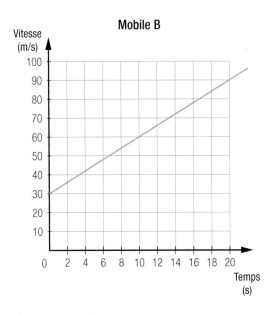

À quel moment les deux mobiles ont-ils atteint la même vitesse?

14 **TOUR DU MONT VALIN** Le Tour du mont Valin est une course de ski de fond qui regroupe chaque année plus de 500 athlètes de partout au Québec. Quatre parcours sont offerts, en style libre ou en style classique, soit le 50 km, le 38 km, le 20 km ou le 12 km. Voici des informations concernant deux coureurs:

Le mont Valin est situé à environ 30 min au nord de Saguenay. Pendant la saison hivernale, jusqu'à 5 m de neige recouvrent le sol de cette montagne.

Coureur A

• Heure du départ: 8 h 30

• Vitesse moyenne: 15 km/h

Coureur B

• Heure du départ: 9 h

• Vitesse moyenne: 22 km/h

Sachant que les deux coureurs empruntent le même trajet, à quel moment seront-ils côte à côte?

Cette section t'aidera à réaliser la situation d'apprentissage 1.

ACTIVITÉ **1** **Les hardes de caribous**

Le caribou est un animal de taille moyenne de la famille des cervidés qui tient probablement son nom du mot micmac *xalibu*, qui signifie « celui qui creuse pour sa nourriture ». Voici quelques informations concernant la population des deux principales hardes de caribous du nord du Québec.

La règle $P = 700\ 000 - 4400m$ permet de déterminer la population P du troupeau de la rivière George selon le nombre de mois m écoulés depuis le 1er janvier 1991.

La règle $P = 36\ 000a + 260\ 000$ permet de déterminer la population P du troupeau de la Rivière aux Feuilles selon le nombre d'années a écoulées depuis le 1er janvier 1991.

Le caribou peut franchir jusqu'à 6000 km lors de sa migration.

À quel moment les deux hardes de caribous contenaient-elles le même nombre d'individus ?

Les écluses de navigation sont parmi les ouvrages hydrauliques les plus spectaculaires du monde. Elles permettent à des navires de plus de 25 000 tonnes de s'élever à plus de 175 m au-dessus du niveau de la mer.

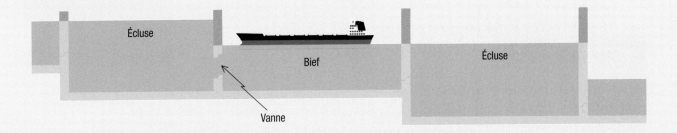

Les règles suivantes donnent la quantité d'eau Q (en L) dans une écluse et dans un bief selon le temps t écoulé (en min) depuis l'ouverture de la vanne d'eau.

$$Q_{\text{écluse}} = 16\ 000\ 000 - 800\ 000t$$
$$Q_{\text{bief}} = 12\ 000\ 000 + 800\ 000t$$

a. Quelle quantité d'eau contenait l'écluse avant l'ouverture de la vanne?

b. À quel rythme se remplit le bief?

c. Lorsque la quantité d'eau dans l'écluse et dans le bief est la même, on a:

$$Q_{\text{écluse}} = Q_{\text{bief}}$$
$$16\ 000\ 000 - 800\ 000t = 12\ 000\ 000 + 800\ 000t$$

1) Pourquoi peut-on affirmer que ces deux équations sont équivalentes?

2) Résous l'équation $16\ 000\ 000 - 800\ 000t = 12\ 000\ 000 + 800\ 000t$ et indique ce que représente la solution par rapport au contexte.

3) Substitue la valeur trouvée précédemment à la variable t de l'une des deux règles données au départ et résous l'équation ainsi obtenue.

4) Par rapport au contexte, que représente la valeur trouvée en 3)?

d. Représente graphiquement le système d'équations correspondant à cette situation et détermine les coordonnées du point d'intersection des deux droites. Que remarques-tu?

Ouvert en 1843, le canal de Chambly, situé le long du Richelieu, est long de près de 20 km et comporte neuf écluses. Il a joué pendant longtemps un rôle important dans l'industrie des produits forestiers du Québec. Aujourd'hui, les eaux du canal sont devenues une source d'agréments pour les plaisanciers et les touristes.

savoirs

RÉSOLUTION DE SYSTÈMES D'ÉQUATIONS

Méthode de comparaison

La méthode de comparaison permet de résoudre algébriquement des systèmes d'équations se ramenant à la forme $\begin{array}{l} y = a_1 x + b_1 \\ y = a_2 x + b_2 \end{array}$.

Ex. : 1)

Voici comment résoudre le système $\begin{array}{l} y = {}^-110x + 1900 \\ y = {}^-150x + 2400 \end{array}$ à l'aide de la méthode de comparaison.

1. Former une équation avec les deux expressions algébriques contenant la variable qui n'est pas isolée.	$^-110x + 1900 = {}^-150x + 2400$
2. Résoudre l'équation obtenue.	$\begin{aligned} ^-110x + 1900 &= {}^-150x + 2400 \\ 40x &= 500 \\ x &= 12{,}5 \end{aligned}$
3. Remplacer la valeur obtenue dans l'une des équations de départ afin de déterminer la valeur de l'autre variable.	$y = {}^-150 \times \mathbf{12{,}5} + 2400$ $y = 525$ La solution est donc (12,5, 525).

4. Valider la solution en substituant 12,5 à x puis 525 à y dans chacune des équations de départ :

$$525 = {}^-110 \times \mathbf{12{,}5} + 1900$$
$$525 = {}^-150 \times \mathbf{12{,}5} + 2400$$

Ex. : 2)

Un avion A vole à une altitude de 12 000 m et amorce sa descente en prévision de l'atterrissage. Son altitude diminue de 400 m/min. Au même moment, un avion B décolle de l'aéroport. Son altitude augmente de 550 m/min. On veut savoir à quel moment les deux avions seront à la même altitude et quelle sera alors cette altitude.

Le système d'équations est donc :

$A = 12\,000 - 400t$ où A correspond à l'altitude (en m) de chaque avion
$A = 550t$ et t, au temps (en min) écoulé depuis le début des manœuvres.

$$\begin{aligned} 12\,000 - 400t &= 550t \\ 12\,000 &= 950t \\ t &\approx 12{,}63 \end{aligned}$$

En substituant 12,63 à la variable t de l'équation $A = 550t$, on obtient :

$$\begin{aligned} A &= 550 \times 12{,}63 \\ A &\approx 6947{,}37 \end{aligned}$$

Environ 12,63 min après le début des manœuvres, les deux avions seront à la même altitude, soit environ 6947,37 m.

mise au point

1 Dans chaque cas, détermine la solution.

a) **Graphique 1**

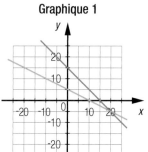

b) **Table de valeurs 1**

x	0,2	0,4	0,6	0,8	1
y_1	7,8	7,6	7,4	7,2	7
y_2	6,3	6,6	6,9	7,2	7,5

c) **Table de valeurs 2**

x	4	6	8	10	12
y_1	8	7	6	5	4
y_2	11	9	7	5	3

d) **Graphique 2**

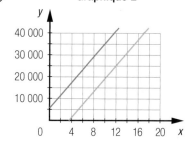

2 Résous les systèmes d'équations ci-dessous en utilisant la méthode de comparaison.

a) $y = 15 - x$
   $y = x - 1$

b) $y = \dfrac{3x}{7}$
   $y = \dfrac{5x - 1}{12}$

c) $y = {}^-x + 10$
   $y = x - 4$

d) $y = x$
   $y = {}^-x + 1$

e) $y = 8 - 2x$
   $y = x - 7$

f) $y = \dfrac{2x - 17}{25}$
   $y = \dfrac{x - 6}{15}$

3 La rame de métro **A** quitte la station Berri-UQAM en direction de la station Jean-Drapeau. Au même moment, la rame de métro **B** effectue le trajet inverse. Chacune des équations ci-dessous indique la distance d (en m) de chaque rame de métro par rapport à la station Berri-UQAM selon le temps t (en s). À quel moment les deux rames de métro vont-elles se croiser?

> Rame de métro **A**: $d = 20t$
>
> Rame de métro **B**: $d = {}^-18t + 2500$

4 Dans chaque cas :

1) identifie les inconnues et représente-les par des variables différentes ;

2) traduis la situation par un système d'équations ;

3) détermine la solution.

a) Le club de tennis La raquette demande 60 $/année pour la carte de membre et 4,25 $/h pour chaque utilisation du court. Le club Le rebond demande 40 $/année pour la carte de membre et 5,50 $/h pour chaque utilisation du court. Pour combien d'heures de jeu la somme déboursée dans chaque club est-elle la même ?

b) Julie et Pascale effectuent une randonnée en skis de fond. Julie apporte une réserve de 1500 mL d'eau qu'elle consomme à raison de 350 mL/h, tandis que Pascale consomme 200 mL/h du litre d'eau qu'elle a en réserve. À quel moment les deux réserves d'eau seront-elles égales ?

c) L'affranchissement pour expédier un colis à l'intérieur d'un pays est de 12 $ auquel il faut ajouter un montant qui correspond au centième de la masse (en g) du colis. Pour envoyer un colis à l'extérieur de ce même pays, l'affranchissement est de 32 $ peu importe la masse. Pour quelle masse l'affranchissement est-il le même dans les deux cas ?

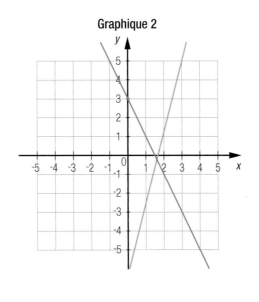

5 Dans chaque cas :

1) traduis algébriquement le système d'équations représenté par les deux droites ;

2) résous ce système d'équations à l'aide de la méthode de comparaison.

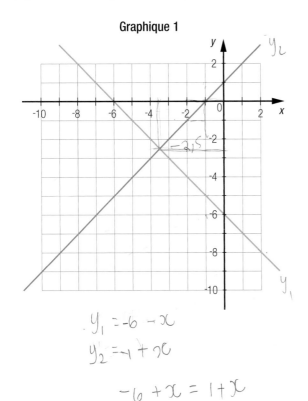

Graphique 1

Graphique 2

$y_1 = -6 - x$

$y_2 = -1 + x$

$-6 + x = 1 + x$

$-6 - 1 = 2x$

$-7 = 2x$ $3,5$

6 On transvide l'eau du réservoir **1** dans le réservoir **2** au rythme de 30 L/min.

a) Si l'opération débute à 11 h 15, à quelle heure les deux réservoirs contiendront-ils la même quantité d'eau?

b) Quelle sera alors la quantité d'eau dans chaque réservoir?

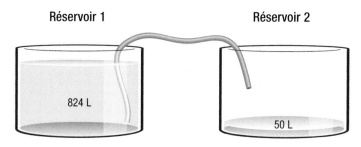

Réservoir 1   Réservoir 2

824 L   50 L

7 Le plateau A d'une balance contient une masse de 83 g et 9 billes. Le plateau B contient une masse de 124 g et 5 billes.

a) Détermine la masse d'une bille sachant que la balance est en équilibre et que toutes les billes sont identiques.

b) Si la balance penche de la façon suivante, détermine l'intervalle des masses possibles pour une bille.

8 Le graphique ci-dessous montre la distance parcourue par deux coureuses lors d'un marathon de 42 km en fonction du temps.

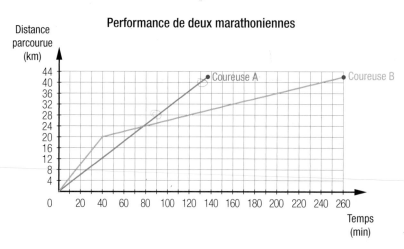

a) À quels moments les deux coureuses étaient-elles côte à côte?

b) Quelle a été la vitesse de la coureuse **A** pendant ce marathon?

c) Laquelle de ces coureuses a franchi la ligne d'arrivée en premier?

d) À 40 min de course, des crampes obligent la coureuse **B** à ralentir sa vitesse à 0,1 km/min. Combien de temps lui faudra-t-il à partir de ce moment pour atteindre la ligne d'arrivée?

9 **OIE DES NEIGES** Au printemps, la Grande Oie des neiges parcourt environ 4800 km pour atteindre les îles Baffin et Bylot lesquelles constituent ses principales aires de nidification. Voici des informations relatives à la migration printanière de deux voiliers de Grandes Oies des neiges :

Voilier A	Voilier B
• Vitesse moyenne : 60 km/h	• Vitesse moyenne : 96 km/h
• Distance parcourue depuis le départ : 1249 km	• Distance parcourue depuis le départ : 475 km

a) Si les deux voiliers volent sans escale, dans combien de temps auront-ils parcouru la même distance ?

b) À quelle distance de leurs aires de nidification seront-ils alors ?

Lors de sa migration, la Grande Oie des neiges emprunte un corridor relativement bien défini entre la côte est américaine et l'archipel arctique.

10 Durant la prochaine année, on prévoit que la valeur V (en $) des actions de l'entreprise A sera définie par la règle $V = 5,75m + 35,15$ et que la valeur des actions de l'entreprise B sera donnée par la règle $V = 6,85m + 22,50$. Sachant que m correspond au nombre de mois écoulés depuis le 1er janvier, détermine dans quelle entreprise il sera le plus avantageux d'investir lors de la prochaine année. Explique ta réponse.

11 Le taux de variation et l'ordonnée à l'origine d'une droite d_1 sont respectivement $\frac{5}{2}$ et $^-9$.

L'ordonnée à l'origine d'une droite d_2 est 20 et son taux de variation est l'inverse de l'opposé de celui de d_1. Quelles sont les coordonnées du point d'intersection de ces deux droites ?

12 La capacité du réservoir à essence de la voiture de Louis est de 75 L. Celle-ci consomme 13,5 L aux 100 km. La table de valeurs ci-dessous représente la quantité d'essence du réservoir de la voiture de Jean selon la distance parcourue.

Voiture de Jean

Distance parcourue (km)	50	150	200	300	500
Quantité d'essence (L)	53,75	45,25	41	32,5	15,5

Sachant que les deux réservoirs à essence sont pleins, combien de kilomètres les deux voitures doivent-elles parcourir pour que la quantité d'essence soit la même dans les deux réservoirs ?

13 Les règles ci-dessous indiquent le salaire hebdomadaire S (en $) de trois vendeuses d'un magasin d'électronique, où v correspond au total des ventes de la semaine de chacune.

Vendeuse A	**Vendeuse B**	**Vendeuse C**
$S = 425 + 0{,}05v$	$S = 625$	$S = 0{,}12v$

Laquelle de ces trois vendeuses est la mieux rémunérée ? Explique ta réponse.

14 On présente ci-contre de l'information concernant le compte de banque de David et celui de Gabriel depuis le début du mois.

a) À quel moment l'avoir de David est-il de 0 $?

b) Quelle somme reste-t-il dans le compte de banque de Gabriel à ce moment ?

c) À quel moment l'avoir de ces deux personnes est-il identique ?

d) Quelle somme chacun possède-t-il à ce moment ?

David
- Avoir au début du mois : 225 $
- Dépenses quotidiennes moyennes : 15 $

Gabriel
- Avoir au début du mois : 475 $
- Dépenses quotidiennes moyennes : 25 $

15 POPULATION Au début de l'année 2007, la Chine était le pays le plus populeux de la planète avec environ 1 321 851 900 personnes, suivi de près par l'Inde avec 1 129 866 200 personnes. Le graphique ci-dessous fournit de l'information sur l'évolution de la population de ces deux pays depuis 2000.

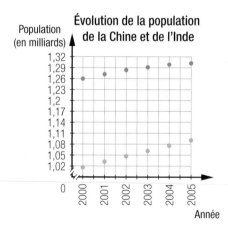

Évolution de la population de la Chine et de l'Inde

Population (en milliards)

1,32
1,29
1,26
1,23
1,2
1,17
1,14
1,11
1,08
1,05
1,02

0 2000 2001 2002 2003 2004 2005

Année

Avec une superficie d'environ 9 600 000 km², la Chine est le 3ᵉ plus grand pays du monde. Cet État multiethnique se compose de 56 nationalités, qui forment la grande nationalité chinoise.

Si la tendance se maintient, en quelle année l'Inde deviendra-t-elle le pays le plus populeux de la planète ?

D'une superficie totale de 3 287 590 km², l'Inde est le 7ᵉ plus grand pays du monde. On y parle 23 langues officielles, dont l'hindi, le tamoul et l'anglais.

Cette section t'aidera à réaliser la situation d'apprentissage 2.

ACTIVITÉ 1 Est-ce possible ?

 Comment est-ce possible ?

Le mathématicien John Wilder Tukey a consacré une partie de sa vie à l'étude de la statistique. Ses travaux ont d'ailleurs contribué de manière significative à l'essor de ce champ mathématique. En 1977, Tukey a introduit le diagramme de quartiles qui permet de visualiser la concentration ou la dispersion des données d'une distribution.

John W. Tukey, statisticien américain (1915-2000)

Voici les résultats ordonnés d'un examen de français (en %) de 27 élèves:

45   48   54   55   55   55   57   63   68   68   72   72   76   78

78   83   85   85   87   89   90   90   92   94   94   94   98

a. Quel est le résultat le plus bas?

b. Quel est le résultat le plus élevé?

c. 1) Détermine la médiane, notée Q_2, qui partage l'ensemble des résultats en deux sous-ensembles.

2) Détermine la médiane, notée Q_1, qui partage le premier sous-ensemble en deux.

3) Détermine la médiane, notée Q_3, qui partage le second sous-ensemble en deux.

d. Complète le diagramme de quartiles ci-dessous à l'aide des valeurs trouvées en **a**, **b** et **c**.

Examen de français

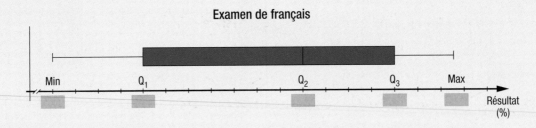

Min Q_1 Q_2 Q_3 Max

Résultat (%)

e. Combien de résultats sont:

1) inférieurs à Q_1?

2) compris entre Q_1 et Q_2?

3) compris entre Q_2 et Q_3?

4) supérieurs à Q_3?

f. Quelles conjectures peux-tu émettre au sujet de la concentration ou de la dispersion des résultats de cet examen?

La NAVHDA (North American Versatile Hunting Dog Association) est une association dont le but est de promouvoir, évaluer et améliorer le chien de chasse polyvalent en Amérique du Nord. Depuis 1969, la société a élaboré des tests qui mesurent tous les aspects du travail d'un chien de chasse à diverses étapes de sa maturité.

Le diagramme ci-dessous illustre les résultats attribués lors d'un test de qualités naturelles. Les chiens ont tous obtenu un résultat différent.

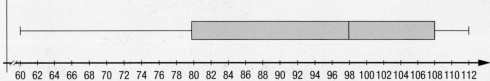

Évaluation canine

a. Quel a été le résultat médian de ce test?

b. Dans quel quart les résultats sont-ils le plus concentrés?

c. Si un nombre pair de chiens ont participé au concours, peut-on affirmer que:
   1) la moitié des chiens ont obtenu un résultat supérieur à 98? Explique ta réponse.
   2) le nombre de chiens dont le résultat est inférieur à 80 est le même que celui dont le résultat est supérieur à 108? Explique ta réponse.
   3) le résultat maximal possible lors d'un test de qualités naturelles est de 112? Explique ta réponse.

d. Que peux-tu dire au sujet de la moyenne des résultats de ce test?

e. Si 14 chiens ont été évalués lors de ce test:
   1) détermine le nombre de résultats dans chaque quart;
   2) peut-on affirmer qu'au moins un chien a obtenu un résultat de 80? Explique ta réponse.

Le Griffon Korthals est un chien d'arrêt à poil dur. Intelligent, fort et vigoureux, il est résistant au froid et aux intempéries.

Les premiers Jeux olympiques auraient été célébrés en Grèce vers 776 av. J.-C. à Olympie sur l'initiative du roi d'Elis Iphistos. Pour participer aux Jeux il fallait être un homme libre d'origine grecque. Après la conquête de la Grèce par Rome en 146 av. J.-C., les Romains ont pu se joindre aux athlètes grecs.

À l'époque, il n'y avait qu'un seul vainqueur dont le prix était une couronne d'olivier avec une faucille d'or.

Les deux diagrammes de quartiles ci-dessous représentent les résultats des Romains et des Grecs au lancer du javelot.

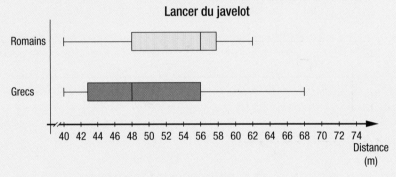

a. À quelle civilisation appartenait le meilleur athlète ?

b. Pour chaque civilisation, détermine le quart :
   1) dans lequel les données sont le plus regroupées ;
   2) qui contient le plus grand nombre de résultats.

c. Sachant que 11 athlètes romains et 12 athlètes grecs participaient à cette épreuve sportive et que tous les résultats sont différents, détermine pour chaque civilisation :
   1) le nombre d'athlètes dont le javelot n'a pas franchi 48 m ;
   2) le nombre d'athlètes dont le javelot a franchi 40 m.

d. Quelle civilisation a le mieux performé dans cette épreuve sportive ? Explique ta réponse.

Le lancer du javelot moderne.

technOmath

Une calculatrice graphique permet d'afficher certains diagrammes statistiques.

Ces données ont été obtenues lors d'une étude statistique :

| 12 | 15 | 16 | 18 | 18 | 20 | 25 |

Écran 1

Cet écran permet d'éditer les données.

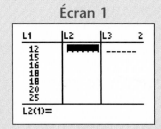

Écran 2

Cet écran permet de définir l'affichage d'un diagramme de quartiles.

Écran 3

Cet écran permet d'afficher le diagramme de quartiles.

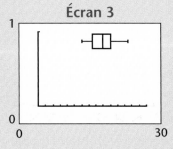

Écran 4

En déplaçant le curseur sur le diagramme de quartiles, il est possible d'afficher certaines valeurs facilitant son interprétation.

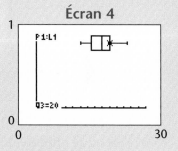

a. À l'aide des écrans ci-dessus, détermine :

1) l'étendue ;

2) le minimum ;

3) le maximum ;

4) la médiane.

b. Sur l'écran **4**, que signifie Q3=20 ?

c. À l'aide d'une calculatrice graphique :

1) édite les données ci-dessous ;

2) affiche le diagramme de quartiles ;

3) détermine la valeur des 3 quartiles.

| 7 | 8 | 9 | 11 | 11 | 12 | 12 | 12 | 13 | 13 | 13 | 13 | 14 | 15 | 19 |

QUARTILES

Les quartiles sont les valeurs qui partagent une distribution ordonnée en quatre sous-ensembles comprenant le même nombre de données appelés quarts. On note généralement le premier quartile par « Q_1 », le deuxième quartile par « Q_2 » et le troisième quartile par « Q_3 ».

Ex. : Voici quelques données recueillies lors d'un sondage :

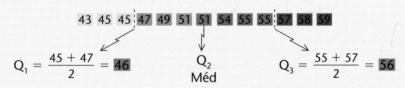

$$Q_1 = \frac{45 + 47}{2} = \boxed{46} \qquad \begin{array}{c} Q_2 \\ \text{Méd} \end{array} \qquad Q_3 = \frac{55 + 57}{2} = \boxed{56}$$

On constate que :

- le deuxième quartile correspond à la médiane de la distribution ;
- la médiane des données qui précèdent Q_2 correspond à Q_1 ;
- la médiane des données qui suivent Q_2 correspond à Q_3 ;
- chaque quart contient le même nombre de données, soit 3 données ;
- l'étendue interquartile correspond à la différence entre le 3e quartile et le 1er quartile :
  $Q_3 - Q_1 = 10$.

> On note généralement la médiane par « Méd ».

DIAGRAMME DE QUARTILES

Le diagramme de quartiles permet d'analyser la dispersion ou la concentration d'un ensemble de données ou de comparer deux ensembles de données de même nature. Dans un diagramme de quartiles, chaque quart comprend le même nombre de données.

Ex. : Voici le diagramme de quartiles correspondant à la distribution suivante :

110, 111, 111, 112, 113, 114, 123, 126, 127, 127, 131, 132, 143

Diagramme A

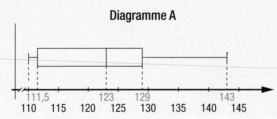

À partir de ce diagramme de quartiles, il est possible de déduire que :

- le minimum de la distribution est 110 et le maximum est 143 ;
- le premier quartile est 111,5, la médiane est 123 et le troisième quartile est 129 ;
- l'étendue de la distribution est 33 et l'étendue interquartile est 17,5 ;
- les données sont le plus concentrées dans le 1er quart et le plus dispersées dans le 4e quart.

mise au point

1 Pour chacune des distributions suivantes, détermine :

1) les quartiles ; 2) le minimum ; 3) le maximum.

a) 4 4 5 5 5 7 7 8 10

b) 45 48 54 55 55 55 57 63 68 68 72 72 76 78

c) 22 24 30 34

2 a) Détermine le nombre de données contenues dans chaque quart d'une distribution qui comprend :

1) 24 données ; 2) 25 données ; 3) 26 données ; 4) 27 données.

b) Que remarques-tu ?

3 Pour chacun des diagrammes ci-dessous, détermine :

1) les quartiles ; 2) l'étendue ; 3) l'étendue interquartile.

a)

Diagramme 1

```
      25        30        35        40
```

b)

Diagramme 2

```
      82    90        100       110
```

4 **HUMIDITÉ RELATIVE** Le tableau ci-dessous indique le pourcentage d'humidité relative moyen pour chacun des mois de l'année au Saguenay–Lac-Saint-Jean de 1961 à 1991.

Humidité relative

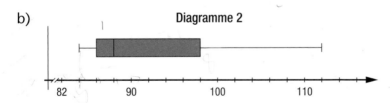

Mois	J	F	M	A	M	J	J	A	S	O	N	D
Pourcentage	73	71	69	67	64	67	71	74	76	75	79	77

a) Construis un diagramme de quartiles représentant ces données.

b) Donne trois informations fournies par ce diagramme.

Coucher de soleil sur le lac Saint-Jean.

5 Voici les données obtenues lors d'un sondage :

Sondage

Âge	Effectif
14	4
15	7
16	13
17	11
18	5
19	2

a) Quelle est la taille de cet échantillon ?

b) Quel est l'âge moyen ?

c) Quel âge revient le plus souvent ?

d) À quel âge correspond chacun des quartiles ?

e) Quelle est l'étendue interquartile ?

6 Le diagramme de quartiles ci-dessous fournit de l'information sur la taille (en cm) des 31 élèves d'une classe.

Taille des élèves

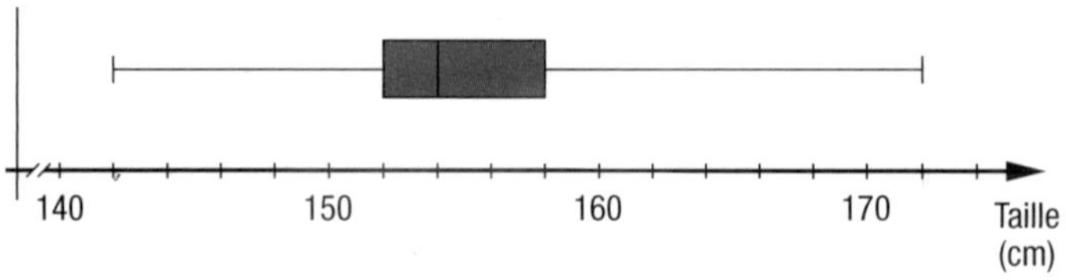

a) Les affirmations suivantes sont-elles justes ? Explique ta réponse.

   1) Au moins un ou une élève mesure 152 cm.

   2) Il y a 23 élèves qui mesurent plus de 152 cm.

   3) Il y a environ 14 élèves qui mesurent entre 154 cm et 172 cm.

   4) Il y a au maximum un ou une élève qui mesure 172 cm.

b) Donne deux informations fournies par le diagramme.

7 On a relevé le salaire hebdomadaire (en $) des 17 employées d'une entreprise.

355   360   450   425   420   375   350   365   365   425   420   485   485   485   550   510   510

a) Construis un diagramme de quartiles représentant cette distribution.

b) Dans quel quart les données sont-elles le plus dispersées ?

c) Quelle est l'étendue des salaires hebdomadaires des employées de cette entreprise ?

d) Combien d'employées ont un salaire plus élevé que le salaire médian ?

e) Sachant que le salaire hebdomadaire médian est de 425 $, dans quel quart se trouve l'autre salaire hebdomadaire de 425 $?

8 Voici des informations concernant les résultats d'un examen (en %) d'un groupe de 23 élèves:

- le résultat le plus bas est 55; *min = 55*
- le résultat associé au premier quartile est 59; *Q₁ 59*
- le résultat médian est 80; *Q₂ = 80*
- l'étendue des résultats est 40; *max = 55 + 40 = 95*
- l'étendue interquartile est 27; *59 + 27 = 86 Q₃ = 86.*
- la note de passage est 60.

a) Représente cette situation à l'aide d'un diagramme de quartiles.

b) Dans quel quart les données sont-elles le plus concentrées?

c) Quel est le nombre minimal d'élèves qui ont échoué à cet examen?

d) Combien d'élèves ont un résultat de 95 %?

9 PRÉCIPITATIONS Le tableau ci-dessous indique la quantité mensuelle moyenne de pluie tombée à Chibougamau et à Montréal de 1961 à 1991.

Précipitations de pluie

	Chibougamau											
Mois	J	F	M	A	M	J	J	A	S	O	N	D
Quantité (mm)	54	40	43	44	72	101	115	112	120	83	75	60
	Montréal											
Mois	J	F	M	A	M	J	J	A	S	O	N	D
Quantité (mm)	63	56	68	75	68	83	86	100	87	75	93	86

a) Sur un même graphique, trace un diagramme de quartiles pour chacune des villes.

b) Analyse ces diagrammes et tires-en trois conclusions.

Paysage typique de la région de Chibougamau.

10 SUPERFICIE Le tableau ci-dessous indique la superficie des 20 plus grands pays du monde en 2006.

Les 20 plus grands pays

Pays	Superficie (km^2)	Pays	Superficie (km^2)
Russie	17 075 200	Algérie	2 381 740
Canada	9 984 670	Congo	2 345 410
Chine	9 598 077	Mexique	1 972 550
États-Unis	9 361 418	Arabie saoudite	1 960 582
Brésil	8 511 965	Indonésie	1 919 440
Australie	7 686 850	Libye	1 759 540
Inde	3 287 590	Iran	1 648 000
Argentine	2 766 890	Mongolie	1 564 116
Kazakhstan	2 717 300	Pérou	1 285 220
Soudan	2 505 810	Tchad	1 284 000

a) Détermine la superficie médiane.

b) Détermine la superficie correspondant à Q_1 et à Q_3.

c) D'après le tableau ci-dessus, dans quel quart les superficies sont-elles :
   1) le plus concentrées ?   2) le plus dispersées ?

d) Dans quel quart se situe la superficie :
   1) du Canada ?   2) du Soudan ?   3) de l'Indonésie ?

11 Les renseignements ci-contre concernent la répartition du personnel d'une usine selon l'âge des personnes.

Personnel d'une usine

Âge (années)	Effectif
[20, 30[	21
[30, 40[	24
[40, 50[	16
[50, 60[	12

a) Détermine approximativement :
   1) l'âge médian ;
   2) l'âge correspondant au 1er et au 3e quartile ;
   3) l'étendue.

b) Trace un diagramme de quartiles représentant la situation.

12 Le diagramme de quartiles ci-dessous représente la masse (en kg) de 34 joueurs d'une équipe de football.

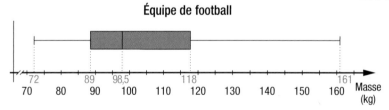

Équipe de football

Voici la masse de 30 de ces 34 joueurs :

72 72 76 78 78 87 89 89 92 92 95 95 96 96 97 98 101
102 103 104 104 112 115 125 134 139 145 155 155 158

Détermine la masse possible des 4 autres joueurs.

13 TREMBLEMENT DE TERRE Environ 1500 tremblements de terre se produisent chaque année au Canada. De ce nombre, seulement une douzaine sont assez intenses pour être ressentis. La distribution ci-dessous indique la magnitude des 31 principaux tremblements de terre survenus au Canada depuis 1963.

7	9	5,8	6	6	6,5	7,4	6,8	6	6,9	6,7	7	7,2	7,3	6,2
5,6	7,3	8,1	7,9	7,4	6,7	7,2	6,8	5,7	5,4	6,6	6,9	5,4	6	6,3	5

a) Place ces données dans l'ordre croissant et détermine les trois quartiles.

b) Quelle est l'étendue interquartile?

c) Construis un diagramme de quartiles correspondant à cette situation.

d) En 1988, un tremblement de terre de magnitude 6 cause de légers dommages dans la région du Saguenay. Quel pourcentage des tremblements de terre indiqués ont une magnitude inférieure à celle enregistrée au Saguenay?

14 FOOTBALL Les deux diagrammes de quartiles ci-dessous représentent le nombre de victoires de chaque équipe de l'Association nationale et de l'Association américaine de football en 2006. Pendant cette 87e saison, chaque formation a disputé 16 matchs en 17 semaines.

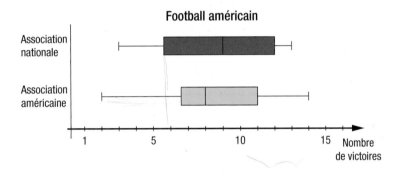

a) Dans quelle association évolue la formation qui a remporté le plus de victoires?

b) En 2006, les Raiders d'Oakland se sont classés au dernier rang de l'Association américaine. Combien de défaites cette équipe a-t-elle subies?

c) Si l'Association nationale compte 16 formations, combien de formations ont obtenu 3 victoires?

d) Quelle est la différence entre le nombre de victoires de la meilleure équipe et celui de la moins bonne équipe de l'Association américaine?

e) Quelle association a connu la meilleure saison? Explique ta réponse.

Chronique du
passé
John Wilder Tukey

Sa vie

John Wilder Tukey
(1915-2000)

Né le 16 juin 1915 à New Bedford, Massachusetts, John Wilder Tukey est le seul enfant de Ralph Tukey et Adah Tasker. Ses parents, qui enseignent tous les deux à l'école secondaire, reconnaissent son grand talent et prennent en charge son éducation à la maison. Il fait plus tard son entrée à l'Université Brown de Rhode Island afin d'y étudier la chimie. Après l'obtention d'une maîtrise en 1937, il prépare un doctorat en mathématiques qu'il obtient de l'Université Princeton au New Jersey en 1939.

Au cours de la Deuxième Guerre mondiale, il met en pratique ses connaissances en statistique en travaillant au Bureau de recherche sur le contrôle du feu, où il gère les difficultés liées au contrôle des incendies à bord des avions et des véhicules blindés. Après la guerre, il enseigne à l'Université Princeton et est consultant pour les laboratoires Bell.

On attribue à Tukey la paternité des expressions informatiques *software* (logiciel) et *bit*.

Colonel Blotto

En 1949, John Tukey écrit un article intitulé *A problem of strategy* dans la revue *Economica* où un colonel fictif, le colonel Blotto, doit répartir ses effectifs entre plusieurs points stratégiques. Cet article a donné naissance au jeu Blotto, où deux adversaires doivent répartir un nombre prédéterminé d'effectifs parmi un nombre donné de points stratégiques.

Par exemple, chaque joueur ou joueuse choisit 3 nombres naturels dont la somme est 7 et les écrit dans l'ordre croissant sur un carton. Il y a donc 7 effectifs à répartir entre 3 points stratégiques. Les arrangements possibles sont (1, 1, 5), (1, 2, 4), (1, 3, 3) et (2, 2, 3). On détermine ensuite le gagnant ou la gagnante en comparant les nombres situés à la même position.

Nombres choisis par la personne A			Nombres choisis par la personne B			Résultat de la partie			
1	1	5	1	2	4	1 = 1	1 < 2	5 > 4	Partie nulle
1	1	5	1	3	3	1 = 1	1 < 3	5 > 3	Partie nulle
1	1	5	2	2	3	1 < 2	1 < 2	5 > 3	Victoire pour B
1	2	4	1	3	3	1 = 1	2 < 3	4 < 3	Partie nulle
1	2	4	2	2	3	1 < 2	2 = 2	4 < 3	Partie nulle
1	3	3	2	2	3	1 < 2	3 > 2	3 = 3	Partie nulle

On constate que l'arrangement le plus avantageux est (2, 2, 3).

4 Voici les résultats (en min) de 25 athlètes ayant participé à une course de vélos de montagne :

282 283 255 291 294 258 267 268 269 269 270 271 271 280 288 262
299 308 268 269 316 340 274 275 279

a) Trace un diagramme de quartiles représentant cette distribution.

b) Quelle est l'étendue de cette distribution ?

c) Quelle est l'étendue interquartile ?

d) Dans quel quart se situe l'athlète qui a complété la course en 270 min ?

e) Quel est le pourcentage des athlètes qui ont complété la course en plus de 291 min ?

5 Une bougie A mesure 25 cm de hauteur et se consume au rythme de 1,5 cm/h. Une bougie B mesure 16 cm de hauteur et brûle au rythme de 0,7 cm/h.

a) Si les deux bougies sont allumées en même temps, à quel moment auront-elles la même hauteur ?

b) Laquelle de ces deux bougies s'éteindra la dernière ?

6 **GRATTE-CIEL** Le tableau ci-dessous indique la hauteur, en mètres, de 12 des plus hauts gratte-ciel du monde au début de 2007.

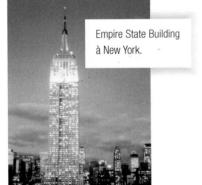

Empire State Building à New York.

Gratte-ciel

Nom	Hauteur (m)	Nom	Hauteur (m)
Le Burj Dubaï (en construction)	512	Citic Plaza	391
Taipei 101	508	Shun Hing Square	384
Petronas Twin Towers	452	Empire State Building	381
Sears Tower	443	Tuntex Sky Tower	348
Jin Mao Tower	421	Baiyoke Tower II	343
Two International Financial Center	415	Central Plaza	309

a) Construis un diagramme de quartiles pour représenter ces données.

b) Quels gratte-ciel se situent dans le 4e quart ?

c) La hauteur moyenne de ces gratte-ciel est-elle supérieure ou inférieure à la médiane ?

d) En septembre 2007, la tour Burj Dubaï, d'une hauteur d'environ 556 m, était à ce moment la plus haute structure autoportante du monde. Quel est l'effet de ce changement sur le diagramme de quartiles construit en a) ?

7 On réalise des essais pour connaître le temps de freinage de deux modèles de motocyclette. Voici les résultats :

Modèle A	
Temps écoulé depuis le début du freinage (s)	Vitesse (km/h)
0	80
1,5	57,5
2	50
3,3	30,5

Modèle B	
Temps écoulé depuis le début du freinage (s)	Vitesse (km/h)
0	50
0,5	45,8
1,5	37,4
3,4	21,44

a) À quel moment les deux motocyclettes roulent-elles à la même vitesse ?

b) Détermine le temps nécessaire pour immobiliser complètement chacune des motocyclettes.

c) Quelle est la distance de freinage de chaque modèle ?

8 Afin de venir en aide aux enfants atteints d'un cancer, les élèves et le personnel d'une école participent au Défi têtes rasées de Leucan. Pour chaque tête rasée, la direction remettra à la fondation une certaine somme d'argent. Voici deux propositions :

Proposition 1

Remettre 30 $ par tête rasée.

Proposition 2

Remettre une somme fixe de 495 $, plus 15 $ par tête rasée.

a) Quelle proposition est la plus avantageuse si 25 personnes se font raser la tête ?

b) Quelle somme maximale pourra-t-on remettre si 70 personnes se font raser la tête ?

c) Pour combien de têtes rasées les deux propositions sont-elles équivalentes ?

En 2007, le Défi têtes rasées a permis d'amasser plus de 3 millions de dollars grâce à la participation de plus de 6000 personnes.

9 Il faut 5 s au photocopieur A pour se mettre en marche et il produit une copie aux 3 s. Le photocopieur B met 8 s pour se mettre en marche, puis il produit une copie aux 7,2 s. À quel moment les deux photocopieurs auront-ils produit le même nombre de copies ? Explique ta réponse.

10 Heidi et Marylou cultivent des fraises. Heidi vend ses fraises 1,80 $/L.
Ses frais de déplacement s'élèvent à 200 $. Marylou vend ses fraises 2,20 $/L
et ses frais de déplacement s'élèvent à 125 $.

a) Traduis cette situation par un système d'équations.

b) Si Heidi et Marylou ont la même somme en poche, combien de litres de fraises
ont-elles vendus ? Explique ta réponse à l'aide d'un graphique.

La cueillette des fraises
est la troisième plus
importante industrie
fruitière du Québec,
après la cueillette
des pommes et
celle des bleuets.

11 Décris une situation qui pourrait correspondre au système d'équations ci-dessous
où j correspond à l'âge de Joseph et p, à l'âge de Peter.

$$j = 58 - p$$
$$j = 2p - 10$$

12 La solution d'un système d'équations est (2, 6). Dans la représentation graphique
du système d'équations, l'ordonnée à l'origine de l'une des droites est $^-4$, tandis que
l'ordonnée à l'origine de l'autre est $^-30$. Quelles sont les deux équations associées
à ce système ?

13 RECORD GUINNESS En 2007, Robert Wadlow (1918-1940) était considéré comme
l'homme le plus grand ayant jamais existé sur la planète, tandis que Gul Mohammed
(1957-1997) était considéré comme l'homme le plus petit. Voici des informations
sur la taille (en cm) de ces deux hommes :

• La taille de Wadlow équivaut à la taille
de Mohammed augmentée de 215.

• La taille de Wadlow correspond
au produit de la taille de Mohammed
et de 5 diminué de 13.

Quelle était la taille de chacun ?

14 POPULATION MONDIALE Voici quelques renseignements sur les villes les plus peuplées du monde en 2007:

Ville	Population	Ville	Population	Ville	Population
Tokyo		Jakarta	17 000 000	Dacca	12 430 000
Mexico		Osaka	16 490 000	Téhéran	12 150 742
Séoul	22 742 000	Shangai	14 503 000	Paris	11 695 000
New York	21 903 623	Manille	14 500 000	Karachi	11 608 000
São Paulo	19 037 487	Kolkata	14 277 000	Rio de Janeiro	11 570 724
Bombay	18 196 000	Londres	13 945 000	Istanbul	11 332 000
Los Angeles	17 629 607	Moscou	13 750 000	Pékin	10 717 000
Le Caire	17 602 000	Lagos	13 400 000	Chicago	9 661 840
Dehli	17 582 000	Buenos Aires	13 244 253	Nagoya	9 100 000

En 1992, l'ONU déclarait l'air de la ville de Mexico le plus pollué au monde. La croissance industrielle, l'accroissement rapide de la population et la prolifération de véhicules automobiles sont en grande partie responsables de cette pollution. Des mesures ont été prises depuis pour mieux contrôler la qualité de l'air.

- À Tokyo, il y a 10 628 000 habitants et habitantes de plus qu'à Mexico.

- Le double de la population de Mexico diminué de 13 941 000 équivaut à la population de Tokyo.

a) Quelle est la population de Tokyo?

b) Quelle est la population de Mexico?

c) Représente la population des villes les plus peuplées du monde à l'aide d'un diagramme de quartiles.

d) Quelles villes se trouvent dans le quart le plus condensé?

e) Peut-on dire que la population de Rio de Janeiro fait partie du premier quart? Explique ta réponse.

Au niveau mondial en 2007, Montréal arrive en 96ᵉ place, avec environ 3 640 000 habitants et habitantes.

15 Voici des données recueillies lors d'un sondage :

17, 19, 19, ▨, 24, 26, ▨, ▨, 29, 32, ▨, 41, 43, ▨

Détermine les données manquantes sachant que :

- le mode et la médiane sont 26 ;
- l'étendue est 28 ;
- Q_3 correspond au produit de 2 et de Q_1 duquel on soustrait 4 ;
- Q_3 est égal à la somme de 16 et de Q_1.

16 Voici l'âge des joueuses de deux équipes de soccer qui doivent s'affronter lors d'un tournoi :

Les Pirates

Âge	Nombre de joueuses
8	2
9	1
10	3
11	1
12	2

Les Étoiles

Âge	Nombre de joueuses
10	2
11	1
12	1
14	3
15	1

a) Calcule la moyenne d'âge des deux équipes.

b) Sur un même graphique, trace un diagramme de quartiles des âges pour chacune des deux équipes.

c) Que penses-tu des chances de gagner des deux équipes si l'on s'en tient à l'âge des joueuses ? Explique ta réponse.

17 On a représenté ci-contre une distribution à l'aide d'une calculatrice graphique.

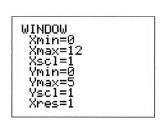

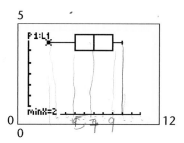

a) Quel est le minimum de cette distribution ?

b) Quelle est l'étendue de cette distribution ?

c) Quelles sont les valeurs de Q_1 et de Q_3 ?

18 Complète le tableau ci-dessous.

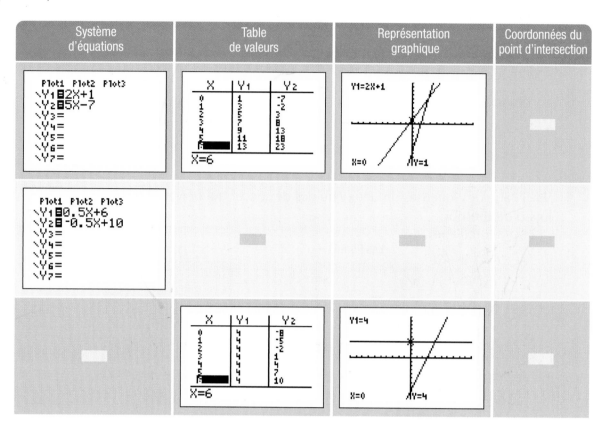

Système d'équations	Table de valeurs	Représentation graphique	Coordonnées du point d'intersection
Plot1 Plot2 Plot3 \Y1■2X+1 \Y2■5X-7 \Y3= \Y4= \Y5= \Y6= \Y7=	X | Y1 | Y2 0 | 1 | -7 1 | 3 | -2 2 | 5 | 3 3 | 7 | 8 4 | 9 | 13 5 | 11 | 18 6 | 13 | 23 X=6	Y1=2X+1 X=0 Y=1	
Plot1 Plot2 Plot3 \Y1■0.5X+6 \Y2■-0.5X+10 \Y3= \Y4= \Y5= \Y6= \Y7=			
	X | Y1 | Y2 0 | 4 | -8 1 | 4 | -5 2 | 4 | -2 3 | 4 | 1 4 | 4 | 4 5 | 4 | 7 6 | 4 | 10 X=6	Y1=4 X=0 Y=4	

19 Voici les performances des athlètes de deux équipes de tir à l'arc :

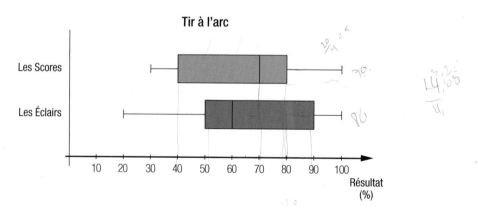

Tir à l'arc

a) Dans quelle équipe plus de la moitié des athlètes ont obtenu un résultat supérieur à 65 % ?

b) Dans quelle équipe trouve-t-on la plus grande différence entre les performances des archers ?

c) Les Scores comptent 14 athlètes et les Éclairs en ont 20. Dans chacune des équipes, combien d'athlètes au minimum ont obtenu un résultat supérieur ou égal à 80 % ?

20 On a représenté la taille de 320 élèves d'une école secondaire à l'aide du diagramme de quartiles ci-dessous.

Taille des élèves

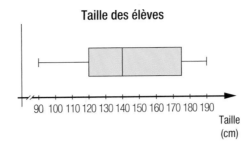

Taille (cm)

a) Détermine:

1) le mode;

2) la médiane;

3) la moyenne;

4) l'étendue;

5) l'étendue interquartile.

b) Peut-on dire que le nombre d'élèves mesurant plus de 140 cm est supérieur au nombre d'élèves mesurant moins de 140 cm? Explique ta réponse.

c) Peut-on affirmer que 25 % des élèves mesurent moins de 120 cm?

d) Peut-on affirmer qu'au moins 25 % des élèves mesurent plus de 170 cm?

21 NAISSANCES En 2006, on dénombrait 21 799 naissances dans la région de Montréal. Le tableau ci-dessous montre la répartition de ces naissances selon l'âge de la mère.

Âge de la mère (ans)	[15, 20[	[20, 25[	[25, 30[	[30, 35[	[35, 40[	[40, 45[	[45, 50[
Effectif	498	2616	6185	7524	4078	857	41

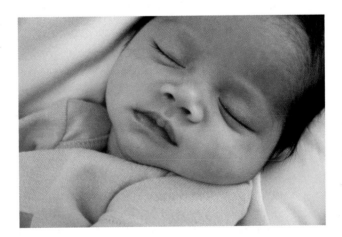

Trace un diagramme de quartiles correspondant à cette situation. Que remarques-tu?

$$\frac{20 + x}{2} = \frac{10}{40}$$

banque de problèmes

22 Le graphique ci-dessous illustre la production de sève de deux érablières.

a) Pour chacune des érablières, détermine la règle qui permet de calculer la quantité de sève produite selon le diamètre d'un arbre.

b) Pour quel diamètre la production de sève est-elle identique dans les deux érablières?

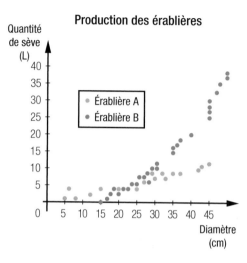

Production des érablières

- Érablière A
- Érablière B

23 Voici les résultats d'un examen de mathématique de 4 groupes de 32 élèves:

Examen de mathématique

Groupe A
Groupe B
Groupe C
Groupe D

Résultat (%)

Associe chacune des affirmations ci-dessous à un ou plusieurs groupes correspondants et explique tes choix.

1) Cinquante pour cent des élèves ont obtenu un résultat compris entre 80 et 95 %.

2) Huit élèves ont obtenu un résultat inférieur à 60 %.

3) La moitié des élèves ont obtenu un résultat compris entre 70 et 80 %.

4) Huit élèves ont obtenu un résultat supérieur à 90 % et 8 autres, un résultat inférieur à 60 %.

5) Il n'y a pas 25 % des élèves qui ont obtenu un résultat compris entre 80 et 90 %.

24 Voici des informations concernant le vol de deux deltaplanes :

Deltaplane A

- Il s'élance d'une falaise dont la hauteur est de 200 m et s'élève de façon constante.
- 90 s après le début du vol, il est à 1500 m d'altitude.
- Il commence ensuite à descendre à une vitesse de 187,5 m/min.

Deltaplane B

- Il s'élance d'une falaise dont la hauteur est de 500 m et s'élève de façon constante.
- 5 min après le début du vol, il est à 1200 m d'altitude.
- Il descend ensuite et atterrit.
- La durée du vol est de 12 min.

À quels moments les deux deltaplanes étaient-ils à la même altitude ?

Le paramoteur est un aéronef qui comporte un moteur et un châssis pour soutenir le ou la pilote, auquel est fixé un deltaplane. L'appareil peut atteindre de 3000 à 4000 m d'altitude. Selon la capacité de son réservoir de carburant, la durée de vol peut aller d'un peu plus d'une heure jusqu'à trois heures.

Sur le deltaplane, l'aile en forme de delta est tendue sur un cadre métallique. Son pilotage est dit « pendulaire » : on est allongé, face vers le sol, et on déplace son corps par rapport au centre de gravité pour piloter l'aile. L'appareil peut atteindre des pointes de 100 km/h.

25 Isaac et son frère Philippe fréquentent la même école secondaire. Isaac quitte la maison pour se rendre directement à l'école en marchant à une vitesse moyenne de 0,8 m/s. Philippe quitte la maison 10 min plus tard et emprunte le même chemin en marchant à une vitesse moyenne de 5 km/h. Sachant qu'ils arrivent à l'école au même moment, quelle distance y a-t-il entre la maison et l'école ?

26 Voici une distribution ordonnée dans laquelle la dernière donnée a été retirée.

$0,5x$ $x - 3$ $x - 2$ $2x - 11$ x $x + 2$ $x + 3$ $2x - 6$ $x + 8$

Si l'étendue interquartile est 6 et que la moyenne de la distribution est de 11,6, quelle expression algébrique peut correspondre à la donnée manquante ?

VISI⑧N

Des expérimentations pour quantifier des chances

Établir le montant d'une prime d'assurance, calculer la probabilité de gagner un prix à un tirage au sort ou déterminer la probabilité d'averses dans une journée sont autant d'exemples qui font appel au raisonnement probabiliste. Y a-t-il plus de façons de former différents groupes de 3 que de groupes de 9 parmi 12 personnes ? Si on lance deux dés simultanément, l'événement « obtenir 5 et 6 » est-il équiprobable à l'événement « obtenir 6 et 6 » ? Dans *Vision 8,* tu apprendras la signification des termes permutation, arrangement et combinaison. Tu calculeras aussi des probabilités associées à des contextes de mesure.

Arithmétique et algèbre   Géométrie   Statistique   **Probabilité**

- Dénombrement et calcul de probabilités
- Représentation d'événements à l'aide de tableaux, d'arbres, de diagrammes ou de figures géométriques
- Variable aléatoire discrète et variable aléatoire continue
- Probabilité géométrique

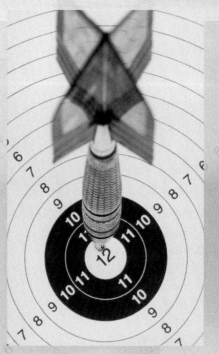

Situations
d'apprentissage | De la vache
au fromage

Chronique du
passé   Petite histoire
             des probabilités

Le
monde   Microbiologiste
du travail

Situations d'apprentissage | De la vache au fromage

Mise en situation

On s'intéresse de plus en plus à la culture et aux habitudes de vie des habitants et habitantes d'autres régions du Québec, d'autres provinces ou d'autres pays. Cette plus grande connaissance de différentes cultures favorise une ouverture aux saveurs provenant d'ailleurs et au développement de produits gastronomiques locaux pouvant se tailler une place sur le marché provincial et même international.

Toutes les précisions nécessaires à la réalisation des situations d'apprentissage qui suivent se trouvent dans le guide d'enseignement.

Chaque année, de nouveaux produits agroalimentaires artisanaux font leur apparition sur les tablettes des supermarchés. Cet intérêt croissant a fait progresser l'industrie québécoise des fromages fins. Pour produire un fromage de qualité, il faut avant tout avoir du lait de qualité. Même si la renommée des fromages québécois n'est plus à faire, les producteurs et productrices laitiers et fromagers doivent conjuguer l'atteinte de hauts standards de qualité avec la rentabilité. Dans ce secteur, les producteurs et les productrices artisanaux doivent être compétitifs face aux producteurs et productrices industriels mieux établis sur le marché.

Situation d'apprentissage 1

CD2 **Un troupeau productif**

Si le Québec a réussi à se faire une réputation si enviable comme producteur de fromages fins, c'est grâce à son industrie laitière. Les fromagers et fromagères sont de plus en plus exigeants quant à la qualité du lait utilisé. La production artisanale du fromage requiert souvent l'utilisation d'un lait provenant d'un troupeau particulier dont on contrôle rigoureusement l'alimentation. Quelques fromagers et fromagères contrôlent cette qualité en étant eux-mêmes et elles-mêmes producteurs et productrices de lait.

La section 8.1 t'aidera à réaliser cette situation d'apprentissage.

À partir des caractéristiques et du profil génétique des 10 vaches et des deux taureaux d'un producteur laitier, tu devras déterminer, à l'aide de calculs probabilistes, les croisements et le temps minimal nécessaires qui permettront de former un troupeau de 50 vaches dont la production laitière sera de 20 % supérieure à la normale.

⭕ Situation d'apprentissage 2

CD1 L'inspection

L'industrie laitière est particulièrement rigoureuse en ce qui a trait aux standards d'hygiène et de qualité. À plusieurs étapes de la production laitière et fromagère, des contrôles d'hygiène et de qualité sont faits autant sur les aliments que sur les équipements utilisés. Des personnes sont alors chargées de faire l'inspection des établissements de production et de transformation. Certaines agences, telle l'Agence canadienne d'inspection des aliments, s'assurent de la salubrité des aliments, de la santé des animaux et de la protection des végétaux.

Afin de contrôler la qualité de certains fromages, tu devras effectuer des inspections dans trois fromageries artisanales. À chaque inspection, tu devras prélever 10 échantillons de fromage parmi les 13 formats présentés et calculer la probabilité qu'une impureté soit découverte parmi les échantillons recueillis au cours d'une même inspection.

Les sections 8.2 et 8.3 t'aideront à réaliser cette situation d'apprentissage.

SECTION 8.1 La probabilité que...

Cette section t'aidera à réaliser la situation d'apprentissage 1.

 ACTIVITÉ 1 Sécurité maximale !

Les propriétaires d'une maison décident de changer la serrure de la porte avant. Ils hésitent entre un modèle à clavier alphabétique et un modèle à clavier numérique. Selon la vendeuse, ces deux modèles sont en tout point identiques, sauf en ce qui concerne le clavier. Voici les caractéristiques de chacun de ces deux modèles :

Modèle à clavier alphabétique	Modèle à clavier numérique
• Contient 26 touches, soit l'ensemble des lettres de l'alphabet.	• Contient 10 touches, soit les chiffres de 0 à 9.
• Un code de sécurité composé de 4 à 6 lettres déverrouille la porte.	• Un code de sécurité composé de 5 chiffres déverrouille la porte.
• Les lettres ne peuvent pas être répétées.	• Le même chiffre peut se répéter plus d'une fois.

 Quelle serrure est la plus sécuritaire ?

Dans un restaurant, les clients et clientes peuvent composer une assiette de pâtes personnalisée en choisissant selon leurs goûts un type de pâte, une sauce et un condiment. Voici les pâtes, les sauces et les condiments offerts :

Menu

Pâtes

Fettuccinis
Linguines
Spaghettis
Tagliatelles

Sauces

Alfredo
Bolognaise
Rosée

Condiments

Parmesan râpé
Piment rouge

a. Construis un diagramme en arbre représentant les différentes assiettes de pâtes qu'il est possible de composer.

b. Quelle est la probabilité qu'une personne choisisse au hasard :
1) des fettuccinis sauce rosée avec piment rouge ?
2) des linguines ?
3) des spaghettis avec une sauce autre que Alfredo ?
4) des spaghettis ou des tagliatelles avec une sauce bolognaise et du parmesan râpé ?

Moyennant un léger supplément, les clients et clientes peuvent également choisir un dessert parmi les suivants : gâteau au chocolat, tarte au sucre, crème glacée, coupe de fruits frais ou yogourt.

c. Combien de repas différents est-il possible de commander ?

d. Quelle est la probabilité qu'une personne choisisse au hasard :
1) des fettuccinis sauce Alfredo avec du parmesan râpé et une part de tarte au sucre ?
2) autre chose que des spaghettis sauce bolognaise avec du parmesan râpé et un morceau de gâteau au chocolat ?
3) une coupe de fruits frais ou du yogourt pour dessert ?
4) de la sauce Alfredo, bolognaise ou rosée ?

Les cellules humaines renferment chacune 23 paires de chromosomes dont l'un provient du père et l'autre, de la mère. Le gène EYCL3, situé sur la paire de chromosomes 15, donne la coloration dominante de l'œil. Voici des informations sur la couleur des yeux d'un enfant selon le gène transmis par chacun des parents:

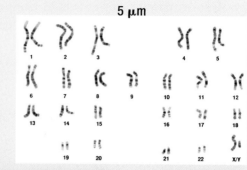

5 μm

Gène transmis par le père	Gène transmis par la mère	Couleur des yeux de l'enfant
Yeux bruns	Yeux bruns	Bruns
Yeux bruns	Yeux bleus	Bruns
Yeux bleus	Yeux bruns	Bruns
Yeux bleus	Yeux bleus	Bleus

a. Complète l'arbre des probabilités ci-dessous associé à la couleur des yeux de chacun des deux enfants d'un couple.

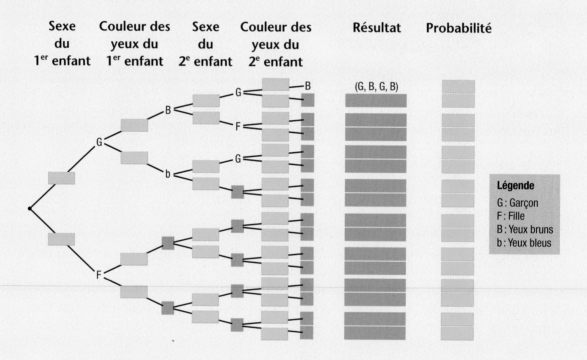

Légende
G : Garçon
F : Fille
B : Yeux bruns
b : Yeux bleus

b. Détermine la probabilité que:

1) les deux enfants aient les yeux bruns;

2) le couple ait au moins un garçon aux yeux bleus;

3) le couple ait deux filles;

4) le couple ait une fille aux yeux bruns.

c. Explique comment tu as obtenu la probabilité de chacun des événements en **b.**

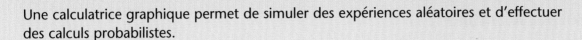

Une calculatrice graphique permet de simuler des expériences aléatoires et d'effectuer des calculs probabilistes.

Écran 1

Cet écran montre certaines opérations probabilistes.

```
MATH NUM CPX PRB
1▮NbrAléat
2:Arrangement
3:Combinaison
4:!
5:entAléat(
6:normAléat(
7:BinAléat(
```

Écran 2

Cet écran simule le lancer d'une pièce de monnaie : « 0 » représente pile et « 1 » représente face.

```
entAléat(0,1)
                1
entAléat(0,1,5)
       {0 0 1 0 0}
```

Écran 3

Cet écran simule le lancer d'un dé.

```
entAléat(1,6)
               2
entAléat(1,6,5)
       {6 3 4 4 1}
```

Écran 4

Cet écran simule 5 lancers de deux dés. Il est possible de stocker les résultats dans des listes et d'effectuer des opérations sur celles-ci. La liste L_3 montre la somme des résultats des deux dés à chacun des lancers.

```
entAléat(1,6,5)→
L1
       {6 6 1 4 3}
entAléat(1,6,5)→
L2
       {5 1 3 6 2}
(L1+L2)→L3
       {11 7 4 10 5}
```

Écran 5

Il est possible de trier les résultats d'une expérience aléatoire dans l'ordre croissant ou décroissant.

```
entAléat(1,6,7)→
L1
   {6 1 1 4 6 6 2}
Tricroi(L1)
               Fait
L1
   {1 1 2 4 6 6 6}
```

a. Décris une expérience aléatoire dont les résultats sont affichés ci-contre.

```
entAléat(1,4,10)
→L1
{1 1 4 2 3 3 1 …
entAléat(1,4,10)
→L2
{3 4 2 1 2 4 3 …
(L1+L2)→L3
{4 5 6 3 5 7 4 …
```

b. Quelles informations doivent être entrées dans la calculatrice graphique pour simuler 50 lancers de deux pièces de monnaie ?

c. À l'aide d'une calculatrice graphique, effectue une expérience aléatoire de 30 lancers avec 2 dés à 8 faces afin d'observer la somme des résultats à chacun des lancers. Compare ces résultats avec une expérience similaire mais avec des dés à 6 faces. Y a-t-il des similitudes ?

savoirs

EXPÉRIENCE ALÉATOIRE

Une expérience est **aléatoire** si :

1) son résultat dépend du **hasard,** c'est-à-dire que l'on ne peut pas prédire avec certitude le résultat de l'expérience ;

2) on peut décrire, avant l'expérience, l'ensemble de tous les résultats possibles, appelé l'**univers des résultats possibles.** Cet ensemble se note « Ω », et se lit « oméga ».

> Ex. : On lance une pièce de monnaie, et on observe le résultat obtenu sur la face supérieure. L'univers des résultats possibles est $\Omega = \{$pile, face$\}$.

ÉVÉNEMENT

Un **événement** est un **sous-ensemble** de l'univers des résultats possibles. On dit qu'un événement est **élémentaire** s'il contient **un seul résultat** de l'univers des résultats possibles.

> Ex. : 1) Lors du lancer d'un dé à 6 faces, « obtenir un nombre supérieur à 2 » est un événement et correspond à $\{3, 4, 5, 6\}$.
>
> 2) Lors du lancer d'un dé à 6 faces, « obtenir 1 » est un événement élémentaire, car il représente un seul résultat de l'univers des résultats possibles : $\{1\}$.

PROBABILITÉ THÉORIQUE

La **probabilité théorique** d'un événement est un nombre qui quantifie la possibilité que cet événement se produise. On peut exprimer une probabilité sous la forme d'une fraction, d'un pourcentage ou en notation décimale.

$$\text{Probabilité théorique} = \frac{\text{nombre de résultats favorables}}{\text{nombre de résultats possibles}}$$

> Ex. : Lorsqu'on choisit un point au hasard dans le disque ci-contre, la probabilité de l'événement « le point est à l'intérieur du secteur rouge » est notée comme suit :
>
> $P(\text{point à l'intérieur du secteur rouge}) = \dfrac{\text{aire du secteur}}{\text{aire du disque}} = \dfrac{25\pi \text{ cm}^2}{100\pi \text{ cm}^2} = \dfrac{1}{4}$

La **probabilité** d'un événement est un **nombre de 0 à 1.**

PROBABILITÉ FRÉQUENTIELLE

La **probabilité fréquentielle** d'un événement est le nombre obtenu à la suite d'une **expérimentation**. Elle est souvent utilisée lorsque la probabilité théorique est impossible à calculer.

$$\text{Probabilité fréquentielle} = \frac{\text{nombre de fois que le résultat attendu s'est réalisé}}{\text{nombre de fois que l'expérience a été répétée}}$$

Ex.: On établit la probabilité fréquentielle qu'un joueur ou une joueuse de tennis réussisse son premier service d'après ses performances lors des parties précédentes.

Plus le nombre de répétitions d'une expérience aléatoire est grand, plus la probabilité fréquentielle tend à s'approcher de la probabilité théorique.

PROBABILITÉ D'UN ÉVÉNEMENT

La **probabilité d'un événement** composé de plusieurs événements élémentaires est égale à la somme des probabilités de chacun de ces événements élémentaires.

Ex.: Un sac contient 4 billes bleues, 3 billes rouges et 7 billes jaunes. Comme «tirer une bille bleue» et «tirer une bille jaune» sont deux événements élémentaires, la probabilité de l'événement «tirer une bille bleue ou jaune» se note comme suit:

$$P(\text{bleue ou jaune}) = P(\text{bleue}) + P(\text{jaune}) = \frac{4}{14} + \frac{7}{14} = \frac{11}{14}$$

ÉVÉNEMENTS COMPATIBLES ET ÉVÉNEMENTS INCOMPATIBLES

Deux événements sont **compatibles** s'ils peuvent se produire en même temps, c'est-à-dire si $A \cap B \neq \varnothing$.

Deux événements sont **incompatibles** s'ils ne peuvent pas se produire en même temps, c'est-à-dire si $A \cap B = \varnothing$.

Ex.: On tire une carte d'un jeu de 52 cartes. Les événements «obtenir une carte noire» et «obtenir une figure» sont des événements compatibles.

Ex.: On tire une carte d'un jeu de 52 cartes. Les événements «obtenir une carte noire» et «obtenir l'as de cœur» sont des événements incompatibles.

ÉVÉNEMENTS COMPLÉMENTAIRES

Deux événements sont **complémentaires** s'ils sont incompatibles et si la réunion des résultats possibles des deux événements correspond à l'univers des résultats possibles.

Si $A \cap B = \varnothing$ et que $A \cup B = \Omega$,
alors les événements A et B sont complémentaires.

Ex.: Au lancer d'un dé, les événements «obtenir un nombre pair» et «obtenir un nombre impair» sont complémentaires.

EXPÉRIENCE ALÉATOIRE À PLUSIEURS ÉTAPES AVEC REMISE OU SANS REMISE

La probabilité d'un événement élémentaire d'une expérience à plusieurs étapes est égale au produit des probabilités de chacun des événements intermédiaires à chacune des étapes qui forment cet événement. On peut mener une expérience aléatoire à plusieurs étapes avec remise ou sans remise.

Avec remise, les probabilités demeurent identiques d'étape en étape. On dit alors que les événements intermédiaires sont **indépendants**.

Ex.: On tire un fruit d'un sac contenant 3 pommes et 5 oranges. On remet le fruit dans le sac, puis on tire de nouveau un fruit.

1er fruit	2e fruit	Résultat	Probabilité
	P $\frac{3}{8}$	(P, P)	$\frac{3}{8} \times \frac{3}{8} = \frac{9}{64}$
P $\frac{3}{8}$	O $\frac{5}{8}$	(P, O)	$\frac{3}{8} \times \frac{5}{8} = \frac{15}{64}$
O $\frac{5}{8}$	P $\frac{3}{8}$	(O, P)	$\frac{5}{8} \times \frac{3}{8} = \frac{15}{64}$
	O $\frac{5}{8}$	(O, O)	$\frac{5}{8} \times \frac{5}{8} = \frac{25}{64}$

Sans remise, le résultat d'une étape influe sur les probabilités de l'étape suivante. On dit alors que les événements intermédiaires sont **dépendants**.

Ex.: On tire un fruit d'un sac contenant 3 pommes et 5 oranges. On ne remet pas le fruit dans le sac, puis on tire de nouveau un fruit.

1er fruit	2e fruit	Résultat	Probabilité
	P $\frac{2}{7}$	(P, P)	$\frac{3}{8} \times \frac{2}{7} = \frac{6}{56} = \frac{3}{28}$
P $\frac{3}{8}$	O $\frac{5}{7}$	(P, O)	$\frac{3}{8} \times \frac{5}{7} = \frac{15}{56}$
O $\frac{5}{8}$	P $\frac{3}{7}$	(O, P)	$\frac{5}{8} \times \frac{3}{7} = \frac{15}{56}$
	O $\frac{4}{7}$	(O, O)	$\frac{5}{8} \times \frac{4}{7} = \frac{20}{56} = \frac{5}{14}$

mise au point

1 Indique si les expériences suivantes sont aléatoires ou non.

a) Tirer un as d'un jeu de cartes.

b) Prévoir la date de la prochaine pleine Lune.

c) Prévoir la journée où il tombera au moins 15 cm de neige.

d) Choisir au hasard 100 personnes parmi celles inscrites sur la liste électorale.

Vue de la Terre, la Lune présente toujours la même face. Cette face observable, éclairée par le Soleil, varie au cours d'un cycle de 29,5 jours appelé lunaison.

2 Dans chacune des situations ci-dessous, détermine l'univers des résultats possibles.

a) On lance 3 dés numérotés de 1 à 6 et on s'intéresse à la somme des 3 nombres sur les faces supérieures.

b) Une chienne a donné naissance à 5 chiots, soit 2 mâles et 3 femelles. Ils sont de couleur noire ou chocolat et l'on s'intéresse au sexe et à la couleur d'un chiot.

c) On tire une bille d'un sac qui contient 4 billes bleues, 5 billes jaunes et 2 billes rouges ; on note la couleur de la bille obtenue.

d) On lance simultanément deux pièces de monnaie et un dé numéroté de 1 à 6. On s'intéresse au côté visible de chaque pièce et au nombre apparaissant sur la face supérieure du dé.

3 Écris sous la forme d'une fraction, si possible, la probabilité de chacun des événements ci-dessous.

a) Choisir au hasard un de ses souliers sur un paillasson où 5 autres personnes en ont laissé une paire.

b) Tirer un as d'un jeu de cartes.

c) Choisir au hasard le nombre 4 parmi les nombres premiers.

d) Tirer un bonbon vert puis un bonbon rouge d'un sac rempli de 15 bonbons rouges, 8 verts, 6 jaunes et 2 bleus.

4 On lance successivement deux dés numérotés de 1 à 6.

a) Construis l'arbre des probabilités représentant cette expérience aléatoire.

b) Quelle est la probabilité d'obtenir :

1) un nombre supérieur à 1 au premier lancer et un nombre pair au deuxième lancer ?

2) un nombre divisible par 3 suivi d'un nombre premier ?

3) le nombre 5 suivi du nombre 2 ?

4) deux nombres dont la somme est 7 ?

5 CITATIONS Parmi les renseignements suivants, quelle est la probabilité de choisir au hasard la citation de Jean de La Fontaine tout en lui attribuant la bonne signification?

Citation	Auteur	Signification

Citation

« Il n'y a point de génie sans un grain de folie. »

« En se résignant, le malheureux consomme son malheur. »

« Je pense, donc je suis. »

« En toute chose il faut considérer la fin. »

Auteur

Aristote

Honoré de Balzac

René Descartes

Jean de La Fontaine

Signification

Pour atteindre ton objectif, tu dois le revoir constamment.

Trop de rationalité et manque de légèreté : jamais tête ne sera bien faite.

Je suis moi-même lorsque le doute, le vouloir et le sentir me font penser par moi-même.

L'être humain doit choisir d'être heureux.

Le poète Jean de La Fontaine (1621-1695) est surtout connu pour son ouvrage *Les Fables*, écrites entre 1668 et 1694, l'un des grands chefs-d'œuvre de la littérature française. Rédigées dans un but pédagogique, ces fables étaient destinées au Dauphin de France. De son ouvrage, il disait : « Je me sers d'animaux pour instruire les hommes. ».

6 Un panier de fruits contient 2 bananes, 3 pommes, 1 orange et 4 nectarines. On choisit au hasard un fruit dans le panier, puis on le mange. On choisit de nouveau un fruit au hasard, puis on le mange.

a) Construis l'arbre des probabilités représentant cette situation.

b) Quelle est la probabilité de manger :

1) une pomme suivie d'une banane ?

2) une orange et une pomme ?

3) au moins un fruit dont le nom contient la lettre « n » ?

4) deux nectarines ?

7 Dans un jeu de 52 cartes, quelle est la probabilité de tirer au hasard :

a) une carte de cœur ?

b) le roi de trèfle ou le 7 de cœur ?

c) le 3 de pique et, sans le remettre dans le paquet, tirer ensuite le 5 de cœur ?

d) les quatre as l'un après l'autre ?

8 On lance simultanément deux dés numérotés de 1 à 6. On s'intéresse au résultat obtenu sur la face supérieure de chaque dé. Voici deux événements possibles :

A : obtenir un 5 et un 6.   B : obtenir deux 6.

Lequel des énoncés suivants est vrai ? Explique ta réponse.

1 L'événement A est plus probable que l'événement B.

2 L'événement B est plus probable que l'événement A.

3 Les deux événements sont équiprobables.

9 RADIOAMATEUR Le programme ARISS (*Amateur Radio on International Space Station*) permet d'organiser des contacts radio entre les radioamateurs du monde entier et les occupants et occupantes de la Station spatiale internationale. Sept fois par jour, un contact radio d'une durée moyenne de 9 min est possible entre un ou une radioamateur et la station orbitale.

Station spatiale internationale.

Si Magaly opère sa station 1 h par jour, quelle est la probabilité qu'elle entende des transmissions provenant de la station orbitale ?

10 Un sac contient 4 billes vertes, 3 billes mauves et 2 billes roses. On tire au hasard une bille du sac, on note sa couleur, puis on la remet dans le sac. On tire ensuite 2 autres billes de la même façon. Quelle est la probabilité de tirer :

a) une bille verte, suivie d'une bille verte, suivie d'une bille rose ?

b) une bille rose et au moins une bille mauve ?

c) aucune bille rose ?

d) au moins deux billes mauves ou deux billes vertes ?

11 Alexia lance simultanément trois pièces de monnaie et s'intéresse aux côtés visibles une fois les pièces tombées. Puisque l'univers des résultats possibles de cette expérience aléatoire est {(P, P, P), (P, P, F), (F, F, P), (F, F, F)}, elle affirme que la probabilité d'obtenir le résultat (P, P, P) est de $\frac{1}{4}$. A-t-elle raison ? Explique ta réponse.

12 On lance une pièce de monnaie à 6 reprises. Si l'on a obtenu le résultat (P, P, P, P, P, P) lors de ces lancers, la probabilité d'obtenir de nouveau le résultat P au septième lancer est :

A
inférieure
à la probabilité
d'obtenir face.

B
supérieure
à la probabilité
d'obtenir face.

C
égale
à la probabilité
d'obtenir face.

Explique ta réponse à l'aide d'une démarche probabiliste.

13 Deux personnes jouent à un jeu de société. Pour avancer leur pion d'un certain nombre de cases, elles doivent d'abord répondre à une question portant sur un domaine de connaissances particulier. Chaque personne fait tourner les deux roulettes.
La roulette **1** détermine le domaine de connaissances sur lequel la question sera posée et la roulette **2**, le nombre de cases sur lesquelles le joueur ou la joueuse pourra avancer son pion.

Roulette 1

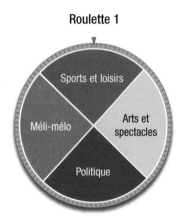

Roulette 2

a) Détermine l'univers des résultats possibles.

b) Représente cette situation à l'aide d'un arbre de probabilités.

c) Quelle est la probabilité qu'une personne doive répondre à une question du domaine des « Sports et loisirs » et puisse avancer son pion sur un nombre maximal de cases ?

14 Dans un jeu de mémoire, des cartes sont étalées, face cachée, sur une table. On tire une carte et on tente ensuite d'obtenir le même symbole en tirant une autre carte. Voici les cartes utilisées :

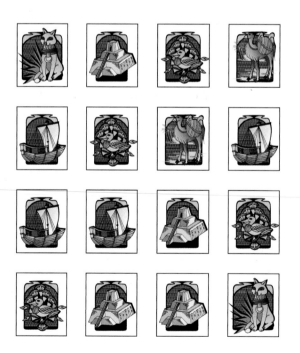

a) Quelle est la probabilité de tirer 2 bateaux au premier tour ?

b) Sachant que l'on a tiré 2 bateaux au premier tour, quelle est la probabilité d'obtenir une pyramide et un oiseau au second tour ?

15 TRIATHLON Le triathlon est un sport qui comprend trois épreuves consécutives de natation, de cyclisme sur route et de course à pied. Ces épreuves peuvent être réalisées individuellement ou en équipe. Voici des informations concernant les 150 participants et participantes à un triathlon :

- 65 personnes font de la course à pied.
- 65 personnes nagent.
- 65 personnes roulent en vélo.
- 20 personnes font de la course à pied et nagent.
- 15 personnes roulent en vélo et nagent.
- 15 personnes font de la course à pied et du vélo.
- 5 personnes participent aux trois épreuves.

Si l'on choisit un participant ou une participante, au hasard, quelle est la probabilité :

a) qu'il ou elle ne participe qu'à l'épreuve de course à pied ?

b) qu'il ou elle fasse du vélo ou de la natation ?

c) qu'il ou elle fasse de la natation et de la course à pied ?

d) qu'il ou elle participe à au moins deux épreuves ?

16 Six chaises sont placées autour d'une table de cuisine. L'une d'elles est brisée.

a) Si personne ne s'est assis à cette table, quelle est la probabilité qu'une personne s'assoit sur la chaise brisée ?

b) Si une personne est déjà assise à cette table et que deux autres personnes s'apprêtent à s'asseoir, quelle est la probabilité que ni l'une ni l'autre de ces deux personnes ne s'assoit sur la chaise brisée ?

17 Dans un petit bois, on compte 5 bouleaux, 4 hêtres, 7 merisiers, 3 sapins et 11 érables. On demande à une personne de se bander les yeux et de toucher 3 arbres au hasard.

a) Quelle est la probabilité que la personne touche au moins 2 érables ?

b) Quelle est la probabilité que la personne touche au plus 2 bouleaux ?

Cette section t'aidera à réaliser la situation d'apprentissage 2.

ACTIVITÉ 1 Le bal masqué

On organise un bal masqué à l'occasion de l'Halloween. Un tirage au sort est alors effectué pour déterminer le costume que portera chacune des dix personnes présentes à la soirée. Voici les costumes offerts :

Un bal masqué, parfois nommé mascarade, est un événement auquel les gens participent vêtus d'un costume et portant habituellement un masque, et où l'on danse.

De combien de façons différentes les personnes présentes à ce bal peuvent-elles se costumer ?

ACTIVITÉ 2 Le derby

Un derby est une grande course hippique réservée généralement aux poulains et pouliches de trois ans. Deux des plus prestigieux derbies ont lieu chaque année en juin à Epsom, en Angleterre, et en mai à Louisville, dans le Kentucky.

Le derby du Kentucky est l'événement le plus ancien et l'une des traditions les mieux ancrées chez les amateurs et amatrices de course de pur-sang du monde. La première édition a été présentée en 1875. La piste de terre battue est d'une longueur de 2000 m.

Les chevaux Pégase, Axus, Aquarelle, Pablo, Tango et Sketch sont inscrits à une même course.

a. En supposant que les résultats de la course sont aléatoires, quelle est la probabilité :

1) que le cheval gagnant soit Aquarelle ?

2) que les deux premiers chevaux à la ligne d'arrivée soient dans l'ordre Pablo et Sketch ?

3) que les trois premiers chevaux à la ligne d'arrivée soient dans l'ordre Pablo, Tango et Axus ?

b. Pégase, Axus et Aquarelle terminent en tête de course. Énumère tous les arrangements possibles quant à l'ordre d'arrivée de ces trois chevaux.

c. On s'intéresse aux deux premières positions de la course.

1) En tenant compte de l'ordre d'arrivée des chevaux, construis un diagramme en arbre illustrant tous les arrangements possibles.

2) Énumère toutes les combinaisons possibles si l'on ne tient pas compte de l'ordre d'arrivée des chevaux.

d. Combien y a-t-il de combinaisons possibles, si l'on s'intéresse aux trois premières positions de la course ?

Tous les pur-sang sont des descendants des chevaux arabes et turcs importés en Angleterre dans les années 1600.

savoirs

EXPÉRIENCE ALÉATOIRE AVEC ORDRE OU SANS ORDRE

Dans une expérience aléatoire, on peut tenir compte de l'ordre des résultats ou ne pas en tenir compte. Lorsqu'on ne tient pas compte de l'ordre, l'univers des résultats possibles comprend généralement moins de résultats.

ARRANGEMENT

Un arrangement d'un ensemble de n éléments correspond à une disposition ordonnée d'un certain nombre d'éléments de cet ensemble. Deux arrangements se distinguent par l'ordre dans lequel les éléments sont disposés.

> Ex.: On choisit au hasard deux nombres dans l'ensemble {1, 2, 3, 4, 5}.
>
> Si l'expérience aléatoire est réalisée sans remise, il y a 5 éléments possibles pour le 1er chiffre et 4 éléments possibles pour le 2e chiffre. Il y a donc $5 \times 4 = 20$ arrangements possibles:
>
> $$(1, 2), (1, 3), (1, 4), (1, 5), (2, 1), (2, 3), (2, 4), (2, 5), (3, 1), (3, 2),$$
> $$(3, 4), (3, 5), (4, 1), (4, 2), (4, 3), (4, 5), (5, 1), (5, 2), (5, 3), (5, 4)$$
>
> Si l'expérience aléatoire est réalisée avec remise, il y a 5 éléments possibles pour le 1er chiffre et 5 éléments possibles pour le 2e chiffre. Il y a donc $5 \times 5 = 25$ arrangements possibles.

PERMUTATION

Une permutation d'un ensemble de n éléments correspond à une disposition ordonnée des n éléments de cet ensemble. Deux permutations se distinguent par l'ordre dans lequel les n éléments de cet ensemble sont disposés.

On détermine le nombre de permutations d'un ensemble de n éléments comme suit:

$$\text{Nombre de permutations} = n \times (n - 1) \times (n - 2) \times \ldots \times 3 \times 2 \times 1$$

> Ex.: 1) On tire successivement 3 billes d'une urne contenant 1 bille rouge, 1 bille verte et 1 bille jaune. Il y a donc $3 \times 2 \times 1 = 6$ permutations possibles:
>
> $$(R, V, J), (R, J, V), (V, R, J), (V, J, R), (J, V, R), (J, R, V)$$
>
> 2) Il y a $6 \times 5 \times 4 \times 3 \times 2 \times 1$, soit 720 façons différentes de ranger 6 livres sur une étagère.

COMBINAISON

Une combinaison d'un ensemble de n éléments correspond à une disposition non ordonnée d'un certain nombre d'éléments de cet ensemble.

On détermine le nombre de combinaisons possibles d'une expérience aléatoire sans remise comme suit :

$$\text{Nombre de combinaisons possibles} = \frac{\text{nombre de résultats possibles en tenant compte de l'ordre}}{\text{nombre de façons différentes d'écrire un résultat en tenant compte de l'ordre}}$$

Ex. : 1) On forme au hasard des mots de 3 lettres sans remise à l'aide des lettres A, B, C et D. On détermine le nombre de combinaisons possibles comme suit :

$$\text{Nombre de combinaisons possibles} = \frac{\text{nombre de résultats possibles en tenant compte de l'ordre}}{\text{nombre de façons différentes d'écrire un résultat en tenant compte de l'ordre}} = \frac{4 \times 3 \times 2}{3 \times 2 \times 1} = \frac{24}{6} = 4$$

Il y a 24 résultats possibles en tenant compte de l'ordre :

(A, B, C), (A, B, D), (A, C, B), (A, C, D), (A, D, B), (A, D, C), (B, A, C), (B, A, D), (B, C, A), (B, C, D), (B, D, A), (B, D, C), (C, A, B), (C, A, D), (C, B, A), (C, B, D), (C, D, A), (C, D, B), (D, A, B), (D, A, C), (D, B, A), (D, B, C), (D, C, A), (D, C, B)

Il y 6 façons différentes d'écrire un mot formé des mêmes lettres si l'on tient compte de l'ordre :

(A, B, C), (A, C, B), (B, A, C), (B, C, A), (C, A, B), (C, B, A)

Les combinaisons possibles sont donc :

(A, B, C), (A, B, D), (A, C, D), (B, C, D)

2) On tire au hasard, sans remise, 3 billes d'une urne contenant 5 billes : 1 rouge, 1 bleue, 1 verte, 1 orange et 1 jaune. On détermine le nombre de combinaisons possibles comme suit :

$$\text{Nombre de combinaisons possibles} = \frac{\text{nombre de résultats possibles en tenant compte de l'ordre}}{\text{nombre de façons différentes d'écrire un résultat en tenant compte de l'ordre}} = \frac{5 \times 4 \times 3}{3 \times 2 \times 1} = \frac{60}{6} = 10$$

Les combinaisons possibles sont donc :

(R, B, V), (R, B, O), (R, B, J), (R, V, O), (R, V, J), (R, O, J), (B, V, O), (B, V, J), (B, O, J), (V, O, J)

On peut aussi déterminer le nombre de combinaisons possibles d'une expérience aléatoire sans remise en construisant un diagramme en arbre.

1 Dans un tournoi de volleyball amical, chacun des 6 membres de l'équipe gagnante reçoit un ballon de volleyball d'une couleur différente. Sachant que les membres de l'équipe se partagent les ballons de façon aléatoire, détermine le nombre de façons dont ils peuvent se partager les prix.

2 Mei-Lan écoute un CD contenant 16 chansons, en lecture aléatoire. Combien de permutations sont possibles si chaque chanson ne joue qu'une seule fois ?

3 Pour entraîner un chien à rechercher les victimes d'avalanche, on enfouit dans la neige 8 mitaines de couleurs différentes. Le chien trouve toutes les mitaines. Combien y avait-il de permutations possibles ?

4 Trois couples de personnes s'assoient autour d'une table rectangulaire.

a) Combien y a-t-il de permutations possibles ?

b) Combien y a-t-il de façons de placer ces personnes si les membres d'un même couple s'assoient l'un en face de l'autre ?

5 Une urne contient 5 boules numérotées de 1 à 5. On tire successivement 4 boules en tenant compte de l'ordre. Combien y a-t-il d'arrangements possibles si :

a) l'on tire les boules sans remise ?

b) l'on tire les boules avec remise ?

6 Bébé Félix a 6 jouets pour le bain : un éléphant, un canard, une baleine, un bateau, un crocodile et un sous-marin. S'il choisit 3 jouets au hasard, quelles sont les probabilités qu'il ne choisisse pas le canard ?

7 **CONSEIL D'ADMINISTRATION** Un conseil d'administration est un groupe de personnes qui gèrent le fonctionnement et les finances d'un organisme, d'une association, d'une entreprise ou d'un établissement public. Le comité de direction est généralement constitué du président ou de la présidente, du vice-président ou de la vice-présidente, du trésorier ou de la trésorière et du ou de la secrétaire. On nomme le comité de direction d'un conseil d'administration comprenant 12 personnes. Combien y a-t-il d'arrangements possibles ?

8 Trois garçons et 3 filles sont assis autour d'un feu de camp.

a) Quelle est la probabilité que tous les garçons soient assis l'un à côté de l'autre ?

b) Quelle est la probabilité que chaque garçon soit assis à côté d'une fille ?

c) Combien y a-t-il de permutations possibles ?

9 Un cuisinier participe à un concours où il doit créer un plat en utilisant trois épices qu'il choisit au hasard parmi les suivantes.

Thym Basilic Coriandre Estragon

Marjolaine Persil Cari

Fines herbes.

a) Cette expérience aléatoire se fait-elle :

   1) avec remise ou sans remise ?   2) avec ordre ou sans ordre ?

b) Quelle est la probabilité que le plat contienne du thym, du basilic et de la marjolaine ?

10 Un sac contient 15 billes numérotées de 1 à 15. On tire 4 billes au hasard. Remplis le tableau ci-dessous.

	Sans remise
Nombre de résultats possibles, sans tenir compte de l'ordre	
Nombre de résultats possibles, en tenant compte de l'ordre	

11 Christopher étend ses vêtements sur la corde à linge. Il a 4 chemises (une blanche, une grise, une bleue et une verte), 2 pantalons (un bleu marine et un noir) et 3 tee-shirts (un blanc, un gris et un bleu). Combien y a-t-il de dispositions différentes possibles ?

12 ORGANISATION DES NATIONS UNIES L'ONU a été fondée le 24 octobre 1945 par 51 pays déterminés à préserver la paix grâce à la collaboration internationale. En 2007, 192 États étaient membres de l'ONU.

a) Si l'on dispose sur une même ligne les drapeaux de ces États, combien y a-t-il de permutations possibles ?

b) Quelle est la probabilité que le drapeau du Canada soit placé à côté de celui de la Belgique ?

Le siège des Nations Unies est situé à New York, mais le terrain et les bâtiments sont extraterritoriaux. L'ONU a son propre drapeau, une mappemonde entourée de rameaux d'olivier, symbole de la paix, et dispose de son propre service postal. Six langues officielles y sont utilisées : l'anglais, l'arabe, le chinois, l'espagnol, le français et le russe.

13 Un cornet de crème glacée contient trois boules superposées, chacune à un parfum différent.

a) Construis un diagramme en arbre représentant toutes les permutations possibles.

b) Combien y a-t-il de résultats possibles si l'on ne tient pas compte de l'ordre des boules ?

14 On dispose de 5 crayons de couleurs différentes.

    a) Si chaque couleur n'est utilisée qu'une seule fois, de combien de façons possibles peut-on écrire :

        1) le mot « maman » ?   2) le mot « papa » ?

    b) Si chaque couleur peut être utilisée plus d'une fois, de combien de façons possibles peut-on écrire :

        1) le mot « maman » ?   2) le mot « papa » ?

15 MUSÉES La ville de Paris compte plusieurs musées, notamment :

La Joconde

- le musée du Louvre où est exposée *La Joconde* ;
- le musée de Grévin avec ses 300 figures de cire ;
- le musée du quai Branly qui regroupe des collections d'objets appartenant à des civilisations anciennes ;
- le musée national Picasso où sont exposées plusieurs toiles de ce peintre.

    a) Si l'on choisit au hasard l'un de ces musées, quelle est la probabilité de visiter :

        1) le musée du quai Branly ?

        2) le musée du Louvre, le musée de Grévin ou le musée national Picasso ?

    b) Combien y a-t-il de façons possibles de visiter :

        1) l'ensemble de ces musées si l'on tient compte de l'ordre des visites ?

        2) l'ensemble de ces musées si l'on ne tient pas compte de l'ordre des visites ?

16 Perrine propose à ses invitées un choix de 5 condiments pour garnir leur hamburger : ketchup, mayonnaise, moutarde, sauce piquante et sauce du chef. Énumère les différentes combinaisons possibles si l'une des invitées ne choisit que 4 condiments.

17 Un maçon construit un mur avec des briques de 3 couleurs différentes qu'il choisit aléatoirement. Ces briques sont de couleur rouge, rose ou blanche. On considère que le maçon a accès à un nombre illimité de briques de chaque couleur.

Combien y a-t-il d'agencements possibles de couleurs sur une même rangée de 12 briques ?

18 Hakim range au hasard 4 chemises dans sa commode à 3 tiroirs.

    a) De combien de façons différentes Hakim peut-il placer ses chemises ?

    b) Quelle est la probabilité que toutes les chemises soient rangées dans le même tiroir ?

19 Myriam vient de terminer la rédaction de son mémoire, étape finale pour avoir sa maîtrise en psychologie. Elle doit maintenant le présenter à un jury formé de 3 professeurs du département. Sachant que 6 professeurs de ce département peuvent faire partie du jury, combien de jurys différents est-il possible de former?

20 MASTERMIND Le Mastermind est un jeu de réflexion où le joueur ou la joueuse doit découvrir la combinaison de couleurs de son adversaire en utilisant le moins de coups possible. Combien d'arrangements de 4 couleurs différentes est-il possible de faire si le joueur ou la joueuse peut choisir sa combinaison parmi 7 couleurs?

21 Pour se faire pardonner un oubli, un dieu grec offrit un bouquet de fleurs à une déesse. Il choisit 3 variétés d'anémones parmi les 9 variétés à sa disposition. Combien de bouquets différents ce dieu aurait-il pu offrir à la déesse?

22 Kateri doit mélanger du yogourt, des fruits, du jus d'orange et du miel pour confectionner sa boisson. Combien y a-t-il de façons différentes de verser ces ingrédients dans le mélangeur si elle les verse un à un?

23 IRONMAN TRIATHLON Le premier triathlon, aussi appelé à l'époque « l'épreuve des trois sports », a été disputé en France vers 1920. Mais le premier véritable triathlon de l'ère moderne s'est tenu le 18 février 1978 à Hawaï; on l'appelle l'Ironman Triathlon. Ce triathlon comprend trois épreuves d'endurance. Cette compétition implique 3,86 km de nage, suivis de 180,2 km de course cycliste et de 42,2 km de course à pied. Depuis, plusieurs triathlons offrent un volet amateur et peuvent être réalisés en équipe. Une équipe se compose de 6 participants ou participantes, soit 2 par discipline. Si les tâches sont assignées de façon aléatoire, combien y a-t-il de façons possibles de former une équipe?

En 2005, Pierre Lavoie, un triathlonien originaire de la région du Saguenay–Lac-Saint-Jean, a établi un nouveau record mondial à l'Ironman Triathlon d'Hawaï dans la catégorie des 40-44 ans avec un chrono de 9 h 2 min 25 s.

SECTION 8.3 Des probabilités sur mesure

Cette section t'aidera à réaliser la situation d'apprentissage 2.

ACTIVITÉ 1 Avoir le pied collant !

Voici le terrain rectangulaire de 20 m sur 40 m dont je vous ai parlé.

TERRAIN À VENDRE

Et voilà ! Je n'ai vraiment pas de chance !

Cette gomme n'a que 3 cm de diamètre...

L'aire de la semelle de mon soulier n'est que de 200 cm²...

Et après seulement 25 pas, une gomme est collée sous mon soulier !

Quelles sont les chances que cette situation se produise ?

L'arrivée de la dernière étape du Tour de France offre tout un spectacle ! Après trois semaines de compétition et plus de 3500 km dans les mollets, les cyclistes terminent la course en décrivant une grande boucle sur l'avenue des Champs-Élysées, à 8 reprises. Voici une représentation de cette grande boucle que l'on a subdivisée en 10 sections :

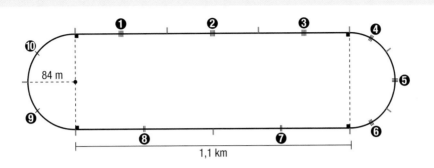

a. Dans un tour complet, quelle distance les coureurs parcourent-ils :

1) en ligne droite ?

2) dans une courbe ?

b. Quelle est la longueur totale de la grande boucle des Champs-Élysées ?

c. Quelle est la longueur :

1) de la section ❶ ?   2) de la section ❺ ?

3) de la section ❽ ?   4) de la section ❿ ?

d. Sachant qu'un cycliste roule quelque part sur la grande boucle, quelle est la probabilité qu'à un moment donné il se trouve :

1) dans une ligne droite ?   2) dans une courbe ?

3) dans la section ❸ ?   4) dans la section ❾ ?

e. Au cours des 8 tours de la grande boucle des Champs-Élysées, quelle est la probabilité qu'un cycliste se trouve dans la section ❻ ?

L'Espagnol Alberto Contador, l'Australien Cadel Evans et l'Américain Levi Leipheimer ont terminé respectivement 1er, 2e et 3e au classement général du Tour de France 2007.

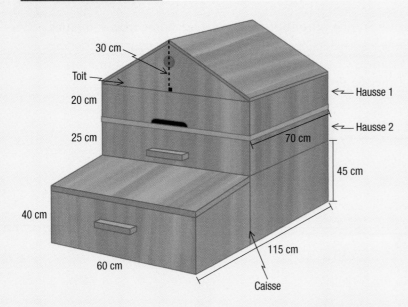

30 cm

Toit

20 cm

25 cm

70 cm

← Hausse 1

← Hausse 2

45 cm

40 cm

115 cm

60 cm

Caisse

Il existe plus de 150 000 espèces d'abeilles. Elles vivent à l'état sauvage ou dans des ruches appartenant à des apiculteurs et apicultrices. Une ruche, comme celle illustrée ci-contre, peut contenir jusqu'à 60 000 individus.

a. Quel est le volume:

1) du toit?

2) de la hausse 1?

3) de la hausse 2?

4) de la caisse?

b. Quel est le volume total de la ruche?

c. Si une abeille se déplace au hasard à l'intérieur de la ruche, quelle est la probabilité qu'à un moment donné elle se trouve:

1) à l'intérieur de la hausse 1?

2) à l'intérieur de la caisse?

d. Si une abeille se déplace au hasard à l'intérieur de la ruche, dans quelle partie est-il le plus probable de la trouver à un moment donné? Explique ta réponse.

Dans le langage courant, on parle d'abeilles domestiques et d'abeilles sauvages. Toutefois, l'abeille ne se laisse pas domestiquer. Certaines vivent dans des ruches fabriquées par l'être humain, d'autres vivent dans des troncs d'arbres ou d'autres cavités naturelles, mais elles ont toutes les mêmes besoins et le même mode de vie.

Au début des années 2000, la situation de l'apiculture était en déclin au Québec. Depuis, on constate toutefois une nette amélioration. En 2005, il y avait 33 586 colonies actives, pour une production totale de miel de 1601,7 tonnes, soit une production moyenne d'environ 52 kg par colonie. Les ventes de miel ont alors rapporté 6,2 M$.

Un logiciel de géométrie dynamique permet, en utilisant principalement les outils POLYGONE RÉGULIER, CERCLE, AIRE et CALCULATRICE, de tracer des figures géométriques, de calculer leurs aires et de déterminer une probabilité géométrique.

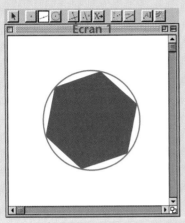

Écran 1

Écran 2

Aire du disque :
31,16 cm²

Aire de l'hexagone régulier :
25,77 cm²

Écran 3

Aire du disque :
31,16 cm²

Aire de l'hexagone régulier :
25,77 cm²

Écran 4

Aire du disque :
2,39 cm²

Aire de l'hexagone régulier :
1,98 cm²

Probabilité : 0,83

a. À l'écran **4**, à quoi correspond le nombre 0,83 ?

b. Une mouche se pose au hasard sur chacun des polygones ci-dessous. Dans chaque cas, détermine la probabilité qu'elle se pose sur la surface colorée.

1)

Aire du triangle rose :
41,29 cm²

Aire du triangle vert :
10,12 cm²

2)

Aire du pentagone régulier : 35,16 cm²

Aire du quadrilatère :
17,81 cm²

3)

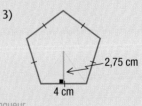

2,75 cm

4 cm

c. Une mouche se pose au hasard sur le cercle ci-contre. Quelle est la probabilité qu'elle se pose sur l'arc vert ?

Longueur de l'arc : 3,77 cm

Circonférence du cercle : 17,17 cm

d. À l'aide d'un logiciel de géométrie dynamique, construis la figure ci-contre. Une mouche se pose au hasard dans le rectangle. Calcule la probabilité qu'elle se pose sur le secteur violet.

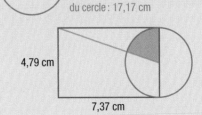

4,79 cm

7,37 cm

VARIABLE ALÉATOIRE

En probabilité, une variable aléatoire est une application de l'univers des résultats possibles d'une expérience aléatoire dans l'ensemble des nombres réels. Les variables aléatoires se divisent en deux catégories.

Variable aléatoire discrète

Une variable aléatoire est discrète si elle ne peut pas prendre toutes les valeurs possibles d'un intervalle de nombres réels.

Ex.: On lance deux dés simultanément et on observe le résultat obtenu sur la face supérieure de chaque dé. On s'intéresse à la **somme des deux résultats.**

Variable aléatoire continue

Une variable aléatoire est continue si elle peut prendre toutes les valeurs possibles d'un intervalle de nombres réels.

Ex.: On choisit une caisse au hasard dans une épicerie. On s'intéresse au **temps d'attente** des personnes dans la file.

PROBABILITÉ GÉOMÉTRIQUE

La géométrie fournit un support important dans le calcul de probabilités. Ces probabilités sont dites géométriques.

Probabilité géométrique à une dimension

Soit un objet géométrique L à une seule dimension de longueur finie et A, une partie de l'objet L. La probabilité de choisir au hasard un élément de A est donnée par:

$$P(A) = \frac{\text{longueur } A}{\text{longueur } L}$$

Ex.: 1) On choisit au hasard un point sur le segment AF ci-dessous. La probabilité que ce point se situe sur $\overline{BC}$ est donnée par:

$$P(\text{point sur } \overline{BC}) = \frac{\text{longueur de } \overline{BC}}{\text{longueur de } \overline{AF}} = \frac{5}{17}$$

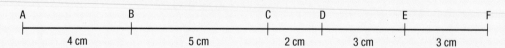

2) On choisit au hasard un point sur les côtés du rectangle ABCD ci-contre. La probabilité que ce point se situe sur le côté AD est donnée par:

$$P(\text{point sur } \overline{AD}) = \frac{\text{longueur de } \overline{AD}}{\text{périmètre du rectangle}} = \frac{5}{26}$$

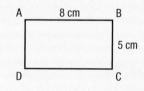

Probabilité géométrique à deux dimensions

Soit un objet géométrique S à deux dimensions ayant une aire finie et A, une partie de l'objet S. La probabilité de choisir au hasard un élément de A est donnée par :

$$P(A) = \frac{\text{aire de } A}{\text{aire de } S}$$

Ex. : 1) On choisit un point au hasard dans le carré ci-contre. La probabilité que ce point se situe dans le disque rouge est donnée par :

12 cm

$$P(\text{point dans le disque rouge}) = \frac{\text{aire du disque rouge}}{\text{aire du carré}} = \frac{36\pi \text{ cm}^2}{144 \text{ cm}^2} = \frac{\pi}{4}$$

2) On choisit un point au hasard dans l'octogone régulier ci-contre. La probabilité que ce point se situe dans la partie blanche est donnée par :

$$P(\text{point dans la partie blanche}) = \frac{\text{aire de la partie blanche}}{\text{aire de l'octogone}} = \frac{6u^2}{8u^2} = \frac{3}{4}$$

Probabilité géométrique à trois dimensions

Soit un objet géométrique V à trois dimensions ayant un volume fini et A, une partie de l'objet V. La probabilité de choisir au hasard un élément de A est donnée par :

$$P(A) = \frac{\text{volume de } A}{\text{volume de } V}$$

Ex. : 1) On choisit un point au hasard dans le prisme droit ci-contre. La probabilité que ce point se situe dans le prisme rouge est donnée par :

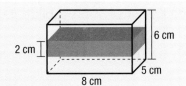

6 cm
2 cm
8 cm
5 cm

$$P(\text{point dans le prisme rouge}) = \frac{\text{volume du prisme rouge}}{\text{volume du prisme droit}} = \frac{80 \text{ cm}^3}{240 \text{ cm}^3} = \frac{1}{3}$$

2) On choisit un point au hasard dans le prisme régulier à base hexagonale ci-dessous. La probabilité que ce point se situe dans le prisme rouge est donnée par :

$$P(\text{point dans le prisme rouge}) = \frac{\text{volume du prisme rouge}}{\text{volume du prisme régulier à base hexagonale}} = \frac{210 \text{ cm}^3}{720 \text{ cm}^3} = \frac{7}{24}$$

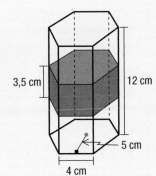

3,5 cm
12 cm
5 cm
4 cm

1 Dans chaque cas, on choisit au hasard un point sur l'un des côtés du polygone régulier. Quelle est la probabilité que ce point se situe sur le segment AB ?

a)

b)

c)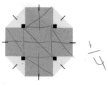

2 Dans chaque cas, détermine la probabilité qu'un point choisi au hasard soit dans la partie jaune.

a)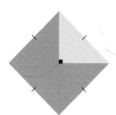

b)

c)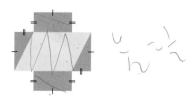

d)

e)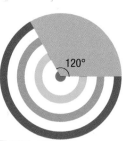

f)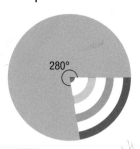

3 Détermine la probabilité qu'une fléchette lancée au hasard atteigne le secteur bleu de chacune des cibles ci-dessous. La fléchette atteint la cible à chaque lancer.

a)
45°

b)
120°

c)
280°

4 On insère une fève à l'intérieur d'un gâteau d'anniversaire en forme de prisme régulier à base octogonale. Celui ou celle qui obtient la portion de gâteau contenant la fève est proclamé roi ou reine de la journée. Quelle est la probabilité que Yacov soit proclamé roi de la journée ?

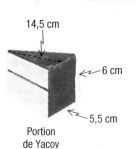

14,5 cm
6 cm
12 cm
Gâteau

14,5 cm
6 cm
5,5 cm
Portion de Yacov

5 Deux personnes lancent des fléchettes contre une cible semblable à celle ci-contre dont le diamètre est de 46 cm. Sachant que le dernier lancer a été effectué au hasard et qu'il a touché la cible, quelle est la probabilité que la fléchette se trouve dans la région rouge au centre de la cible ?

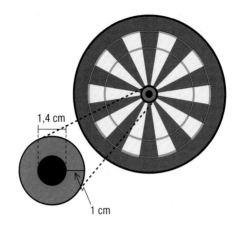

1,4 cm

1 cm

6 Afin d'améliorer la précision de ses lancers, Maddy place 4 cibles circulaires de 30 cm de diamètre à chaque coin d'un but de hockey. Quelle est la probabilité qu'un lancer effectué au hasard à l'intérieur du but touche l'une des cibles ?

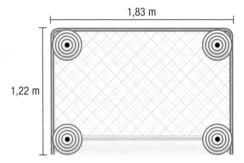

1,83 m

1,22 m

7 Laurianne cuisine des carrés au riz soufflé et intègre au mélange un bonbon au chocolat. Elle verse ensuite la préparation dans un moule rectangulaire mesurant 35 cm sur 20 cm sur 8 cm qu'elle remplit à ras bord. Elle y découpe ensuite différentes formes à l'aide de 3 emporte-pièces. Voici une vue de dessus de chacun de ces emporte-pièces :

Modèle A
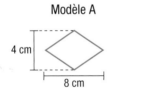
4 cm
8 cm

Modèle B

5 cm

Modèle C

3 cm

Si elle découpe 6 pièces avec le modèle **A**, 9 pièces avec le modèle **B** et 5 pièces avec le modèle **C**, quelle est la probabilité qu'une personne trouve le bonbon :

a) dans une pièce en forme de carré ?

b) dans une pièce en forme de cylindre circulaire droit ?

c) dans les retailles ?

8 La figure ci-contre est formée de 5 grands carrés isométriques dans lesquels sont inscrits 5 petits carrés isométriques. Quelle est la probabilité qu'un point choisi aléatoirement dans cette figure se situe dans la région bleue ?

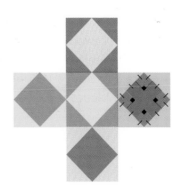

9 Une personne peint le plafond de la pièce illustrée ci-contre. Un carton de pizza de 30 cm sur 30 cm a été laissé sur le plancher. Quelle est la probabilité qu'à un moment donné une goutte de peinture tombe sur ce carton?

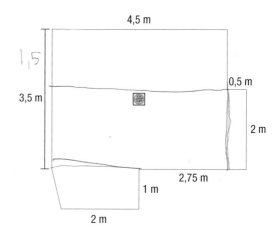

10 On plonge l'empilement de cubes ci-contre dans de la peinture rouge, puis on le laisse sécher. On dispose ensuite les cubes sur une table. Quelle est la probabilité de choisir au hasard un cube ayant:

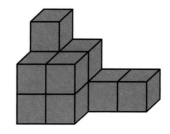

a) 5 faces rouges?   b) 3 faces rouges?

c) 2 faces rouges?   d) une seule face rouge?

11 Une tour de télécommunication pour téléphonie cellulaire se dresse au centre d'une ville de forme carrée. Sachant que le rayon d'action de la tour est tangent au pourtour de la ville, détermine la probabilité qu'une personne ne puisse pas utiliser son téléphone cellulaire à un moment donné si elle se déplace aléatoirement dans cette ville.

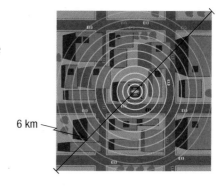

6 km

12 Voici une cible rectangulaire dans laquelle sont inscrits 12 cercles tangents. Quelle est la probabilité qu'une fléchette lancée aléatoirement contre cette cible atteigne l'une des parties bleues?

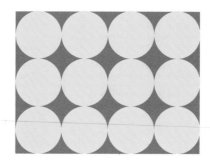

13 Quelle est la probabilité qu'un point choisi aléatoirement sur le dessin ci-contre soit situé sur l'une des parties bleues?

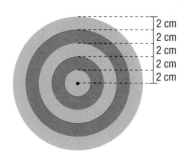

2 cm
2 cm
2 cm
2 cm
2 cm

Les conséquences indésirables des mutations

Dans le domaine de l'industrie alimentaire, le problème des mutations peut parfois être contourné en détruisant les vieilles colonies et en les remplaçant par des colonies plus jeunes, exemptes d'individus mutants.

Dans le domaine de la santé, le problème peut s'avérer plus difficile à éliminer. La mutation de certaines bactéries peut rendre ces dernières résistantes aux antibiotiques. On assiste alors à l'apparition de superbactéries, immunisées contre l'action des antibiotiques.

1. Le taux de mutation d'une cellule A est de 0,001 et celui d'une cellule B, de 0,000 05.

   a) Si la cellule A produit deux nouvelles cellules toutes les heures, dans combien de temps une cellule mutante pourrait-elle apparaître ?

   b) Si la cellule B produit deux nouvelles cellules toutes les 5 heures, dans combien de temps une cellule mutante pourrait-elle apparaître ?

2. On met les deux cellules du numéro **1** en présence d'un agent mutagène, de sorte que le taux de mutation soit doublé. Dans chaque cas, dans combien de temps une cellule mutante pourrait-elle apparaître ?

3. Détermine le taux de mutation de la bactérie Ψ.

Bactérie Ψ

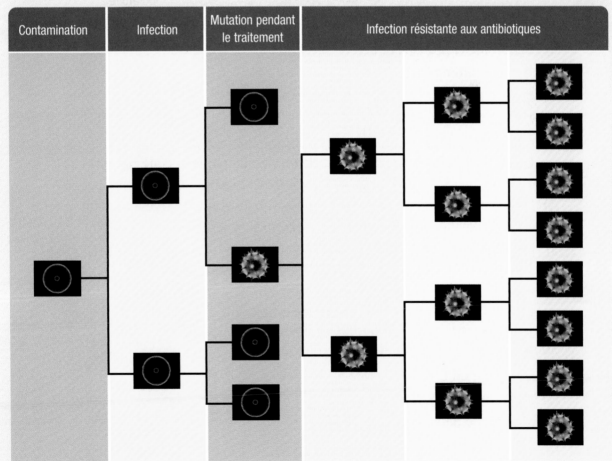

Contamination	Infection	Mutation pendant le traitement	Infection résistante aux antibiotiques

1 Détermine la probabilité qu'un point choisi au hasard dans le parallélogramme ci-dessous appartienne à:

a) la partie bleue;

b) la partie orangée;

c) la partie jaune;

d) la partie bleue ou verte.

2 Dans un jeu de 52 cartes, quelle est la probabilité de tirer aléatoirement sans remise:

a) l'as de cœur suivi de la dame de pique?

b) une carte de cœur ou de carreau?

c) le 10 de trèfle?

d) un roi suivi du 4 de pique suivi d'un valet?

3 Un bol contient 3 pommes rouges, 4 pommes vertes, 2 pommes jaunes, 1 poire et 2 pêches.

a) Détermine la probabilité de tirer aléatoirement avec remise:

1) une pomme;

2) une pomme rouge suivie d'une pomme verte;

3) une poire ou une pêche.

b) Une personne tire un fruit du bol, le mange, tire ensuite un autre fruit et le mange. Quelle est la probabilité que cette personne ne mange aucune pomme?

4 On lance simultanément quatre pièces de monnaie et on observe le résultat obtenu sur la face supérieure de chaque pièce. Quelle est la probabilité d'obtenir:

a) pile 4 fois? b) face une seule fois? c) pile 2 ou 3 fois?

5 Le schéma ci-contre représente un réseau de fibres optiques. La section orange mesure 10 m, la section rouge mesure 40 m, les sections bleues mesurent 30 m chacune et les sections vertes, 25 m chacune.

Si l'on signale un bris dans le réseau, quelle est la probabilité que le bris:

a) se produise dans la section orange?

b) se produise dans la section rouge?

c) ne se produise pas dans une section bleue?

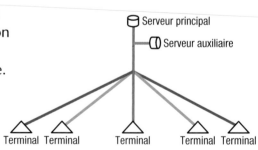

6 On recouvre le hall d'entrée illustré ci-contre avec 4 carreaux de céramique. Combien de motifs différents peut-on créer si :

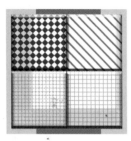

a) chaque modèle de carreau de céramique peut être utilisé plus d'une fois ?

b) on ne peut utiliser chacun des modèles qu'une seule fois ?

7 Une fleuriste choisit au hasard 3 fleurs pour confectionner un bouquet. Si elle dispose de 2 marguerites, de 6 roses et de 4 jonquilles, quelle est la probabilité que son bouquet contienne :

a) au moins une marguerite et une rose ?

b) une rose et 2 jonquilles ?

c) 2 fleurs de la même sorte ?

d) 3 fleurs différentes ?

8 Dans chaque cas, détermine la probabilité qu'un point choisi au hasard se trouve dans la partie rouge ?

a)

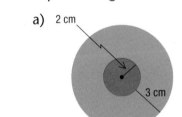

2 cm

3 cm

b)

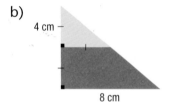

4 cm

8 cm

c)

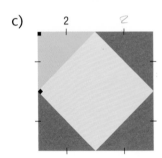

2   2

d)

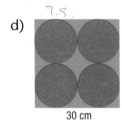

7.5

30 cm

9 JEU DE GALETS Au jeu de galets une personne marque des points si le palet atteint l'intérieur de la zone de 10 points, d'une zone de 8 points ou de 7 points. Par contre, elle perd 10 points lorsque le palet se retrouve dans la zone « Perd 10 ».

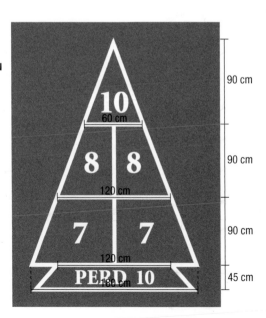

Sachant que le palet se retrouve aléatoirement à l'intérieur d'une des 6 zones à chaque lancer, calcule la probabilité qu'une personne marque :

a) un maximum de points lors de ses 2 prochains lancers ;

b) au moins 15 points lors de ses 3 prochains lancers ;

c) 10 points à son 1er lancer et perde ces 10 points lors de son 2e lancer.

10 Une balle de ping-pong de 3,5 cm de diamètre se trouve sur un terrain couvert de feuilles mortes. Une fois les feuilles raclées, elles forment un tas ayant la forme d'un cône circulaire droit de 1 m de hauteur et de 1 m de rayon. Si la balle se trouve dans le tas de feuilles mortes, quelle est la probabilité qu'elle soit :

a) entièrement dans les 10 premiers centimètres du tas à partir du sol ?

b) à plus de 80 cm du sol ?

11 On lance 2 dés simultanément et on observe le résultat obtenu sur la face supérieure de chaque dé. Quelle est la probabilité :

a) que la somme des deux nombres soit 7 ?

b) d'obtenir deux 6 ?

c) qu'un des deux nombres soit le tiers de l'autre ?

d) d'obtenir 2 nombres pairs différents ?

12 Une pépite d'or est enfouie dans 300 dm³ de sable mouillé. On remplit de sable la battée en forme de cône circulaire droit illustrée ci-contre et dont la hauteur est de 10 cm. Quelle est la probabilité que la pépite d'or se trouve dans le contenu de cette battée ?

La battée est un plat circulaire de 40 à 50 cm de diamètre, de quelques centimètres de profondeur et dont les bords se relèvent doucement. On lui imprime un mouvement de rotation. L'eau, agitée, soulève les particules les plus légères tandis que l'or, de quatre à cinq fois plus dense, retombe au fond.

13 Voici un plan de l'intérieur d'un avion :

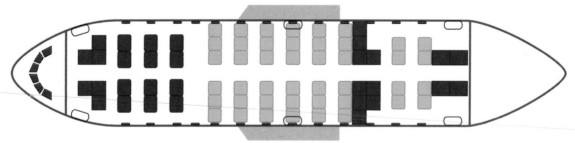

Sachant que les places ont été distribuées de façon aléatoire, quelle est la probabilité :

a) qu'une personne soit assise en classe affaires ?

b) qu'une personne soit assise près d'un hublot ?

c) que deux amis soient assis côte à côte ?

Légende

■ Classe affaires

■ Aire de restauration et toilettes

▨ Classe économique

14 Sur une table sont déposés des lampions de différentes grosseurs et de différentes couleurs.

Si 32 lampions ont été allumés au hasard, quelle est la probabilité que :

a) les lampions verts soient tous allumés ?

b) les petits lampions soient éteints ?

c) les lampions jaunes et bleus soient tous allumés ?

d) le dixième des lampions éteints soient de couleur rose ?

15 Voici 5 contenants de peinture de différentes couleurs :

a) Combien de nouvelles teintes peut-on obtenir en mélangeant :

  1) 2 couleurs différentes ?

  2) 3 couleurs différentes sans utiliser la peinture bleue ?

  3) au plus 4 couleurs différentes ?

b) Combien y a-t-il de façons possibles de placer ces 5 contenants sur le présentoir ?

16 À l'intérieur d'un petit restaurant, la moitié de la clientèle est composée de femmes. Un huitième des clients et clientes parlent au téléphone, les $\frac{3}{4}$ sirotent un café et les $\frac{9}{16}$ ont les cheveux bruns. Quelle est la probabilité :

a) qu'un homme sirote un café ?

b) qu'une femme parle au téléphone ?

c) qu'un homme n'ait pas les cheveux bruns ?

17 OCÉANS Le tableau ci-dessous indique la superficie des océans de la planète.

Océan	Superficie (km²)
Atlantique	106 000 000
Pacifique	180 000 000
Indien	75 000 000

Cratère formé
par la chute
d'un météorite.

Sachant que le rayon moyen de la Terre est d'environ 6371,03 km, quelle est la probabilité qu'un météorite se dirigeant vers la Terre :

a) tombe dans l'océan Atlantique ?

b) tombe dans l'océan Pacifique ou l'océan Indien ?

c) ne tombe pas dans un océan ?

18 TUBE PNEUMATIQUE On effectue des tests sur un nouveau tube pneumatique servant à transporter des documents ou du matériel léger sur les différents étages d'un édifice. La longueur de l'ensemble des conduits en forme de cylindre circulaire droit est de 320 m. On y propulse un tube mesurant 13 cm de longueur. Si une panne survient durant les tests, quelles sont les probabilités que le tube se trouve entièrement :

a) dans les 10 premiers mètres des conduits ?

b) dans les 5 derniers mètres des conduits ?

c) dans les 20 premiers mètres ou dans les 100 derniers mètres des conduits ?

Les hôpitaux utilisent des tubes pneumatiques pour acheminer des documents, des médicaments et des échantillons vers les postes des infirmières et infirmiers. Ces tubes fonctionnent grâce à des différences de pression ambiante.

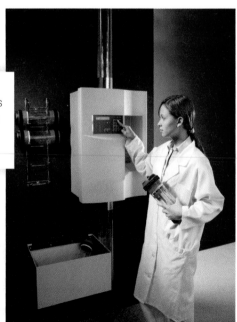

19 Noémie possède 3 bagues de modèles différents. Si elle ne porte jamais de bague aux pouces et qu'elle met seulement une bague par doigt, de combien de façons différentes Noémie peut-elle porter ses bagues?

20 Une voiture téléguidée contient 6 piles dont 2 sont usées. Quelle est la probabilité qu'une personne retire d'un seul coup les 2 piles défectueuses?

21 Dans la représentation ci-dessous, m $\overline{AD}$ = m $\overline{DH}$ = m $\overline{HJ}$.

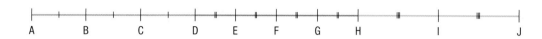

a) On choisit un point au hasard sur $\overline{AJ}$. Détermine la probabilité que ce point se situe sur $\overline{EF}$.

b) On choisit un point au hasard sur $\overline{AJ}$. Détermine la probabilité que ce point se situe sur $\overline{AC}$.

c) On choisit un point au hasard sur $\overline{AH}$. Détermine la probabilité que ce point se situe sur $\overline{CD}$ ou sur $\overline{DF}$.

d) On choisit un point au hasard sur $\overline{DI}$. Détermine la probabilité que ce point se situe sur $\overline{FG}$ ou sur $\overline{HI}$.

22 Une entreprise fabrique des bougies personnalisées. Pour une commande, on fait fondre la cire servant à fabriquer 25 bougies du modèle **A**, 15 bougies du modèle **B** et 18 bougies du modèle **C**, puis on insère des fruits séchés, dont une cerise, dans la cire fondue. On verse ensuite ce mélange au hasard dans les différents moules. Quelle est la probabilité que la cerise se trouve dans une bougie du modèle **B** ou une bougie du modèle **C**?

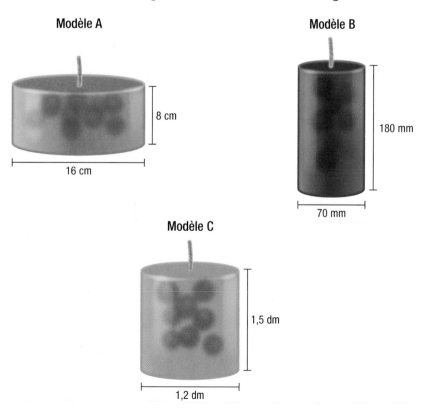

Modèle A

Modèle B

Modèle C

banque de problèmes

23 On laisse tomber une bille sur le clou posé au sommet d'une planche de Galton. Elle traverse alors une pyramide de clous disposés sur une planche inclinée. On considère qu'une bille qui frappe un clou a une chance sur deux d'aller à droite et une chance sur deux d'aller à gauche. La bille poursuit son trajet jusqu'à ce qu'elle tombe dans l'une des boîtes situées sous la dernière rangée de clous. Quelle est la probabilité qu'une bille se retrouve dans la boîte B?

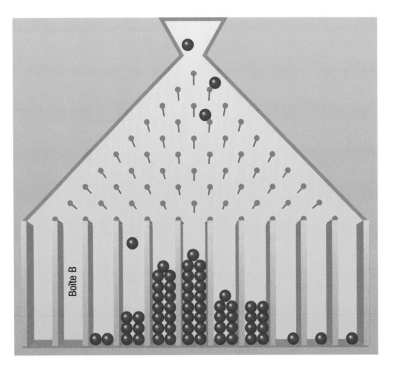

Boîte B

24 Détermine la probabilité:

a) qu'un point choisi au hasard dans le carré QRST ci-dessous soit situé dans la région grise;

b) qu'un point choisi au hasard dans le triangle ABC ci-dessous soit situé dans la région grise.

Graphique 1

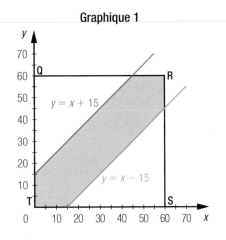

$y = x + 15$

$y = x - 15$

Graphique 2

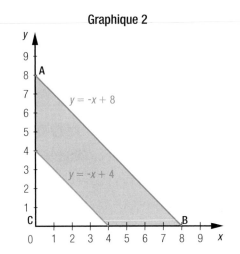

$y = -x + 8$

$y = -x + 4$

25 Voici des renseignements sur un sac contenant des billes de différentes couleurs :

- La probabilité de tirer une bille verte est de 25 %.
- Il y a 1 chance sur 6 de tirer une bille rouge.
- La moitié des billes sont bleues.
- La probabilité de tirer du sac, avec remise, une bille verte et une bille blanche est de $\frac{3}{144}$.

Quel est le nombre minimal de billes de chaque couleur contenu dans ce sac ?

 26 Au Québec, les plaques d'immatriculation portent trois lettres suivies de trois chiffres ou de trois chiffres suivis de trois lettres. Sachant qu'une même lettre ou un même chiffre peut se répéter, combien peut-il y avoir de plaques d'immatriculation différentes ?

La SAAQ a mis sur pied un comité qui veille à ce que les trois lettres inscrites sur les plaques ne suscitent pas de controverse. Par exemple, les séquences telles que FLQ, LSD, MTS, RAT et MOI ne sont pas acceptées. Les lettres O, I et U ne sont pas admises non plus, au risque de les confondre avec les chiffres 0 et 1 ou la lettre V.

 27 On tente de repérer un randonneur perdu en forêt. La première journée, l'équipe de recherche et de sauvetage délimite une zone de recherche au hasard dans un plan cartésien à l'aide des inéquations suivantes :

$$y \leq 3x \qquad y \leq -2x + 20 \qquad y \geq 3$$

La superficie de la région où devrait se trouver le randonneur est de 75 km² et les recherches se font à l'intérieur de cette région. Sachant que les graduations du plan cartésien sont en kilomètres, détermine la probabilité que l'équipe de recherche et de sauvetage repère le randonneur lors de la première journée de recherche.

 28 Un groupe de 42 touristes visite la région métropolitaine. Voici des informations concernant la ou les langues parlées par chacun et chacune :

- 2 personnes parlent le français, l'anglais et l'espagnol.
- 5 personnes parlent le français et l'anglais.
- 9 personnes parlent le français et l'espagnol.
- 8 personnes parlent l'anglais et l'espagnol.
- 22 personnes parlent le français.
- 16 personnes parlent l'anglais.
- 19 personnes parlent l'espagnol.

Détermine la probabilité qu'une personne choisie au hasard dans ce groupe ne parle ni le français, ni l'anglais, ni l'espagnol.

ALBUM
TABLE DES MATIÈRES

Calculatrice scientifique

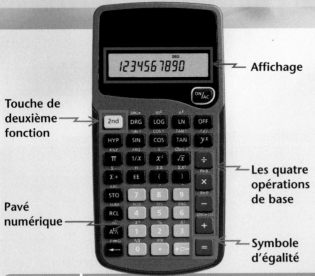

Affichage

Touche de deuxième fonction

Les quatre opérations de base

Pavé numérique

Symbole d'égalité

Comment vérifier si la calculatrice tient compte des priorités des opérations ?

Afin de le vérifier, utilise la chaîne d'opérations suivante :

13 **+** 4 **−** 5 **×** 4 **÷** 2 **=**

Si la calculatrice affiche **7**, elle respecte les priorités des opérations. Sinon, elle ne respecte pas les priorités des opérations.

Fonction	Définition	Exemple
ON/AC	Mise en marche de la calculatrice ou réinitialisation des calculs.	
OFF	Mise hors fonction de la calculatrice.	
2nd	Pour accéder à la deuxième fonction des touches. Souvent d'une couleur différente.	
+, −, ×, ÷	Les quatre opérations de base : addition, soustraction, multiplication et division.	13 **×** 4 = 52
=	Symbole d'égalité.	13 + 4 **=** 17
+/− ou −/+	Affiche le signe opposé.	8 **+/−** affichera −8
( )	Pour insérer une expression entre des parenthèses.	13 × **(** 4 − 1 **)** = 39
x^2	Pour déterminer la deuxième puissance d'un nombre.	5 **x^2** = 25
y^x ou a^b	Pour déterminer une puissance d'un nombre.	3 **y^x** 4 = 81
10^x	Pour déterminer une puissance de 10.	**10^x** 2 = 100
$a^b/_c$	Pour saisir une fraction ou un nombre fractionnaire.	6 **$a^b/_c$** 4 **$a^b/_c$** 5 affichera 6_4_⌐5
d/c	Pour alterner l'affichage entre une fraction et un nombre fractionnaire.	9 **$a^b/_c$** 4 **2nd** **d/c** affichera 2_1_⌐4
%	Pour transformer un nombre écrit sous la forme d'un pourcentage en notation décimale.	5 **%** affichera 0,05
$\sqrt{x}$	Pour extraire la racine carrée d'un nombre.	**$\sqrt{x}$** 49 = 7
π	Pour afficher le nombre pi.	**π** affichera π ou 3,141592654
$\sqrt[x]{y}$	Pour extraire la racine nième d'un nombre.	8 **$\sqrt[x]{y}$** 3 = 2

Il est à noter que selon le modèle de calculatrice utilisé, l'ordre dans lequel il faut appuyer sur les touches pour utiliser les différentes fonctions peut varier.

Il peut y avoir plusieurs raisons pour que la calculatrice affiche un message d'erreur tel que « Err » ou « Error ». Par exemple : une division par 0 a été effectuée, le résultat est un nombre dépassant l'affichage possible de la calculatrice ou le calcul demandé n'existe pas.

Calculatrice graphique

Divers types de calculs

Il est possible d'effectuer des calculs scientifiques et d'évaluer numériquement des expressions algébriques et des expressions logiques.

Calculs scientifiques

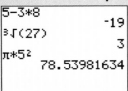

Expressions logiques

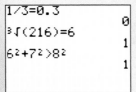

Expressions algébriques

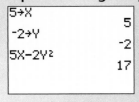

Écran d'affichage

Touches graphiques

Touches de déplacement du curseur

Touches d'édition

Touches de menus

Touches de calcul scientifique

Probabilités

1. Menu probabilités

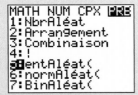

- Ce menu permet entre autres de simuler des expériences aléatoires. Le cinquième choix permet de générer une série de nombres entiers aléatoirement. Syntaxe: entAléat (valeur minimale, valeur maximale, nombre de répétitions).

2. Calculs et résultats

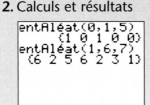

- Le premier exemple simule cinq lancers d'une pièce de monnaie où 0 représente pile et 1 représente face. Le second exemple simule sept lancers d'un dé à six faces.

Affichage d'une table de valeurs

1. Éditer les règles

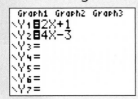

- Cet écran permet d'éditer les règles d'une ou plusieurs fonctions où Y est la variable dépendante et X la variable indépendante.

2. Définir l'affichage

- Cet écran permet de définir l'affichage d'une table de valeurs en y indiquant la valeur de départ de X et le pas de variation en X.

3. Afficher la table de valeurs

X	Y₁	Y₂
0	1	-3
1	3	1
2	5	5
3	7	9
4	9	13
5	11	17
6	13	21

X=0

- Cet écran permet d'afficher la table de valeurs des règles définies à l'écran d'édition des fonctions.

Affichage d'un graphique

1. Éditer les règles

- Au besoin, il est possible de modifier l'aspect (trait normal, gras ou pointillé, par exemple) d'une courbe associée à une règle.

2. Définir l'affichage

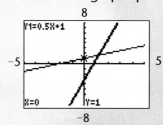

- Cet écran permet de définir l'affichage de l'écran graphique en délimitant la portion du plan cartésien désirée: Xgrad correspond au pas de graduation de l'axe des abscisses et Ygrad à celui des ordonnées.

3. Afficher le graphique

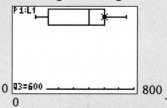

- Cet écran permet d'afficher le graphique des règles définies à l'écran d'édition des fonctions. Au besoin, il est possible de déplacer le curseur le long des courbes tout en visualisant ses coordonnées.

Affichage d'un diagramme et calculs statistiques

1. Entrée des données

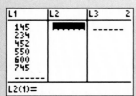

- L'entrée des données se fait dans la première colonne. Au besoin, la deuxième colonne est utilisée pour les effectifs. Dans un tableau à données groupées en classes, la première colonne correspond au milieu de chacune des classes.

2. Choix du diagramme

- Cet écran permet de choisir le type de diagramme statistique.

  ⊡ : nuage de points

  ⊡ : diagramme à ligne brisée

  ⊞ : histogramme

  ⊡ : diagramme de quartiles

3. Affichage du diagramme

- Cet écran permet d'afficher le diagramme représentant une distribution. En déplaçant le curseur sur le diagramme, il est possible d'afficher certaines valeurs.

4. Menu statistiques

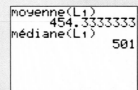

- Ce menu montre différents calculs statistiques qu'il est possible d'effectuer à partir des données d'une distribution.

5. Calculs et résultats

```
moyenne(L₁)
        454.3333333
médiane(L₁)
                501
```

-

Tableleur

Un tableur est aussi appelé un chiffrier électronique. Ce type de logiciel permet d'effectuer des calculs sur des nombres entrés dans des cellules. On utilise principalement le tableur pour réaliser des calculs de façon automatique sur un grand nombre de données, construire des tableaux et tracer des graphiques.

Interface du tableur

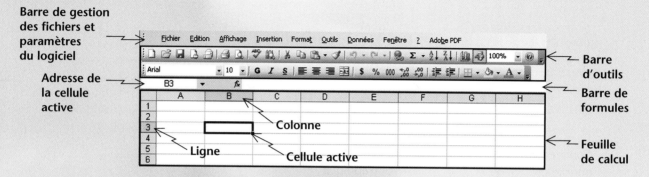

Barre de gestion des fichiers et paramètres du logiciel

Adresse de la cellule active

Colonne

Ligne

Cellule active

Barre d'outils

Barre de formules

Feuille de calcul

Qu'est-ce qu'une cellule ?

Une cellule est l'intersection entre une colonne et une ligne. Une colonne est désignée par une lettre et une ligne est désignée par un nombre. Ainsi, la première cellule en haut à gauche est nommée A1.

Entrée de nombres, de texte et de formules dans les cellules

On peut entrer un nombre, un texte ou une formule dans une cellule après avoir cliqué dessus. L'utilisation d'une formule permet de faire des calculs à partir de nombres déjà entrés dans des cellules. Pour entrer une formule dans une cellule, il suffit de la sélectionner, puis de commencer la saisie par le symbole « = ».

Exemple :
La colonne A contient des données avec lesquelles on désire effectuer des calculs.

Dans un tableur, certaines fonctions sont prédéfinies pour calculer la somme, le minimum, le maximum, le mode, la médiane et la moyenne d'un ensemble de données.

	A	B	C	
1	Résultats			
2	27,4	Nbre de données	17	→ =NB(A2:A18)
3	30,15			
4	15	Somme	527	→ =SOMME(A2:A18)
5	33,8			
6	12,3	Minimum	12,3	→ =MIN(A2:A18)
7	52,6			
8	28,75	Maximum	52,6	→ =MAX(A2:A18)
9	38,25			
10	21,8	Mode	33,8	→ =MODE(A2:A18)
11	35			
12	29,5	Médiane	30,15	→ =MEDIANE(A2:A18)
13	27,55			
14	33,8	Moyenne	31	→ =MOYENNE(A2:A18) ou =C4/C2
15	15			
16	33,8			
17	50			
18	42,3			
19				

Comment tracer un graphique

Voici une procédure qui permet de construire un graphique à l'aide d'un tableur.

1) **Sélection de la plage de données**

	A	B
1	Longueur du fémur (cm)	Taille d'une personne (cm)
2	36	144
3	37	146
4	40	153
5	42	158
6	43,5	162
7	45	165
8	46,5	168
9	46,8	169
10	47	170
11	47,5	171

2) **Sélection de l'assistant graphique**

3) **Choix du type de graphique**

4) **Confirmation des données pour le graphique**

5) **Choix des options du graphique**

6) **Choix de l'emplacement du graphique**

7) **Tracé du graphique**

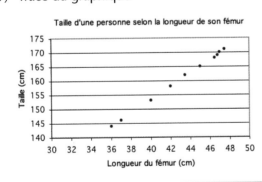

Taille d'une personne selon la longueur de son fémur

Après avoir tracé le graphique, on peut en modifier les différents éléments en double-cliquant sur l'élément que l'on veut modifier : titre, échelle, légende, quadrillage, tracé du graphique, etc.

Voici différents types de graphiques que l'on peut construire à l'aide du tableur.

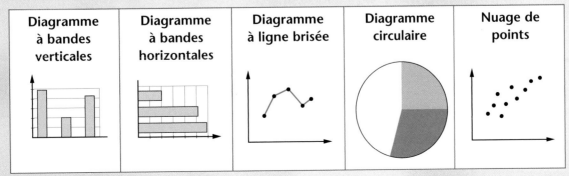

Diagramme à bandes verticales	Diagramme à bandes horizontales	Diagramme à ligne brisée	Diagramme circulaire	Nuage de points

Logiciel de géométrie dynamique

Un logiciel de géométrie dynamique permet de tracer et de déplacer différents objets dans un espace de travail. L'aspect dynamique de ce type de logiciel permet d'explorer et de vérifier des propriétés géométriques, et de valider des constructions.

L'espace de travail et les outils

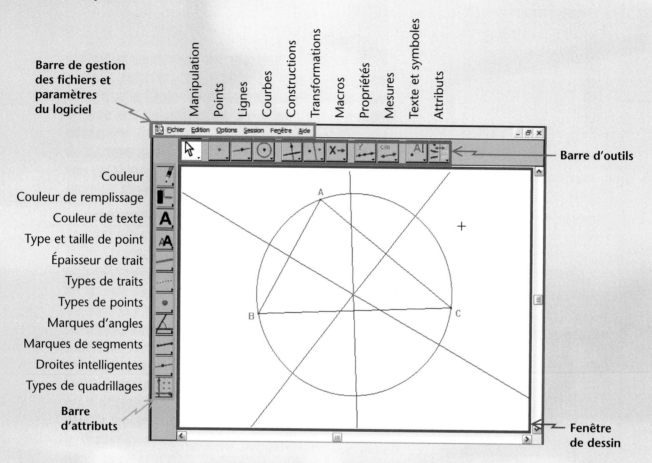

L'aspect des curseurs et leur signification

$+$	Curseur lors du déplacement dans la fenêtre de dessin.
☝	Curseur pour désigner un objet.
Quel objet ?	Curseur apparaissant lorsqu'il y a plusieurs objets.
☜	Curseur permettant le tracé des objets.
✍	Curseur désignant le déplacement possible d'un objet.
↖	Curseur permettant de travailler dans la barre de gestion des fichiers et dans la barre d'outils.
🖌	Curseur apparaissant lorsqu'on veut remplir un objet d'une couleur.
✎	Curseur apparaissant lorsqu'on change l'attribut de l'objet sélectionné.

Une exploration géométrique

Un triangle est inscrit dans un cercle. L'un des côtés du triangle correspond à un diamètre du cercle. Afin d'explorer les particularités de ce triangle, on effectue la construction ci-dessous. Pour vérifier si le triangle ABC est rectangle, on peut afficher la mesure de l'angle C, vérifier si la relation de Pythagore est respectée d'après les mesures des côtés du triangle ou demander au logiciel si les côtés AC et BC sont perpendiculaires entre eux. En déplaçant le point C sur le cercle ou en modifiant la grosseur du cercle, on remarque que l'angle C demeure toujours droit.

90,0° C 4,00 cm 3,00 cm A B 5,00 cm Les objets sont perpendiculaires.		**1.** Construire un segment AB et afficher son point milieu.
		2. Construire un cercle dont le segment AB est un diamètre.
		3. Construire le triangle ABC inscrit dans le cercle.
		4. Afficher les mesures des trois côtés du triangle et la mesure de l'angle C.
		5. Vérifier la perpendicularité des côtés AC et BC.

Une exploration graphique

Une droite est tracée dans un plan cartésien. Afin de connaître le lien existant entre sa position dans le plan et son équation, on effectue la construction ci-dessous. En déplaçant le point P sur l'axe des ordonnées et en modifiant l'inclinaison de la droite, on peut observer certaines particularités numériques entre l'ordonnée du point P, le taux de variation et l'équation de la droite.

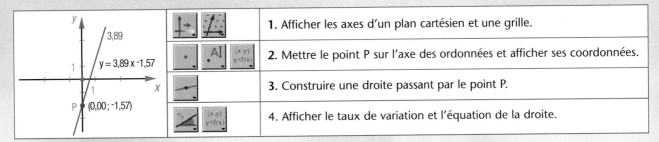

		1. Afficher les axes d'un plan cartésien et une grille.
		2. Mettre le point P sur l'axe des ordonnées et afficher ses coordonnées.
		3. Construire une droite passant par le point P.
		4. Afficher le taux de variation et l'équation de la droite.

Probabilité géométrique

Un pentagone régulier est inscrit dans un cercle. Une mouche se pose à l'intérieur du cercle. Afin de connaître la probabilité qu'elle soit aussi à l'intérieur du pentagone, on effectue la construction ci-dessous. En affichant l'aire de chaque figure et en effectuant le rapport de leurs aires, on obtient cette probabilité. En modifiant les dimensions du pentagone régulier inscrit dans le cercle, on remarque que cette probabilité demeure toujours la même.

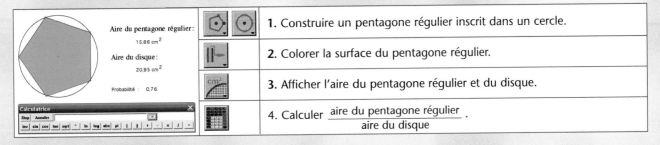

		1. Construire un pentagone régulier inscrit dans un cercle.
		2. Colorer la surface du pentagone régulier.
		3. Afficher l'aire du pentagone régulier et du disque.
		4. Calculer $\dfrac{\text{aire du pentagone régulier}}{\text{aire du disque}}$.

Notations et symboles

Notation et symbole	Signification
{ }	Accolades. Utilisées pour énumérer les éléments faisant partie d'un ensemble.
$\mathbb{N}$	Ensemble des nombres naturels
$\mathbb{Z}$	Ensemble des nombres entiers
$\mathbb{Q}$	Ensemble des nombres rationnels
$\mathbb{Q}'$	Ensemble des nombres irrationnels
$\mathbb{R}$	Ensemble des nombres réels
$\cup$	Union d'ensembles
$\cap$	Intersection d'ensembles
Ω	Se lit oméga. L'univers des résultats possibles d'une expérience aléatoire.
$\varnothing$ ou { }	Ensemble vide
$=$	... est égal à...
$\neq$	... n'est pas égal à... ou ... est différent de...
$<$	... est inférieur à...
$>$	... est supérieur à...
$\leq$	... est inférieur ou égal à...
$\geq$	... est supérieur ou égal à...
$[a, b]$	Intervalle incluant a et b
$[a, b[$	Intervalle incluant a et excluant b
$]a, b]$	Intervalle excluant a et incluant b
$]a, b[$	Intervalle excluant a et b
∞	Infini
(a, b)	Couple de valeurs a et b
$f(x)$	f de x ou image de x par la fonction f

Notation et symbole	Signification
( )	Parenthèses. Indiquent les opérations à effectuer en premier.
$-a$	Opposé du nombre a
$\frac{1}{a}$ ou a^{-1}	Inverse de a
a^2	La deuxième puissance de a ou a au carré
a^3	La troisième puissance de a ou a au cube
$\sqrt{a}$	Radical a ou racine carrée de a
%	Pourcentage
$a : b$	Rapport de a à b
≈	… est à peu près égal à…
π	Se lit pi et $\pi \approx 3,1416$
°	Degré. Unité de mesure des angles.
$\overline{AB}$	Segment AB
m $\overline{AB}$	Mesure du segment AB
∠	Angle
m ∠	Mesure d'un angle
$\overarc{AB}$	Arc de cercle AB
m $\overarc{AB}$	Mesure de l'arc de cercle AB
//	… est parallèle à…
⊥	… est perpendiculaire à…
⊾	Désigne un angle droit dans une figure géométrique plane.
Δ	Triangle
≅	… est isométrique à…
~	… est semblable à…
≙	… correspond à…
$\sqrt[3]{a}$	Racine cubique de a
P(E)	Probabilité de l'événement E
Méd	Médiane d'une distribution

Énoncés de géométrie

Énoncé	Exemple
1. Si deux droites sont parallèles à une troisième, alors elles sont aussi parallèles entre elles.	Si d_1 // d_2 et d_2 // d_3, alors d_1 // d_3.
2. Si deux droites sont perpendiculaires à une troisième, alors elles sont parallèles.	Si $d_1 \perp d_3$ et $d_2 \perp d_3$, alors d_1 // d_2.
3. Si deux droites sont parallèles, toute perpendiculaire à l'une d'elles est perpendiculaire à l'autre.	Si d_1 // d_2 et $d_3 \perp d_2$, alors $d_3 \perp d_1$.
4. Des angles adjacents dont les côtés extérieurs sont en ligne droite sont supplémentaires.	Les points A, B et D sont alignés. $\angle$ ABC et $\angle$ CBD sont adjacents et supplémentaires.
5. Des angles adjacents dont les côtés extérieurs sont perpendiculaires sont complémentaires.	$\overline{AB} \perp \overline{BD}$. $\angle$ ABC et $\angle$ CBD sont adjacents et complémentaires.
6. Les angles opposés par le sommet sont isométriques.	$\angle 1 \cong \angle 3$ $\angle 2 \cong \angle 4$
7. Si une droite coupe deux droites parallèles, alors les angles alternes-internes, alternes-externes et correspondants sont respectivement isométriques.	Si d_1 // d_2, alors les angles 1, 3, 5 et 7 sont isométriques, et les angles 2, 4, 6 et 8 sont isométriques.
8. Dans le cas d'une droite coupant deux droites, si deux angles correspondants (ou alternes-internes, ou encore alternes-externes) sont isométriques, alors ils sont formés par des droites parallèles coupées par une sécante.	Dans la figure de l'énoncé 7, si les angles 1, 3, 5 et 7 sont isométriques et les angles 2, 4, 6 et 8 sont isométriques, alors d_1 // d_2.
9. Si une droite coupe deux droites parallèles, alors les paires d'angles internes situées du même côté de la sécante sont supplémentaires.	Si d_1 // d_2, alors m $\angle 1$ + m $\angle 2$ = 180° et m $\angle 3$ + m $\angle 4$ = 180°.

	Énoncé	Exemple
10.	La somme des mesures des angles intérieurs d'un triangle est 180°.	$m \angle 1 + m \angle 2 + m \angle 3 = 180°$
11.	Les éléments homologues de figures planes ou de solides isométriques ont la même mesure.	$\overline{AD} \cong \overline{A'D'}$, $\overline{CD} \cong \overline{C'D'}$, $\overline{BC} \cong \overline{B'C'}$, $\overline{AB} \cong \overline{A'B'}$ $\angle A \cong \angle A'$, $\angle B \cong \angle B'$, $\angle C \cong \angle C'$, $\angle D \cong \angle D'$
12.	Dans tout triangle isocèle, les angles opposés aux côtés isométriques sont isométriques.	Dans un triangle isocèle ABC : $\overline{AB} \cong \overline{AC}$ $\angle C \cong \angle B$
13.	L'axe de symétrie d'un triangle isocèle supporte une médiane, une médiatrice, une bissectrice et une hauteur de ce triangle.	Axe de symétrie du triangle ABC Médiane issue du sommet A Médiatrice du côté BC Bissectrice de l'angle A Hauteur issue du sommet A
14.	Les côtés opposés d'un parallélogramme sont isométriques.	Dans un parallélogramme ABCD : $\overline{AB} \cong \overline{CD}$ et $\overline{AD} \cong \overline{BC}$
15.	Les diagonales d'un parallélogramme se coupent en leur milieu.	Dans un parallélogramme ABCD : $\overline{AE} \cong \overline{EC}$ et $\overline{DE} \cong \overline{EB}$
16.	Les angles opposés d'un parallélogramme sont isométriques.	Dans un parallélogramme ABCD : $\angle A \cong \angle C$ et $\angle B \cong \angle D$
17.	Dans un parallélogramme, la somme des mesures de deux angles consécutifs est 180°.	Dans un parallélogramme ABCD : $m \angle 1 + m \angle 2 = 180°$ $m \angle 2 + m \angle 3 = 180°$ $m \angle 3 + m \angle 4 = 180°$ $m \angle 4 + m \angle 1 = 180°$
18.	Les diagonales d'un rectangle sont isométriques.	Dans un rectangle ABCD : $\overline{AC} \cong \overline{BD}$
19.	Les diagonales d'un losange sont perpendiculaires.	Dans un losange ABCD : $\overline{AC} \perp \overline{BD}$
20.	La mesure d'un angle extérieur d'un triangle est égale à la somme des mesures des angles intérieurs qui ne lui sont pas adjacents.	$m \angle 3 = m \angle 1 + m \angle 2$

	Énoncé	Exemple
21.	Dans un triangle, au plus grand angle est opposé le plus grand côté.	Dans le triangle ABC, le plus grand angle est A, donc le plus grand côté est BC.
22.	Dans un triangle, au plus petit angle est opposé le plus petit côté.	Dans le triangle ABC, le plus petit angle est B, donc le plus petit côté est AC.
23.	La somme des mesures de deux côtés d'un triangle est toujours supérieure à la mesure du troisième côté.	$2 + 5 > 4$ $2 + 4 > 5$ $4 + 5 > 2$
24.	La somme des mesures des angles intérieurs d'un quadrilatère est 360°.	$m \angle 1 + m \angle 2 + m \angle 3 + m \angle 4 = 360°$
25.	La somme des mesures des angles intérieurs d'un polygone à n côtés est $n \times 180° - 360°$ ou $(n - 2) \times 180°$.	$n \times 180° - 360°$ ou $(n - 2) \times 180°$
26.	La somme des mesures des angles extérieurs d'un polygone convexe est 360°.	$m \angle 1 + m \angle 2 + m \angle 3 +$ $m \angle 4 + m \angle 5 + m \angle 6 = 360°$
27.	Les angles homologues des figures planes ou des solides semblables sont isométriques et les mesures des côtés homologues sont proportionnelles.	Le triangle ABC est semblable au triangle A'B'C' : $\angle A \cong \angle A'$ $\angle B \cong \angle B'$ $\angle C \cong \angle C'$ $\dfrac{m \overline{A'B'}}{m \overline{AB}} = \dfrac{m \overline{B'C'}}{m \overline{BC}} = \dfrac{m \overline{A'C'}}{m \overline{AC}}$
28.	Dans des figures planes semblables, le rapport entre les aires est égal au carré du rapport de similitude.	Dans les figures de l'énoncé 27, $\dfrac{m \overline{A'B'}}{m \overline{AB}} = \dfrac{m \overline{B'C'}}{m \overline{BC}} = \dfrac{m \overline{A'C'}}{m \overline{AC}} = k$ → Rapport de similitude $\dfrac{\text{aire du triangle A'B'C'}}{\text{aire du triangle ABC}} = k^2$
29.	Trois points non alignés déterminent un et un seul cercle.	Il existe un seul cercle passant par les points A, B et C.
30.	Toutes les médiatrices des cordes d'un cercle se rencontrent au centre de ce cercle.	d_1 et d_2 sont respectivement les médiatrices des cordes AB et CD. Le point d'intersection M de ces médiatrices correspond au centre du cercle.

Énoncé	Exemple
31. Tous les diamètres d'un cercle sont isométriques.	$\overline{AD}$, $\overline{BE}$ et $\overline{CF}$ sont des diamètres du cercle de centre O. $\overline{AD} \cong \overline{BE} \cong \overline{CF}$
32. Dans un cercle, la mesure du rayon est égale à la demi-mesure du diamètre.	$\overline{AB}$ est un diamètre du cercle de centre O. $m\,\overline{OA} = \frac{1}{2}\,m\,\overline{AB}$
33. Dans un cercle, le rapport de la circonférence au diamètre est une constante que l'on note π.	$\frac{C}{d} = \pi$
34. Dans un cercle, l'angle au centre a la même mesure en degrés que celle de l'arc compris entre ses côtés.	Dans le cercle de centre O, $m \angle AOB = m\,\overset{\frown}{AB}$ exprimées en degrés.
35. Dans un cercle, le rapport des mesures de deux angles au centre est égal au rapport des mesures des arcs interceptés entre leurs côtés.	$\dfrac{m \angle AOB}{m \angle COD} = \dfrac{m\,\overset{\frown}{AB}}{m\,\overset{\frown}{CD}}$
36. Dans un disque, le rapport des aires de deux secteurs est égal au rapport des mesures des angles au centre de ces secteurs.	$\dfrac{\text{aire du secteur AOB}}{\text{aire du secteur COD}} = \dfrac{m \angle AOB}{m \angle COD}$

Constructions géométriques

Perspective axonométrique

Pour dessiner un cube de 3 cm d'arête en utilisant la perspective axonométrique, il faut :

1) tracer 3 axes se rencontrant en un même point ;

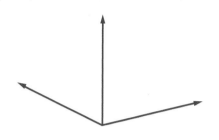

2) choisir pour chacun des axes un facteur, puis reporter les mesures sur les axes ;

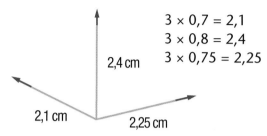

$$3 \times 0,7 = 2,1$$
$$3 \times 0,8 = 2,4$$
$$3 \times 0,75 = 2,25$$

2,4 cm

2,1 cm 2,25 cm

3) à partir des extrémités des trois arêtes de référence, tracer les arêtes parallèles à chacun des axes ;

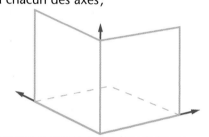

4) compléter le solide.

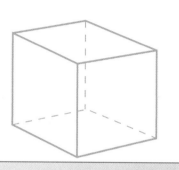

Perspective cavalière

Pour dessiner un cube de 3 cm d'arête en utilisant la perspective cavalière, il faut :

1) tracer deux axes perpendiculaires dans le plan frontal et un axe ayant un angle de fuite de 30° ou 45° ;

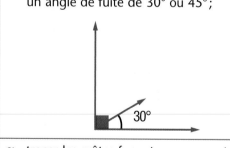

30°

2) tracer une face dans le plan frontal sans la déformer ;

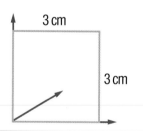

3 cm

3 cm

3) tracer les arêtes fuyantes en respectant l'angle de fuite et en les réduisant de moitié ;

1,5 cm

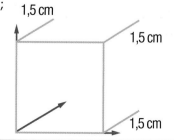

1,5 cm

1,5 cm

4) compléter le solide.

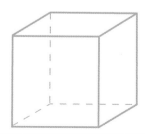

Projection centrale à un point de fuite

Voici une façon de dessiner un prisme droit en utilisant la projection centrale à un point de fuite.

1) Tracer une ligne d'horizon, un point de fuite et une base dans le plan frontal.

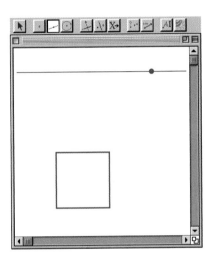

2) Tracer des lignes fuyantes joignant le point de fuite et les sommets.

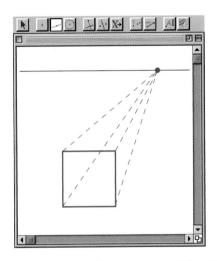

3) Tracer l'autre base la plus éloignée de l'observateur ou l'observatrice en respectant les lignes fuyantes et le parallélisme.

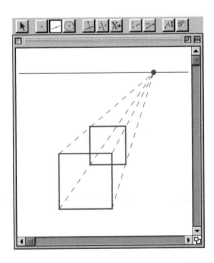

4) Compléter le solide en reliant les sommets des bases situés sur les mêmes lignes fuyantes.

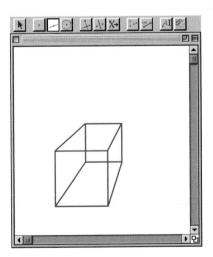

Projection centrale à deux points de fuite

Voici une façon de dessiner un prisme droit en utilisant la projection centrale à deux points de fuite.

1) Tracer une ligne d'horizon, deux points de fuite et l'arête située le plus près de l'observateur ou l'observatrice.

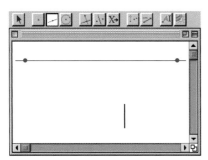

2) Tracer des lignes fuyantes joignant les points de fuite à chacune des extrémités de l'arête tracée.

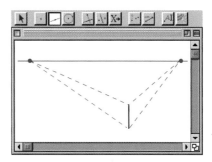

3) Tracer deux arêtes parallèles à l'arête déjà tracée en respectant les lignes fuyantes.

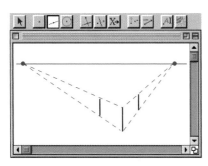

4) Tracer des lignes fuyantes joignant les points de fuite à chacune des extrémités des arêtes.

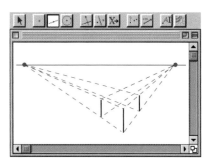

5) Tracer l'arête la plus éloignée de l'observateur ou l'observatrice en respectant les lignes fuyantes et le parallélisme.

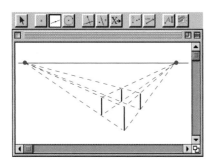

6) Compléter le solide en reliant les sommets des bases situés sur les mêmes lignes fuyantes.

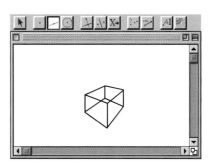

Développement d'un cône

Le développement d'un cône circulaire droit est constitué d'un secteur et d'un disque.

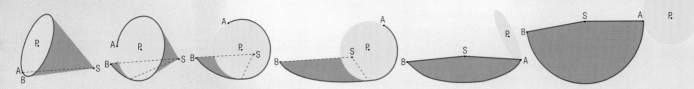

Pour tracer le développement
du cône circulaire droit ci-contre,
il faut :

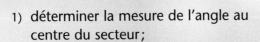

1) déterminer la mesure de l'angle au
centre du secteur ;

Circonférence de la base du cône :
$2 \times \pi \times 1,76 \approx 11,06$ cm.

Circonférence d'un cercle dont le rayon est égal à l'apothème du cône :
$2 \times \pi \times 8 \approx 50,27$ cm.

Mesure m en degrés de l'angle au centre du secteur :
$\dfrac{11,06}{50,27} = \dfrac{m}{360}$ ou $\dfrac{11,06}{50,27} \times 360 = m$, donc $m \approx 79,2°$.

2) tracer le secteur représentant la face latérale en y indiquant les mesures appropriées ;

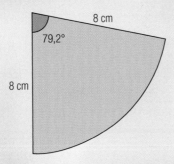

3) tracer le disque représentant la base du cône en y indiquant les mesures appropriées.
L'un des points du pourtour du disque coïncide avec l'arc de cercle du secteur.

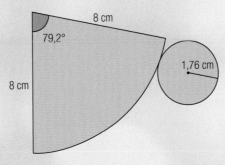

Repères

A

Abscisse
Nombre qui correspond à la première coordonnée d'un point dans un plan cartésien.
Ex.: L'abscisse du point (5, –2) est 5.

Abscisse à l'origine
Dans un plan cartésien, abscisse d'un point d'intersection d'une courbe et de l'axe des abscisses.

Aire, p. 8

Aire d'un carré
$A_{\text{carré}} = c \times c$
$\quad\quad = c^2$

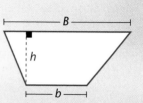

Aire d'un cône circulaire droit
$A_{\text{cône circulaire droit}} = \pi r^2 + \pi r a$

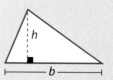

Aire d'un disque
$A_{\text{disque}} = \pi r^2$

Aire d'un losange
$A_{\text{losange}} = \dfrac{D \times d}{2}$

Aire d'un parallélogramme
$A_{\text{parallélogramme}} = b \times h$

Aire d'un polygone régulier
$A_{\text{polygone régulier}} = \dfrac{(\text{périmètre du polygone}) \times (\text{apothème})}{2}$

Aire d'un rectangle
$A_{\text{rectangle}} = b \times h$

Aire d'un secteur
$\dfrac{\text{Mesure de l'angle au centre du secteur}}{360°} = \dfrac{\text{aire du secteur}}{\pi r^2}$

Aire d'un trapèze
$A_{\text{trapèze}} = \dfrac{(B + b) \times h}{2}$

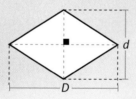

Aire d'un triangle
$A_{\text{triangle}} = \dfrac{b \times h}{2}$

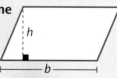

Aire d'une sphère
$A_{\text{sphère}} = 4\pi r^2$

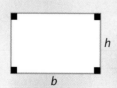

Angle

Classification des angles selon leur mesure

Nom	Mesure	Représentation
Nul	0°	
Aigu	Entre 0° et 90°	
Droit	90°	
Obtus	Entre 90° et 180°	
Plat	180°	
Rentrant	Entre 180° et 360°	
Plein	360°	

Angle au centre
Angle formé de deux rayons dans un cercle. Le sommet de l'angle correspond au centre du cercle.

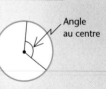

Apothème d'un cône circulaire droit
Segment ou mesure d'un segment reliant l'apex au pourtour de la base.
Ex.:

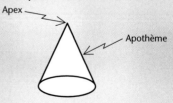

Apothème d'un polygone régulier

Segment perpendiculaire ou mesure du segment perpendiculaire mené du centre d'un polygone régulier au milieu d'un des côtés de ce polygone.
Ex. :

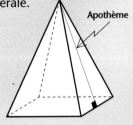

Apothème d'une pyramide régulière

Segment abaissé perpendiculairement de l'apex sur un des côtés du polygone formant la base de cette pyramide. Il correspond à la hauteur du triangle formant une face latérale.
Ex. :

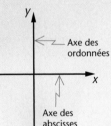

Arc de cercle

Portion de cercle délimitée par deux points.

Arête

Ligne d'intersection entre deux faces d'un solide.

Arrangement, p. 194

Axe des abscisses

(axe des x)
Droite graduée qui permet de déterminer l'abscisse d'un point dans un plan cartésien.

Axe des ordonnées

(axe des y)
Droite graduée qui permet de déterminer l'ordonnée d'un point dans un plan cartésien.

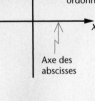

B

Boule

Portion d'espace limitée par une sphère.

C

Capacité, p. 9

Caractère

En statistique, ce sur quoi porte la recherche de données.

Caractère qualitatif

Caractère dont les données recueillies sont des mots ou des codes.

Caractère quantitatif continu

Caractère dont les données recueillies sont des nombres qui peuvent prendre toutes les valeurs possibles d'un intervalle de nombres réels.

Caractère quantitatif discret

Caractère dont les données recueillies sont des nombres qui ne peuvent pas prendre toutes les valeurs possibles d'un intervalle de nombres réels.

Carré

Quadrilatère ayant tous ses côtés isométriques et tous ses angles isométriques.
Ex. :

Cathète

Côté qui forme l'angle droit d'un triangle rectangle.

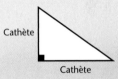

Cercle

Ligne fermée dont tous les points sont à égale distance d'un même point appelé centre.

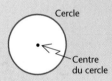

Circonférence

Longueur ou périmètre d'un cercle. Dans un cercle dont la circonférence est C, le diamètre est d et le rayon est r : $C = \pi d$ et $C = 2\pi r$.

Classe

En statistique, intervalle de la forme [borne inférieure, borne supérieure[.

Coefficient d'un terme

Facteur précédant la ou les variables d'un terme.
Ex. : Dans l'expression algébrique
$x + 6xy - 4,7y$, 1, 6 et -4,7 sont les coefficients du premier, du deuxième et du troisième terme.

Combinaison, p. 195

Cône circulaire droit

Solide constitué de deux faces : un disque et un secteur.
Le disque correspond à la base et le secteur, à la face latérale.

Coordonnées d'un point
Chacun des deux nombres décrivant la position d'un point dans un plan cartésien.

Ex. :

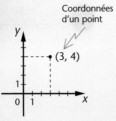

Coordonnées d'un point

Cylindre circulaire droit
Solide constitué de trois faces : deux disques isométriques et un rectangle. Les disques correspondent aux bases et le rectangle, à la face latérale.

D

Degré d'un monôme
Somme des exposants des variables qui composent le monôme.

Ex. : 1) Le degré du monôme 9 est 0.
2) Le degré du monôme $-7xy$ est 2.
3) Le degré du monôme $15a^2$ est 2.

Degré d'un polynôme à une variable
Plus grand exposant affecté à la variable du polynôme.

Ex. : Le degré du polynôme $7x^3 - x^2 + 4$ est 3.

Développement d'un solide
Figure plane obtenue par la mise à plat de la surface du solide. Dans le développement d'un polyèdre, chacune des faces doit être reliée à au moins une autre face par une arête commune.

Diagramme de quartiles, p. 156

Diamètre
Segment ou longueur d'un segment reliant deux points d'un cercle et passant par le centre du cercle.

Diamètre

Disque
Région du plan délimitée par un cercle.

Disque

Distribution
Ensemble des données recueillies au cours d'une étude statistique.

Ex. : La distribution suivante indique le nombre de buts comptés par chacun des joueurs d'une équipe de hockey pendant la saison : 0, 1, 17, 38, 23, 2, 0, 1, 2, 10, 4, 3, 0, 1, 3, 21.

E

Échantillon
Sous-ensemble d'une population.

Échelle
Relation de correspondance entre les dimensions d'une reproduction et les dimensions de l'objet réel. L'échelle s'exprime de différentes façons.

Ex. : L'échelle 1 cm ≙ 100 km signifie que 1 cm sur la reproduction équivaut à 100 km dans la réalité.

Effectif
En statistique, nombre de fois qu'une modalité ou une valeur apparaît.

Ex. :

Mets favori	Effectif
Pizza	10
Agneau	12
Salade	7

Équation
Énoncé mathématique comportant une ou des variables et une relation d'égalité.

Ex. : $4x - 8 = 4$

Équations équivalentes
Équations ayant les mêmes solutions.

Ex. : $2x = 10$ et $3x = 15$ sont des équations équivalentes, car 5 est la solution de chacune de ces équations.

Étendue
Écart entre la donnée la plus élevée et la donnée la moins élevée d'une distribution.

Étendue interquartile, p. 156

Événement, p. 184

Événement élémentaire, p. 184

Événements
  compatibles, p. 185
  complémentaires, p. 185
  incompatibles, p. 185

Expérience aléatoire, p. 184, 185, 194

Exponentiation, p. 82

F

Face
Surface plane ou courbe délimitée par des arêtes.

Factorisation, p. 95

Figure image
Figure obtenue par une transformation géométrique appliquée à une figure initiale.

Figure initiale
Figure à laquelle on applique une transformation géométrique.

Figures semblables
Deux figures sont semblables si l'une est un agrandissement, une réduction ou la reproduction exacte de l'autre.

Fonction
Relation entre deux variables dans laquelle à chaque valeur de la variable indépendante est associée au plus une valeur de la variable dépendante.

Fonction de variation directe
Fonction qui traduit une situation de proportionnalité et dont des variations constantes de la variable indépendante entraînent des variations constantes et non nulles de la variable dépendante. Sa représentation graphique est une droite oblique passant par l'origine du plan cartésien.

Fonction de variation nulle
Fonction dont des variations constantes de la variable indépendante entraînent des variations nulles de la variable dépendante. Sa représentation graphique est une droite parallèle à l'axe des abscisses.

Fonction de variation partielle
Fonction qui ne traduit pas une situation de proportionnalité et dont des variations constantes de la variable indépendante entraînent des variations constantes et non nulles de la variable dépendante. Sa représentation graphique est une droite oblique ne passant pas par l'origine du plan cartésien.

Fonction polynomiale
Fonction dont la règle s'écrit à l'aide d'un polynôme. Ex. : $f(x) = 3x^2 + 7$

Fonction polynomiale de degré 0
Fonction dont la règle s'écrit à l'aide d'un polynôme de degré 0. Ex. : $f(x) = -5$

Fonction polynomiale de degré 1
Fonction dont la règle s'écrit à l'aide d'un polynôme de degré 1. Ex. : $f(x) = 7{,}1x + 195$

H

Hauteur d'un triangle
Segment ou longueur du segment abaissé perpendiculairement d'un sommet sur le côté opposé ou son prolongement. Ex. :

Hauteur

Homothétie
Transformation géométrique qui permet d'associer, à toute figure initiale, une image selon un point fixe, nommé centre d'homothétie, et un rapport, nommé rapport d'homothétie.

Hypoténuse
Côté opposé à l'angle droit d'un triangle rectangle. C'est le plus long côté d'un triangle rectangle.

Hypoténuse

I

Inégalité, p. 107

Inéquation, p. 107, 108

Intervalle
Ensemble de nombres compris entre deux nombres appelés bornes.
Ex. : L'intervalle des nombres réels allant de –2 inclus à 9 exclu est [–2, 9[.

Inventaire
Recherche d'informations sur toute une population constituée d'objets.
Ex. : Faire l'inventaire des livres dans une librairie.

L

Lois des exposants, p. 82

Losange
Parallélogramme ayant tous ses côtés isométriques. Ex. :

M

Maximum d'une distribution
Donnée la plus élevée.

Médiane, p. 156

Minimum d'une distribution
Donnée la moins élevée.

Mise en évidence simple, p. 95

Modalité
En statistique, forme que peuvent prendre les données recueillies lorsque le caractère étudié est qualitatif.

Monôme
Expression algébrique formée d'un seul terme.
Ex. : 9, $-5x^2$ et $4xy$ sont des monômes.

N

Nombre entier
Nombre appartenant à l'ensemble $\mathbb{Z} = \{..., -2, -1, 0, 1, 2, ...\}$.

Nombre irrationnel
Nombre qui ne peut pas s'exprimer comme un quotient d'entiers et dont le développement décimal est infini et non périodique.

Nombre naturel
Nombre appartenant à
l'ensemble $\mathbb{N}$ = {0, 1, 2, 3, ...}.

Nombre rationnel
Nombre qui peut être écrit sous la forme $\frac{a}{b}$
où a et b sont des nombres entiers, et b
est différent de 0. Sous la forme décimale, le
développement est fini ou infini et périodique.

Nombre réel
Nombre qui appartient à l'ensemble
des nombres rationnels ou à l'ensemble
des nombres irrationnels.

Notation exponentielle, p. 82

Notation scientifique, p. 83

Ordonnée
Nombre qui correspond à la seconde
coordonnée d'un point dans le plan cartésien.
Ex. : L'ordonnée du point (5, -2) est -2.

Ordonnée à l'origine
Dans un plan cartésien, ordonnée
d'un point d'intersection d'une courbe et
de l'axe des ordonnées.

Origine d'un plan cartésien
Point d'intersection
des deux axes
d'un plan cartésien.
Les coordonnées de
l'origine sont (0, 0).

Parallélogramme
Quadrilatère ayant deux paires de côtés
opposés parallèles.
Ex. : $\overline{AB}$ // $\overline{CD}$
$\overline{AD}$ // $\overline{BC}$

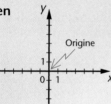

Périmètre
Longueur de la ligne
fermée qui correspond à
la frontière d'une figure
plane. Le périmètre s'exprime
en unités de longueur.
Ex. : Le périmètre de
cette figure est de 18 u.

Permutation, p. 194

Plan cartésien
Plan muni d'un système de repérage formé
de deux droites graduées qui se coupent
perpendiculairement.

Polyèdre
Solide limité par des faces planes qui sont
des polygones.
Ex. :

Polygone
Figure plane formée par une ligne brisée.
Ex. :

Polygones

Nombre de côtés	Nom du polygone
3	Triangle
4	Quadrilatère
5	Pentagone
6	Hexagone
7	Heptagone
8	Octogone
9	Ennéagone
10	Décagone
11	Hendécagone
12	Dodécagone

Polygone régulier
Polygone dont tous les côtés sont isométriques
et dont tous les angles sont isométriques.
Ex. :

Polynôme, p. 51

Population
Ensemble des êtres vivants, des objets ou des
faits sur lesquels porte une étude statistique.

Prisme
Polyèdre ayant deux faces isométriques
et parallèles appelées bases.
Les parallélogrammes qui relient ces deux
bases sont appelés faces latérales.
Ex. : Prisme à base triangulaire

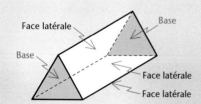

Prisme droit
Prisme dont les faces latérales sont des rectangles.
Ex. : Prisme droit à base trapézoïdale

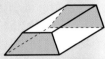

Prisme régulier
Prisme droit dont la base est un polygone régulier.
Ex. : Prisme régulier à base heptagonale

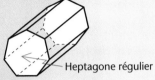

Heptagone régulier

Probabilité
> **d'un événement**, p. 185
> **fréquentielle**, p. 185
> **géométrique**, p. 205
> **théorique**, p. 184

Proportion
Égalité entre deux rapports ou deux taux.
Ex. : Si le rapport de a à b, pour $b \neq 0$, est égal au rapport de c à d, pour $d \neq 0$, alors $a : b = c : d$ ou $\frac{a}{b} = \frac{c}{d}$ est une proportion.

Puissance, p. 82

Pyramide
Polyèdre constitué d'une seule base ayant la forme d'un polygone et dont les faces latérales sont des triangles ayant un sommet commun appelé l'apex.
Ex. : Pyramide à base octogonale

Apex

Face latérale

Base

Pyramide droite
Pyramide dont le segment abaissé depuis l'apex, perpendiculairement à la base, arrive au centre du polygone formant cette base.
Ex. : Pyramide droite à base rectangulaire

Pyramide régulière
Pyramide droite dont la base est un polygone régulier.
Ex. : Pyramide régulière à base hexagonale

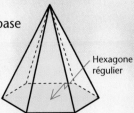

Hexagone régulier

Q

Quadrant
Chacune des quatre régions délimitées par les axes d'un plan cartésien. Les quadrants sont numérotés de 1 à 4.
Ex. :

Quartile, p. 156

R

Racine carrée
L'opération inverse de celle qui consiste à élever un nombre positif au carré est appelée l'extraction de la racine carrée. Le symbole de cette opération est $\sqrt{}$.
Ex. : La racine carrée de 25, notée $\sqrt{25}$, est 5.

Radical   Radicande

Racine cubique, p. 41

Rapport
Mode de comparaison entre deux quantités ou deux grandeurs de même nature exprimées dans les mêmes unités et qui fait intervenir la notion de division.
Ex. : Anne a 13 ans et Luc, 47 ans. Le rapport de l'âge d'Anne à celui de Luc se note $13 : 47$ ou $\frac{13}{47}$.

Rapport de similitude, p. 42

Rapport d'homothétie
Lorsqu'un point A et son image A' sont situés du même côté du centre d'homothétie P, le rapport d'homothétie correspond à :

$$\frac{\text{distance du centre d'homothétie P au point image A'}}{\text{distance du centre d'homothétie P au point initial A}} = \frac{\text{m } \overline{PA'}}{\text{m } \overline{PA}}.$$

Rayon
Le rayon est un segment ou la longueur d'un segment reliant un point quelconque d'un cercle à son centre.

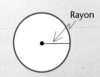

Rayon

Recensement
Recherche d'informations sur l'ensemble d'une population.

Rectangle
Quadrilatère ayant quatre angles droits et deux paires de côtés opposés isométriques.
Ex. :

Réflexion
Transformation géométrique qui permet d'associer, à toute figure initiale, une figure image par rapport à une droite donnée appelée l'axe de réflexion.

Règle
Équation traduisant une régularité entre des variables.

Règles de transformation des équations
Règles permettant d'obtenir des équations équivalentes. On conserve la ou les solutions d'une équation :

- en additionnant ou en soustrayant le même nombre aux deux membres de l'équation ;

- en multipliant ou en divisant les deux membres de l'équation par un même nombre différent de 0.

Règles de transformation des inéquations, p. 107

Relation
Lien entre deux variables.

Relation de Pythagore
Dans un triangle rectangle, le carré de la mesure de l'hypoténuse est égal à la somme des carrés des mesures des cathètes.
Ex. :

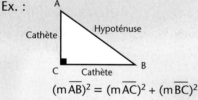

$$(m\,\overline{AB})^2 = (m\,\overline{AC})^2 + (m\,\overline{BC})^2$$

Rotation
Transformation géométrique qui permet d'associer, à toute figure initiale, une figure image, selon un centre, un angle et un sens de rotation donnés.

S

Secteur
Portion de disque délimitée par deux rayons.

Secteur

Section d'un solide
Face obtenue par un plan qui coupe un solide.
Ex. :

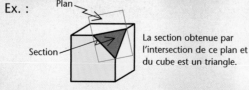

La section obtenue par l'intersection de ce plan et du cube est un triangle.

Solide
Portion d'espace limitée par une surface fermée.

Solides semblables, p. 41

Sommet
Point commun à au moins deux arêtes d'un solide.

Sondage
Recherche d'informations sur un sous-ensemble d'une population afin de tirer des conclusions sur l'ensemble de cette population.

Sphère
Surface dont tous les points sont à égale distance d'un point appelé centre.

Centre   Sphère

Superficie, p. 8

Système d'équations, p. 135, 136, 145

T

Tableau de distribution
Tableau permettant de compiler les données recueillies lors d'une étude statistique.

Taux
Mode de comparaison entre deux quantités ou deux grandeurs, généralement de nature différente, exprimées à l'aide d'unités différentes et qui fait intervenir la notion de division.
Ex. : 1) $\dfrac{15\ L}{100\ km}$ 2) $\dfrac{9\ \text{dictionnaires}}{28\ \text{élèves}}$

Taux de variation
Dans une relation entre deux variables, comparaison entre deux variations qui se correspondent.

$$\text{Taux de variation} = \frac{\text{variation de la variable dépendante}}{\text{variation correspondante de la variable indépendante}}$$

Terme algébrique
Un terme peut être composé uniquement d'un nombre ou d'un produit de nombres et de variables.
Ex. : 9, x et $3xy^2$ sont des termes.

Termes semblables
Termes composés des mêmes variables affectées des mêmes exposants ou termes constants.
Ex. : 1) $8ax^2$ et ax^2 sont des termes semblables.
   2) 8 et 17 sont des termes semblables.

Translation

Transformation géométrique qui permet d'associer, à toute figure initiale, une figure image selon une direction, un sens et une longueur donnés.

Trapèze

Quadrilatère ayant une paire de côtés parallèles.
Ex. : $\overline{AB}$ // $\overline{CD}$

Trapèze isocèle

Trapèze ayant deux côtés isométriques.
Ex. :

Trapèze rectangle

Trapèze ayant deux angles droits.
Ex. :

Triangle

Polygone ayant trois côtés.

Classification des triangles

Caractéristique	Nom	Représentation
Aucun côté isométrique	Scalène	
Deux côtés isométriques	Isocèle	
Tous les côtés isométriques	Équilatéral	
Trois angles aigus	Acutangle	
Un angle obtus	Obtusangle	
Un angle droit	Rectangle	
Deux angles isométriques	Isoangle	
Tous les angles isométriques	Équiangle	

U

Unités d'aire

Le mètre carré est l'unité d'aire de base du SI.

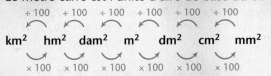

Unités de capacité, p. 9

Unités de longueur

Le mètre est l'unité de longueur de base du SI. Les autres unités sont formées d'un préfixe et du mot *mètre.*

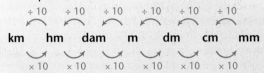

Unités de volume, p. 8

Univers des résultats possibles, p. 184

V

Valeur

En statistique, forme que peuvent prendre les données recueillies lorsque le caractère étudié est quantitatif.
Ex. : Si l'on s'intéresse au nombre de grands-parents naturels vivants des élèves d'une classe, les valeurs possibles sont 0, 1, 2, 3, 4.

Valeur initiale d'une fonction

Valeur de la variable dépendante lorsque celle de la variable indépendante est zéro.

Variable

Symbole qui peut prendre différentes valeurs. Les symboles utilisés sont généralement des lettres.

Variable aléatoire, p. 204

Variable dépendante

Dans une relation entre deux variables, celle dont la variation réagit à la variation de l'autre.

Variable indépendante

Dans une relation entre deux variables, celle dont la variation entraîne la variation de l'autre.

Z

Zéro d'une fonction

Valeur de la variable indépendante lorsque celle de la variable dépendante est zéro.

Crédits photographiques

H Haut   **B** Bas   **M** Milieu   **D** Droite   **G** Gauche

Couverture : © Shutterstock **3 HG** 19191458 © 2007 Jupiter Images et ses représentants **3 HD** 34884661 © 2007 Jupiter Images et ses représentants **3 BG** © Shutterstock **3 BD** © Shutterstock **4 MD** © Shutterstock **4 BD** © Shutterstock **5 HD** © Lynsey Addario/Corbis **5 BG** © Shutterstock **7 B** © Getty Images **10 HD** © Shutterstock **14 HD** © Paul Souders/Corbis **15 BD** © Shutterstock **17 H** © Shutterstock **21 HD** © Shutterstock **22 MG** 24717970 © 2007 Jupiter Images et ses représentants **23 MD** 23266239 © 2007 Jupiter Images et ses représentants **25 B** © Firstlight **26 M** Domaine public – © Bibliothèque du Vatican **32 HG** © Hellestad Rune/Corbis Sygma **32 BD** © Shutterstock **34 HD** © Shutterstock **35 BD** © Handou/epa/Corbis **37 M** © Shutterstock **38 BG** © Layne Kennedy/Corbis **38 BD** © Layne Kennedy/Corbis **40 HD** © Tomas Mikulas, architecte, Lausanne **48 HG** © Shutterstock **48 HM** © Richard Bryant/Arcaid/Corbis **48 HD** © Richard Bryant/Arcaid/Corbis **56 BG** 36941010 © 2007 Jupiter Images et ses représentants **57 BG** © Firstlight **58 HD** 19026517 © 2007 Jupiter Images et ses représentants **58 MG** © Firstlight **58 BG** © Zoom sur les métiers – Office cantonal d'orientation scolaire et professionnelle/ICI-TV Riviera-Chabais-Levaux **58 BD** © Zoom sur les métiers – Office cantonal d'orientation scolaire et professionnelle/ICI-TV Riviera-Chabais-Levaux **59 HG** © Shutterstock **59 MD** © Shutterstock **59 BG** © Shutterstock **60 M** © La Ronde **61 MG** © Bettmann/Corbis **62 BG** © Charles & Josette Lenars/Corbis **63 B** © Archivo Iconografico, S.A./Corbis **66 BD** © CNRS **67 MD** © Shutterstock **67 B** © Shutterstock **68 HG** © Nathalie Ricard **68 HD** 23376435 © 2007 Jupiter Images et ses représentants **69 MD** © Shutterstock **70 MD** © Shutterstock **70 BD** © Shutterstock **73 HG** © Shutterstock **73 HD** © Shutterstock **73 MG** © Shutterstock **73 MD** © Shutterstock **74 MD** © Shutterstock **74 BG** © S. Gschemeissmer/SPL/Publiphoto **75 HD** © John McLean/SPL/Publiphoto **75 BG** © Shutterstock **76 BD** © Shutterstock **77 HD** © Monka **79 HD** © Staffan Widstrand/Corbis **80 BG** © Onne van der Wal/Corbis **80 BD** © Atlantide Phototravel/Corbis **81 HM** © Shutterstock **81 BD** © Shutterstock **84 BD** © Shutterstock **86 BD** © Gilles Dodray **87 MD** © Bettmann/Corbis **87 BD** © Shutterstock **89 HD** © epa/Corbis **89 MD** © ESO **90 HD** © Antoine Ledoux **91 HD** 36942242 © 2007 Jupiter Images et ses représentants **95 B** © Earl & Nazima Kowall/Corbis **100 BM** © Jean-François Coliac, observatoire Farigourette 2007 **101 MD** 36906332 © 2007 Jupiter Images et ses représentants **105 HD** 76755305 © 2007 Jupiter Images et ses représentants **111 HD** © Shutterstock **112 MD** © Réjean Gagnon **114 BD** © Simon Plouffe **115 BG** © Hulton-Deutsch Collection/Corbis **116 MG** © Sébastien Giguère **116 BG** © Guillaume Poulin **116 BD** 76733569 © 2007 Jupiter Images et ses représentants **117 BG** © Bibliothèque et archives nationales du Canada **117 BM** 16470299 © 2007 Jupiter Images et ses représentants **118 MD** © Shutterstock **119 BG** © Shutterstock **121 HD** © NASA/epa/Corbis **121 M** © photodisc 51 **122 MD** © Shutterstock **124 BD** 26181752 © 2007 Jupiter Images et ses représentants **125 BM** © Corbis **127 HG** 32140562 © 2007 Jupiter Images et ses représentants **127 HD** 34886157 © 2007 Jupiter Images et ses représentants **127 MG** 34896640 2007 Jupiter Images et ses représentants **127 MD** © Shutterstock **128 MG** © Firstlight **128 BD** © Perrine Poiron **129 HD** © Alison Mikseh/Brand X/Corbis **129 BG** © Shutterstock **130 HD** © Shutterstock **131 HM** © Perrine Poiron **132 HG** © Sinclair Stammers/SPL/Publiphoto **133 BG** © Dr Jeremy Burgess/SPL/Publiphoto **133 BD** © G Douwma/SPL/Publiphoto **138 BM** © Shutterstock **139 MD** © Dan Hammond/Design Pics/Corbis **139 BD** © Dominique Boivin **142 HD** © Julie Gauthier **143 B** © Shutterstock **144 BG** © Collège de Maisonneuve **149 HD** 24686848 © 2007 Jupiter Images et ses représentants **150 MD** © Julien De Santis-Caron **150 BD** © Candice Poitrey **152 HD** © Bettmann/Corbis **153 HM** © Shutterstock **153 HD** © Shutterstock **153 BD** © Dominique Boivin **154 BM** © Shutterstock **157 BD** © Dominique Boivin **159 B** © Le Québec en images **162 HG** © Bettmann/Corbis **164 HG** © Perrine Poiron **164 BG** © Shutterstock **164 BD** © Shutterstock **165 BD** © 16460707 2007 Jupiter Images et ses représentants **167 MD** © Shutterstock **167 BG** 34654567 © 2007 Jupiter Images et ses représentants **168 HM** © Shutterstock **168 BG** © Claude Boivin **168 BD** © Nathalie Ricard **169 M** 23433651 © 2007 Jupiter Images et ses représentants **169 BG** © Bettmann/Corbis **169 BD** © Earl & Nazima Kowall/Corbis **170 M** © Erik P./zefa/Corbis **173 BM** © Shutterstock **174 HG** 34819349 © 2007 Jupiter Images et ses représentants **175 MG** 21724873 © 2007 Jupiter Images et ses représentants **175 MD** © Photos.com **177 HG** © Michael Nicholson/Corbis **177 HD** © Shutterstock **177 MG** © Josh Westrich/zefa/Corbis **177 MD** © Shutterstock **178 HD** © Shutterstock **178 BG** © Shutterstock **179 HD** © Shutterstock **179 BG** © Michael St. Maur Sheil/Corbis **181 HG** © Shutterstock **181 HD** © Shutterstock **182 HG** © Shutterstock **182 HD** © Mediscan/Corbis **187 HD** © Shutterstock **188 M** © Bettmann/Corbis **189 MD** 16471325 © 2007 Jupiter Images et ses représentants **191 BD** © Shutterstock **193 HD** © Steve Boyle/New Sport/Corbis **193 BD** © Steve Boyle/New Sport/Corbis **197 HD** © Shutterstock **197 BD** © Shutterstock **198 MD** © Pizzoli Aberto/Corbis Sygma **199 BG** © Shutterstock **199 BM** © Shutterstock **199 BD** © Shutterstock **201 BD** © Tim de Waele/Corbis **202 BG** © Shutterstock **202 BD** © Shutterstock **209 MD** © Shutterstock **211 HG** © Shutterstock **211 MG** © Bettmann/Corbis **211 MD** © Bettmann/Corbis **211 BG** © Leonard de Selva/Corbis **212 HG** © Shutterstock **216 MD** © Shutterstock **218 HD** © F. Gohier/PR/Publiphoto **218 BD** © Aérocom-France